加強判解研究
推進司法改革

肖揚

二〇〇〇年
七月一日

2018年第4辑

总第86辑

判解研究

中国人民大学民商事法律科学研究中心　主办

王利明·主编

人民法院出版社

图书在版编目(CIP)数据

判解研究.2018年.第4辑:总第86辑/王利明主编.—北京:人民法院出版社,2019.6
ISBN 978-7-5109-2556-6

Ⅰ.①判… Ⅱ.①王… Ⅲ.①判例-研究-中国-丛刊②法律解释-研究-中国-丛刊 Ⅳ.①D920.5-55

中国版本图书馆 CIP 数据核字(2019)第101954号

判解研究
总第86辑(2018年第4辑)
中国人民大学民商事法律科学研究中心 主办
王利明 主编

责任编辑 兰丽专 陈晓璇 **执行编辑** 杨佳瑞
出版发行 人民法院出版社
地　　址 北京市东城区东交民巷27号 邮编 100745
电　　话 (010)67550520(责任编辑) 67550558(发行部查询)
65223667(读者服务部)
客服QQ 2092078039
网　　址 http://www.courtbook.com.cn
E-mail courtpress@sohu.com
印　　刷 三河市国英印务有限公司
经　　销 新华书店
开　　本 787×1092毫米 1/16
字　　数 227千字
印　　张 14.25
版　　次 2019年6月第1版 2019年6月第1次印刷
书　　号 ISBN 978-7-5109-2556-6
定　　价 50.00元

《判解研究》丛书编委会

目录 CONTENTS

◇ **焦点笔谈**

情事变更原则的中国法演进与适用 …………………… 姚　辉　阙梓冰(2)

诚信原则在中国法中的规范与适用 ………………… 刘保玉　梁远高(19)

中国民法中的禁止权利滥用

——理论与实务 ……………………………………… 林旭霞(30)

关于公序良俗原则的中国法报告 ………………………… 满洪杰(46)

◇ **法官论坛**

论裁定驳回执行申请的法律适用

——兼论类推适用在民事诉讼法领域展开的

必要性与可能性 ……………………………………… 邱　鹏(55)

人民法院案例工作的发展演变 ……………………………… 梁展欣(64)

未成年子女利益视角下探望权法律适用分析

——以浙江法院裁判案例为样本 ……… 张元华　李　勃　王晶晶(78)

违约金司法调减基准的实证分析 ……………………………… 肖明明(96)

◇ **法学专论**

物权区分原则视域下未经审批的矿业权转让合同之效力研究

——以贵州法院24个矿业权转让阴阳合同案例为素材 … 杨　锐(113)

"自治与审查"视角下民事诉讼调解协议生效问题研究
——以调解书未送达为中心展开 …………………………… 王　刚(132)
未注册商标在先使用抗辩的司法适用 …………………… 凌宗亮(153)
清算义务人连带清偿责任之辨析 ………………………… 林静宜(172)

◇域外传真

菊与刀:欧洲人权法院适用"推定同等"司法原则的的演变
——以阿旺提斯案为基点的考察 ………………………… 范继增(187)

◇编辑后语 ………………………………………………………… (215)

编者按：

由中国民法学研究会、日本私法学会、韩国民事法学会和我国台湾地区财团法人民法研究基金会联合主办，我国台湾地区财团法人民法研究基金会和台湾中正大学承办的“第八届东亚民法学术大会”于2018年9月15日在台湾中正大学法学院圆满召开。本次会议的主题是民法基本原则（概括条款），本编辑部甄选我国大陆代表团的论文数篇刊载，以飨读者。以下择选的论文主题包括“情事变更原则”“诚实信用原则”“公序良俗原则”以及“禁止权利滥用原则”的解释与适用问题。民法基本原则向来充满争议，传统理论中的基本原则仅为不具裁判功能的“法律思想”，无需在法典中规定，但我国从《民法通则》开始，基本原则就作为“概括条款”规定于成文法之中，其后续入典几无悬念，在司法裁判中基本原则与具体规则的关系为何，其具体适用的条件与方法又应如何把握。上述论文从多个角度对前述问题进行的探讨，亦是实践亟需对理论研究的投射。

情事变更原则的中国法演进与适用*

姚 辉** 阙梓冰***

情事变更原则，又称情势变更原则。① 是指在合同依法成立后，因不可归责于双方当事人的原因导致合同的基础丧失或动摇，若继续维持合同缘由有悖于诚实信

---

* 本文的研究得到教育部人文社会科学重点研究基地重大项目“中国债与合同法改革”（项目批准号：17JJD820007）的资助。

** 教育部人文社科重点研究基地中国人民大学民商事法律科学研究中心主任，中国人民大学法学院教授、博士生导师。

*** 中国人民大学法学院博士研究生。

① 在概念上，大陆学界混合使用“情事变更”与“情势变更”二词，二者并无区别。在学说上，梁慧星早于1988年在《法学研究》期刊上发表《合同法上的情事变更问题》一文，其中使用了“情事变更”的表述，此后，诸多文章和裁判［如广东省佛山市中级人民法院（2004）佛中法民一终字第622号民事判决书、江苏省镇江市中级人民法院（2017）苏1282民初1807号民事判决书］沿用该表述。但在《合同法司法解释二》的制定者之一最高人民法院曹守晔法官的文章中，则使用了“情势变更”一词。参见曹守晔：《最高人民法院〈关于适用中华人民共和国合同法若干问题的解释（二）〉之情势变更问题的理解与适用》，载《法律适用》2009年第8期。此后的裁判［最高人民法院（2015）民二终字第284号民事判决书、最高人民法院（2018）最高法民终105号民事判决书］多使用“情势变更”一词。本文统一使用“情事变更”的表述。

用原则，从而允许变更或者解除合同的原则。① 现行《合同法》并未规定情事变更原则，但裁判实践中最高人民法院在个案答复中对情事变更原则予以肯认，情事变更的现行规范基础是《最高人民法院关于适用〈中华人民共和国合同法〉若干问题的解释（二）》（以下简称《合同法司法解释二》）第26条的规定，正在进行的《民法典合同编（第一次审议稿）》拟对情事变更原则进行修改完善。在规范体系上，情事变更原则的确立虽然在一定程度上填补了法律漏洞，但在与诚实信用原则、不可抗力规则的衔接上仍存理论困扰；在司法实务中，应如何把握情事变更的构成要件，即在具有何种变故的情况下才足以使得当事人能够不受原合同内容的拘束，在情事变更原则适用后会产生何种法效果，都是亟需回答的问题。

一、情事变更原则的发轫与丰实

无论在何种法律体系中，依法成立的合同都应遵守契约严守这一基本原则，中国大陆亦不例外。《合同法》第8条规定了契约严守原则。但无法否认的是，任何合同的订立皆是以当时的交易秩序和法秩序作为背景，如果这些客观的环境不可预见地发生了变化，而仍坚守契约严守原则，将会使得一方当事人必须承受明显有违公平的后果。

此种不公平的结果最易反映于在司法实践之中。在20世纪90年代时，国家仍然保留了对于诸多大宗商品定价权的指导，一旦这种指导价发生变化，交易秩序必然随之改变，由此可能导致当事人签订的合同难以继续履行。1992年，受制于生产煤气表的原材料的铝锭价格大幅上涨，武汉市煤气公司认为继续履行与重庆检测仪表厂签订的合同有失公平，故诉至法院要求解除合同。最高人民法院在关于该案适用法律问题的函中便指出："在合同履行过程中，由于发生了当事人之间无法预见和防止的情事变更，即生产煤气表的原材料的铝锭原来是每吨4400至4600元，后来国家一下上调到16000元。在这种情况下要求按原来的合同履行，对供方显失公平，

① 参见崔建远主编：《合同法》（第六版），法律出版社2016年版；韩世远：《合同法总论》（第三版），法律出版社2011年版，第382页。

因此应解除这个合同，免除供方的责任。”① 这个函实际上确立了情事变更原则。

此后，在1993年5月最高人民法院发布的《全国经济审判工作座谈会纪要》中，亦提及情事变更原则的适用问题，该《纪要》第二部分第6点指出：“由于不可归责于当事人双方的原因，作为合同基础的客观情况发生了非当事人所能预见的根本性变化，以致按原合同履行显失公平的，可以根据当事人申请，按情事变更的原则变更或解除。”②

基于司法实践对于情事变更原则的运用，在《合同法》立法时，便有不少学者呼吁应当在《合同法》中对情事变更原则进行规定，主要理由有三：其一是认为既然我国司法实践已经承认了情事变更原则，但是缺乏对情事变更原则的一般性规定，合同法应对此作出回应；其二是认为彼时的现有制度诸如诚实信用原则、不可抗力规则等均无法取代情事变更原则；其三是认为在比较法上规定情事变更原则具有先例。③ 事实上，在《合同法（草案）》中，也一度出现了情事变更条款，全国人大常委会法工委拟定的《合同法（草案）》于第77条规定：“由于国家经济政策、社会经济形势等客观情势发生巨大变化，致使履行合同将对一方当事人没有意义或者造成重大损害，而这种变化是当事人在订立合同时不能预见并且不能克服的，该当事人可以要求对方就合同内容重新协商；协商不成的，可以请求人民法院或者仲裁机构变更或者解除合同。”

但考虑到彼时关于情事变更的理论研究尚不充分，同时，由于我国曾经在相当长的时期内采用“法外手段”处理情事变更问题，④ 在立法过程中对于情事变更问题争议较大，最终在1999年3月通过的《合同法》中，

---

① 《最高人民法院关于武汉市煤气公司诉重庆检测仪表厂煤气表装配线技术转让合同购销煤气表散件合同纠纷一案适用法律问题的函》（法函〔1992〕27号）。

② 《最高人民法院关于印发〈全国经济审判工作座谈会纪要〉的通知》（1993年5月6日法发〔1993〕8号）。

③ 参见杨振山：《试论我国民法确立“情事变更原则”的必要性》，载《中国法学》1990年第5期；耀振华：《情事变更原则的适用》，载《法学研究》1992年第4期；王宝发：《论我国合同法应当确立情事变更原则》，载《法学家》1997年第2期。

④ 参见梁慧星：《合同法上的情事变更问题》，载《法学研究》1988年第6期。

情事变更条款最后未被采纳。① 时任全国人大法律委员会主任委员王维澄在《第九届全国人民代表大会法律委员会关于〈中华人民共和国合同法(草案)〉审议结果的报告》中称：关于情事变更制度，这是一个很复杂的问题，在合同法起草过程中，就有不同意见。这次大会审议，不少代表提出，根据现有的经验，对情事变更难以作出科学的界定，而且和商业风险的界限也难以划清，执行时更难以操作，实际上只有在非常特殊的情况下才能适用情事变更制度，现在在合同法中作出规定条件尚不成熟。法律委员会经过反复研究，建议对此不作规定。② 虽然《合同法》并未规定情事变更条款，但情事变更原则在司法实践中仍然被广泛运用，但由于未有关于情事变更原则的规定，司法实务中多将之与不可抗力原则相混用。③

时间来到2009年，受制于外部环境尤其是金融环境的剧烈变化，人民法院受理的情事变更案件日益增多，考虑到司法实践中关于情事变更原则的适用较为混乱，最高人民法院有必要通过司法解释的形式统一法律适用。2009年4月24日，最高人民法院发布《合同法司法解释二》，该解释第26条对情事变更原则进行了一般性规定，即“合同成立以后客观情况发生了当事人在订立合同时无法预见的、非不可抗力造成的不属于商业风险的重大变化，继续履行合同对于一方当事人明显不公平或者不能实现合同目的，当事人请求人民法院变更或者解除合同的，人民法院应当根据公

---

① 学者形容称，为了确保《合同法》能够顺利通过，最后情事变更条款可谓是被“临阵割爱”。参见韩强：《情势变更的类型化研究》，载《法学研究》2010年第4期。

② 参见《第九届全国人民代表大会法律委员会关于〈中华人民共和国合同法（草案)〉审议结果》，载中国人大网 http：//www. npc. gov. cn/wxzl/gongbao/2000 - 12/06/content_ 5007083. htm，最后访问日期：2018年6月27日。

③ 参见叶流钊与佛山市顺德区北滘镇北滘社区股份合作社农业承包合同纠纷上诉案，广东省佛山市中级人民法院（2004）佛中法民一终字第622号民事判决书；海南金峰房地产开发有限公司与定安县国土环境资源局、定安县建设局、定安县定城镇人民政府返还预付土地款纠纷上诉案，海南省海南中级人民法院（2007）海南民二终字第144号民事判决书。

平原则，并结合案件的实际情况确定是否变更或者解除。”① 该解释正式在成文法上确立了情事变更原则。② 同时，为了防止在情事变更成文化后司法实践中滥用相应原则，最高人民法院于同年4月27日下发《关于正确适用〈中华人民共和国合同法〉若干问题的解释（二）服务党和国家的工作大局的通知》，强调：“各级法院务必正确理解、慎重适用。如果根据案件的特殊情况，确需在个案中适用的，应当由高级人民法院审核。必要时应报请最高人民法院审核。”③ 于同年7月7日下发《最高人民法院关于当前形势下审理民商事合同纠纷案件若干问题的指导意见》中提出：“人民法院应当依法把握情势变更原则的适用条件，严格审查当事人提出的‘无法预见’的主张，对于涉及石油、焦炭、有色金属等市场属性活泼、长期以来价格波动较大的大宗商品标的物以及股票、期货等风险投资型金融产品标的物的合同，更要慎重适用情势变更原则。”④ 在具体司法案件的处理

---

① 情事变更原则本就孕育于人类历史的灾变时期，在中国大陆亦不例外，根据制定司法解释的最高人民法院法官的介绍，我国大陆之所以在《合同法司法解释二》中规定情事变更原则，主要还是考虑到了外部环境的推力，亦即是由于受到2008年的金融海啸的冲击，人民法院必须在应对金融危机、保障经济平稳较快发展中发挥应有作用。在当今世界经济的动荡时期，情势变更原则的适用有着重要的价值，引入情势变更原则的重要价值便在于，当合同原有的利益平衡因经济的激烈动荡而导致不公正结果时，施以法律的救济。参见曹守晔：《最高人民法院〈关于适用中华人民共和国合同法若干问题的解释（二）〉之情势变更问题的理解与适用》，载《法律适用》2009年第8期。

② 关于司法解释在中国是否是作为一种正式的法源，法律界不无争议，在笔者看来，司法解释因其“立法化”的品格而扮演着实质法源的角色，亦在我国司法审判中发挥指引功能。在民法典编纂的视域下，司法解释系属《民法总则》法源条款中的习惯法。详细论述参见姚辉、焦清扬：《民法典时代司法解释的重新定位——以隐私权的规范为例证》，载《现代法学》2018年第5期。

③《最高人民法院关于正确适用〈中华人民共和国合同法〉若干问题的解释（二）服务党和国家的工作大局的通知》（法〔2009〕165号）。

④《最高人民法院关于当前形势下审理民商事合同纠纷案件若干问题的指导意见》（法发〔2009〕40号）。

上，也体现了最高人民法院的该种谨慎态度。①

经过了近十年的司法实践，情事变更原则的适用已经日趋成熟。值得关注的是，正在进行的中国民法典编纂中，立法者考虑将司法解释中的情事变更条款正式纳入法典之中，但对于具体如何规定情事变更原则仍存争议。《民法典合同编（草案）（民法室室内稿）》（2017 年 11 月 8 日）第 75 条规定："合同成立后，订立合同的基础发生了当事人在订立合同时无法预见的，不属于商业风险的重大变化，继续履行合同对于当事人一方明显不公平或者不能实现合同目的的，受不利影响的当事人一方可以请求与对方重新协商；在合理期限内协商不成的，当事人有权请求人民法院变更或解除合同。人民法院应当结合案件的实际情况，根据公平原则确定变更或解除合同。"该条相较于《合同法司法解释二》删去了"非不可抗力"的表述，同时，加入了关于情事变更中的再交涉义务的规定。《民法典合同编（征求意见稿）》（2018 年 3 月 15 日）第 73 条仍延续了上述规则。但是到了 2018 年 8 月 27 日《民法典合同编（第一次审议稿）》时，第 323 条的表述改为："合同成立后，订立合同的基础发生了当事人在订立合同时无法预见的、非不可抗力造成的不属于商业风险的重大变化，继续履行合同对于当事人一方明显不公平的，受不利影响的当事人可以请求与对方重新协商；在合理期限内协商不成的，当事人可以请求人民法院或者仲裁机构变更或者解除合同。""人民法院或者仲裁机构应当结合案件的实际情况，根据公平原则确定变更或者解除合同。"其保留了《民法典合同编（征求意见稿）》中加入的再交涉义务相关规定，但恢复了《合同法司法解释二》中情事变更属于非不可抗力的表述。关于情事变更与不可抗力的关系，后文还将进行更为详细的探讨。

---

① 如在上海同在国际贸易有限公司与远东电缆有限公司买卖合同纠纷案，法院认为：由于 2008 年全球性经济危机及国内宏观经济形势的变化是一个缓缓演进的过程，市场主体应当有相当的预判，同时，由于交易标的物为有色金属这种市场属性活泼、价格波动大的大宗商品，应当慎用情势变更原则。参见最高人民法院（2011）民二终字第 55 号民事判决书。

二、情事变更之构成与法效果

(一)情事变更的构成要件

在中国大陆，根据《合同法司法解释二》第26条的规定，结合学术通说和裁判实践，情事变更的适用条件通常需同时具备以下四个要件。

其一是时间要件，须情事变更的时间发生在合同成立之后，履行完毕之前。如果情事变更的事实在合同订立前或者订立之时就已经发生，但当事人一方并不知情，可以适用关于“错误”的相关规则，在我国大陆，当事人则可以援引《民法总则》和《合同法》关于重大误解的规定，请求人民法院或者仲裁机构撤销或者变更合同。① 而之所以要求情事变更的事实发生在合同履行完毕之前，是因为合同因履行完毕而消灭后，便无情事变更的适用空间。②

其二是客观条件，须发生情事变更的事实。所谓“情事”，应是泛指构成合同基础或外部环境的客观情况，而“变更”，则要求上述客观情况发生了异常的变动。在司法实务中，法院在适用情势变更原则时亦严格把

---

① 如在北京华远意通热力科技股份有限公司与刘慧敏供用热力合同纠纷案中，法院认为：华远意通公司在主张签订合同时对房屋使用性质存在重大误解，但其并未在法律规定的期间内请求变更或者撤销，此后其要求以情事变更为由要求变更合同，缺乏事实和法律依据，法院不予支持。参见北京市第一中级人民法院（2015）一中民终字第04634民事判决书。

② 如在王明新与雷英股权转让纠纷案中，法院认为：虽然案涉煤矿被政府列为关闭对象，导致技改无法继续进行，双方不能通过经营煤矿获利，但是协议约定的王明新通过支付股权转让款获得20%的股权，并以合伙人身份参与煤矿经营管理等内容已经得到履行，案涉协议目的得到部分实现……不应适用情事变更原则。参见最高人民法院（2015）民二终字第284号民事判决。再如在广东标准环保有限公司、广州市白云区城市管理局合同纠纷案中，法院认为：上诉人认为继续履行《补充合同》对上诉人明显不公平或者不能实现合同目，应在合同履行期内请求人民法院变更承包费或者解除合同。但上诉人在合同履行期限内未向法院起诉，而是继续履行合同直至合同期限届满，现《补充合同》已于2013年12月31日履行完毕，双方依合同约定所产生的各项权利义务终结……不适用情事变更。参见广东省广州市中级人民法院（2018）粤01民终13976号民事判决书。

握“情事”的客观属性。① 有学者将“情事”和“变更”进行了类型化研究，认为情事除“重大经济事变、战争、重大政治事变、法律和政策调整、罢工”等情形外，还包括“政府行政行为”“非因重大政治或经济事由带来的市场环境变化”以及“纯粹第三人原因”等，而“变更”则包括“对价关系障碍”“目的障碍”“共同动机障碍”等类型。②

其三为主观条件，须情事变更的发生不可归责于当事人，同时对于当事人而言是不可预见的。③ 其主要是指情事变更的事实并不为受不利影响的一方当事人所能支配与控制，如果情事得以被一方当事人控制，则表明该方当事人本身具有过错，其自应承担相应的损失。而所谓不可预见，其时间点应是合同缔结之时，如果当事人在缔约时可以预见到情事变更，则风险亦应由该当事人自己承担。

---

① 如在湖南润和塑胶实业有限公司等诉湖南中一房地产开发有限公司建设用地使用权转让合同纠纷案中，最高人民法院认为：本案履约成本增加属于当事人主观违约造成，非当事人不可预见的客观变化导致，不能以情势变更为由解除合同。参见最高人民法院（2017）最高法民申3263号民事裁定书。

② 参见韩强：《情势变更的类型化研究》，载《法学研究》2010年第4期。我国大陆也有学者认为共同动机错误并不构成情事变更，而是囊括于重大误解制度的范畴之中，参见韩世远：《合同法总论（第三版）》，法律出版社2011年版，第386页。后文将对该问题进行评论。

③ 如在重庆首金房地产开发有限公司与重庆尚瑜投资有限公司房屋租赁合同纠纷案中，关于租金上涨是否属于客观情事，法院认为：双方签订《租赁合同》约定的租金高低系双方作为平等民事主体在综合市场环境、交易习惯等情形下通过自由协商作出的商业决策，特别是本案租赁合同期限较长，在相当长时间内，租金的起伏变化不属于社会一般观念上的事先无法预见情形，租金变化的风险程度也是双方作为法人企业能够合理预期的风险。并且双方当事人对于租金的风险是可以通过协商予以防范和控制的。房屋租赁合同中租金高低是自身作为市场主体在经营活动中可能面临的商业风险，不属于情事变更原则所调整的范围。参见重庆市第一中级人民法院（2018）渝01民终4490号民事判决书。再如薛某与大同市大富翁商厦有限责任公司租赁合同纠纷案中，关于案涉政府道路改造的性质，法院认为：作为商事主体，被告在与原告签订《商铺租赁合同》时理应能够预见到道路改造可能带来的影响，并对租金支付标准等条款作出相应调整。换言之，道路改造并非《商铺租赁合同》签订之后才发生的，不属于当事人不可预见的重大变化，自无情事变更适用之余地。参见山西省大同市城区人民法院（2018）晋0202民初1892号民事判决书。

其四须情事变更使履行合同显失公平，即使发生了当事人无法预见的客观情事的变化，但如果没有使得当事人履行合同存在显失公平的情况，一方也不得依据情事变更原则解除合同。① 另外，这种显失公平应是对于一方当事人而言的，如果情事变更造成的是合同双方的权益均受到同等减损，同样不符合适用情事变更原则的要件。② 如前述情事变更作为契约严守原则的例外，其适用自应受到严格的限制，因此，仅有在履行原合同显失公平时，方才有情事变更原则的适用空间。

（二）情事变更原则适用的效果

1. 合同的变更与解除

如前述，在情事变更的情况下，继续履行合同将使得一方当事人遭受显失公平的后果，根据《合同法司法解释二》的规定，将会发生变更合同以及解除合同的后果。在实务处理中，在合同目的并非完全不能实现的场合，法院处理的方法通常是先考察当事人之间是否能够协商一致对合同的内容进行变更。在合同双方当事人之间依据诚实信用原则进行协商后，如

---

① 如在南通通协纺织染整有限公司与南通永恩纺织印染有限公司房屋租赁合同纠纷案中，法院认为双方2009年签订时适用的国家工业水污染排放标准是GB4287－1992，在合同履行过程中即2013年开始适用GB4287－2012，国家工业水污染排放标准的变化如何时适用、标准参数是双方当事人不能预见也无法预见的，但是国家工业水污染排放标准提高并不必然导致工业废水处理费用提高，可能出现通协公司在起诉时陈述的污水处理设施进行了提标改造并加大了污水处理剂的投放的情形，也可通过改进生产工艺、污水处理方法在不增加费用的前提下提高排放标准的情形，故国家政策变化并不必然导致继续履行合同将会对一方明显不公或难以实现合同目的。因此，不符合情事变更的情形。参见江苏省南通市中级人民法院（2016）苏06民终2155号民事判决书。

② 如在王明新与雷英股权转让纠纷案中，法院认为：案涉煤矿因政策原因被关闭，其结果是王明新、雷英均不能再从煤矿经营生产中获得利益，即对双方造成的影响是一致的，并非只损害了王明新的利益从而在双方当事人之间造成显失公平。因此，本案吼西煤矿在技改升级过程中被关闭不符合情事变更的情形，不应适用情事变更原则对双方所签协议进行变更或解除。参见最高人民法院（2015）民二终字第284号民事判决。

果仍然不能达成一致的，则可以请求人民法院通过判决的方式变更合同。[①]

在当事人之间无法达成变更合同的协议，或者变更合同已经无法期待的场合，法院通常会判决解除合同。[②] 另外，在完全不能实现合同目的的场合，法院也唯有选择判决解除合同。在变更和解除的关系上，简单地看，客观情事可以分为两种类型：其一，继续履行合同对于一方当事人明显不公平；其二，不能实现合同目的。在前者，有变更或者解除合同的双重选择，此时优先考虑变更，仅在变更无法解决问题时方始解除合同，但在合同目的完全不能实现的场合，则唯有解除合同。

之所以如此，主要考虑是因为在合同可以挽救的情况下，应当尽力挽

---

① 如在靖江市土地储备交易中心与江苏神龙海洋工程集团有限公司合同纠纷案中，法院在当事人之间难以协商一致的情况下，直接判决变更合同。法院在说理部分认为：由于在合同履行过程中出现了合同约定的工期顺延的情形，致合同履行时间较长，废旧金属市场价格出现了很大幅度的下跌，继续履行原承包合同，在价格上存在显失公平，但同时考虑到，现在废旧金属市场价格的下跌，也并非完全由情事变更引起，其中的市场风险因素，不应列为调整的范畴，故被告提出房屋拆除承包合同价格，只能结合本案的实际情况给予适当的调整。参见江苏省镇江市中级人民法院（2017）苏1282民初1807号民事判决书。

② 如在杨正顺、杨再超等与袁新勇、黎平县坝寨乡路团村四组合同纠纷案中，法院在当事人之间未就变更合同达成一致时，判决解除合同。法院在说理部分认为：由于政策的变化，致使原告不能实现合同目的，如继续履行合同，必使原告利益受到重大损失。对于是否可以变更因当事人之间对于再次延期砍伐的延期费用未能达到一致，所以，当事人请求解除合同不仅符合法定情形，也符合本案客观实际情况。为此，原告向法院提出解除与被告袁新勇签订的《连刀弯反背集体山林转让出售协议》等协议符合法律规定，法院依法予以解除。参见贵州省黔东南苗族侗族自治州中级人民法院（2015）黔东民终字第1039号民事判决书。

救，而非任由其“死亡”，以达到鼓励交易的效果。① 但现有裁判中对于变更合同的判决极为有限，究其原因，是因为对法院而言，当事人主张变更合同之时，必然会要求尽量向其有利的方向加以变更，若法院依请求权人的请求判决，可能会损害合同另一方当事人的利益；而如果由法院确定变更合同的标准，该种标准法院应如何把握亦是一大难题；同时，法院如果判决变更合同，还有妨碍私人自治的嫌疑。基于上述考虑，我国大陆《民法总则》取消了法律行为的可变更效力，② 但对于情事变更中当事人的变更请求权，《民法总则》并未对其加以否认，亦即情事变更中的当事人仍然有权要求人民法院或仲裁机构变更或解除合同。

2. 再交涉义务

在我国大陆学说中，有观点认为，在适用情事变更原则的场合，受到不利益的一方当事人应有权要求另一方就合同的内容进行重新协商，另一方因此而负有再交涉义务。③ 在一些国际条约，诸如《国际商事合同通则》（PICC）第6条、《欧洲合同法原则》（PECL）第6：111（2）条中，都规定了当事人负有继续谈判（再交涉）的义务。

---

① 在合同目的并非完全不能实现时，法院通常会对合同尽力“挽救”。如在江西省永修县人民政府、永修县鄱阳湖采砂管理工作领导小组办公室与成都鹏伟实业有限公司采矿权纠纷案中，法院认为：鹏伟公司在履行本案《采砂权出让合同》过程中遭遇鄱阳湖36年未遇的罕见低水位，导致采砂船不能在采砂区域作业，采砂提前结束，未能达到《采砂权出让合同》约定的合同目的。这一客观情况是鹏伟公司和采砂办在签订合同时不可能预见到的。在此情况下，仍旧依照合同的约定履行，对鹏伟公司而言是不公平的。鹏伟公司要求采砂办退还部分合同价款实际是要求对《采砂权出让合同》的部分条款进行变更，符合《合同法》和相关司法解释的规定，予以支持。参见最高人民法院（2011）民再字第2号民事判决书。

② 对于这种做法，学界也存在不少反对的声音。如有学者认为，对于可撤销的法律行为，在撤销权之外再赋予当事人一方一种变更法律行为的权利，并不会直接产生权力意志妨害私人自治之弊，因为法院能否介入法律行为之中，完全取决于当事人一方是否行使变更权的自主意思。在比较法上，关于法律行为的最新立法也普遍承认可撤销法律行为于个别情形下可予以变更。因此，全部废弃我国现行法关于可变更法律行为规定的极端做法并不可取，部分保留可变更法律行为制度并对其加以补充完善的做法则比较可行。参见朱广新：《论可撤销法律行为的变更问题》，载《法学》2017年第2期。

③ 参见韩世远：《情势变更原则研究》，载《中外法学》2000年第4期。

在我国大陆的合同法立法过程中，1999 年《合同法草案》第四次、第五次审议稿在情事变更条款中都包含了再交涉义务的内容，即："该当事人（受损方）可以要求对方就合同的内容重新协商；协商不成的，可以请求人民法院或仲裁机构变更或者解除合同"，但最终由于情事变更条款并未进入合同法，再交涉义务条款自然也无处安放。《合同法司法解释二》虽然规定了情事变更原则，但没有对再交涉义务进行回应。正在进行的民法典编纂进程中，《民法典合同编（草案）（室内稿）》《民法典合同编（征求意见稿）》《民法典合同编（第一次审议稿）》均保留了再交涉义务的规定，即"受不利影响的当事人可以请求与对方重新协商；在合理期限内协商不成的，当事人可以请求人民法院或者仲裁机构变更或者解除合同"。可以期待的是，再交涉义务很快将在我国大陆民法中成文化。

再交涉义务并非一项简单的义务，而是包含了一个"义务群"。情事变更中受到不利益的一方在要求对方进行再交涉时，应同时履行"准备义务"，而相对方则负有同意再交涉的义务，在再交涉的过程中，双方还负有诚实守信、相互协助的交涉义务。在实体上，再交涉义务主要是受损方具有要求对方进行再交涉的权利，对方负有再交涉的义务；在程序上，该种义务并非必然适用，亦非解决情事变更问题的必经过程，受不利影响当事人具有选择权，即选择再交涉抑或司法诉讼，同时也肯定了再交涉与司法诉讼之间的前后的承接关系，即选择进行再交涉之后没有达成共识的，可以继续选择进行司法诉讼。关于再交涉义务中的违约责任，同样与一般的违约责任不同，这一方面是由于在责任方式上，再交涉义务并不适用强制履行；另一方面，则是由于再交涉义务损害赔偿的范围严格限定在信赖利益的保护，与合同履行之间通常不具有直接因果关系。

三、情事变更原则的周边

（一）情事变更与不可抗力

在《合同法司法解释二》中，情事变更被界定为是"客观情况发生了当事人在订立合同时无法预见的、非不可抗力造成的不属于商业风险的重大变化"，之所以如此强调情事变更与不可抗力的界分，其理由在于认为"对于灾难等自然原因造成的情事重大变化不适用情事变更之理由在于，此类情况可以直接适用《合同法》第117条不可抗力条款加以解决”。①

但此种界定情事变更的方法却存在一些处理上的困难。在早先的司法实践中，法院往往混用不可抗力与情事变更原则，如前述的江西省永修县人民政府、永修县鄱阳湖采砂管理工作领导小组办公室与成都鹏伟实业有限公司采矿权纠纷案中，引起当事人之间权利义务失衡的客观事实是因为自然原因导致鄱阳湖出现了罕见的低水位，从而造成约定的采砂作业提前结束，合同目的无法实现。但法院并未援引不可抗力的规定直接解除合同，而是意识到合同存在被挽救的可能，故援引情事变更的规定，判令一方退还部分合同价款的方式对合同条款进行变更。② 可见，情事变更原则与不可抗力之间并非泾渭分明，而是在一定程度上存在竞合，司法实践中也确实存在既属于不可抗力亦可用认定为情事变更的情形。

当然，不可抗力与情事变更仍然属于两个不同的概念与制度，二者虽然存在部分竞合，但亦有明显不同。不可抗力与情事变更的主要区别在于，不可抗力事实上已经构成了完全的履行不能，而情事变更部分达到了完全不能履行的程度，部分则未达到履行不能的程度。在法律效果上，不可抗力导致完全的履行不能时，发生合同解除的效果，同时不排除风险负担，此时并无情事变更制度的适用空间。而当因不可抗力或者其他因素导致合同履行十分困难，若按原合同履行显失公平时，方有情事变更制度的适用空间。③ 故不少学者建议，应当在民法典合同编中取消情事变更属于“非不可抗力”的表述。

在民法典编纂过程中，《民法典合同编（草案）（室内稿）》和《民法

---

① 参见沈德咏主编：《最高人民法院关于合同法司法解释（二）理解与适用》，人民法院出版社2009年版，第190页。

② 参见最高人民法院（2011）民再字第2号民事判决书。

③ 参见崔建远主编：《合同法》（第5版），法律出版社2010年版，第130页。当然，这种观点也遭到了一些学者的反对。如有学者认为，以合同是否有被履行的可能之标准来判定对两种规则的适用并非是正确的价值取向，诸如北京市颁布了《北京市关于贯彻落实国务院办公厅文件精神 进一步加强本市房地产市场调控工作的通知》，该通知对北京买房条件作出了规定，使得部分已经签订合同的购房人因不满足通知的要求而无法继续履行合同，但此时政府颁布的行政法规对于合同履行产生的影响应当被归为情事变更的范畴，属于法律上的履行不能。参见万方：《我国情势变更制度要件及定位模式之反思》，载《法学评论》2018年第6期。

典合同编（征求意见稿）》似乎已经注意到《合同法司法解释二》严格区分不可抗力与情事变更的不甚恰当，故取消了“非不可抗力造成的不属于商业风险的重大变化”的表述，而改采“订立合同的基础发生了当事人在订立合同时无法预见的，不属于商业风险的重大变化”对情事变更加以描述。但是《民法典合同编（第一次审议稿）》中，关于情事变更的表述再次被改为“订立合同的基础发生了当事人在订立合同时无法预见的、非不可抗力造成的不属于商业风险的重大变化”。由于在官方文件中并未见到关于此次修改的理由，且审议稿仍有可能作进一步的修改，笔者将继续予以关注。

（二）情事变更与商业风险

情事变更与商业风险在理论和实务中都被严加区分，无论是《合同法司法解释二》还是前述《最高人民法院关于正确适用〈中华人民共和国合同法〉若干问题的解释（二）服务党和国家的工作大局的通知》以及《最高人民法院关于当前形势下审理民商事合同纠纷案件若干问题的指导意见》，都对情事变更和商业风险进行了明确界分。如《最高人民法院关于当前形势下审理民商事合同纠纷案件若干问题的指导意见》第一大点第三小点提到：“人民法院要合理区分情势变更与商业风险。商业风险属于从事商业活动的固有风险，诸如尚未达到异常变动程度的供求关系变化、价格涨跌等。情势变更是当事人在缔约时无法预见的非市场系统固有的风险。”在司法实践中，通常做法是首先推定某种特定的变故为商业风险，这是以契约严守为原则、情事变更为例外的表现。① 如果受不利影响的当

① 参见王成：《情事变更、商业风险与利益衡量——以张革军诉宋旭红房屋买卖合同纠纷案为背景》，载《政治与法律》2012 年第 1 期。

事人一方旨在主张该变故属于情事变更，则应承担相应的举证责任。[①]

根据现有司法裁判，区分情事变更与商业风险的四个维度：第一个维度是可预见性程度的不同，[②] 即对于商业风险而言，交易当事人在订约时都应当能够合理预见。而对于情事变更来说，它是当事人在订立合同时没有预见，或者难以预见的。[③] 第二个维度是影响的范围不同，作为情事变更的风险的影响应当具有广泛性。所谓广泛性，是指该风险对诸多的、一系列的交易以及一系列当事人会产生影响，而不是仅仅对特定的、个别的

---

① 在长期租赁合同中，虽然租金因为诸多原因可能会产生变动，但在事实上，商业风险的因素已经包含在了租赁价格之中。换言之，因为租赁期限较长，本身租金可能的上涨或下跌就在订立合同时就已经计算在租金之中，如果当事人无法举证相应租金的变动符合情事变更的要件，就应被推定为属于商业风险。如在重庆首金房地产开发有限公司与重庆尚瑜投资有限公司房屋租赁合同纠纷案中，法院认为，双方签订《租赁合同》约定的租金高低系双方作为平等民事主体在综合市场环境、交易习惯等情形下通过自由协商作出的商业决策，特别是本案租赁合同期限较长，在相当长时间内，租金的起伏变化不属于社会一般观念上的事先无法预见情形，租金变化的风险程度也是双方作为法人企业能够合理预期的风险。参见重庆市第一中级人民法院（2018）渝01民终4490号民事判决书。

② 该种观点也得到了不少学者的认同，类似观点参见韩世远：《合同法总论》（第三版），法律出版社2011年版，第386页。

③ 实务中，许多法院也采用了“预见性”的做法来对二者加以区分，如在襄阳市襄城区财政局与襄阳美格丽芬酒店管理有限公司房屋租赁合同纠纷案中，法院认为：情事变更原则主要针对经济形势、经济政策的巨大变化，与国家对经济生活干预有直接关系。情事变更以“订立合同时不能预见”为要件，而商业风险则是行为人能够预见或应当预见客观情况的变化可能发生，并尽力加以避免的一种可能性。双方在签订合同时，原告应当预见到未来租赁市场的价格变化，且在双方签订的合同中对租金作出了逐步递增的约定，符合市场主体主动规避商业风险的一般做法。本案中涉案场地租金的增长应属正常的价格变化……对原告主张的情事变更不予支持。参见湖北省襄阳市襄城区人民法院（2016）鄂0602民初513号民事判决书。

交易和当事人产生影响。[①] 第三个维度是能否有效防范。对于商业风险来说，当事人通常是可以防范的，因为当事人在从事交易时其可以将潜在的商业风险计算在合同价格之中，或者通过当事人约定的方式来对商业风险的后果进行必要的防范。[②] 第四个维度是风险与收益的一致性。即商业风险都伴随着商业利益，风险越高、利益越大。因此，凡是交易性质是否属于通常的高风险、高收益范围，可以认定为商业风险。该观点也得到了最高人民法院相关指导意见的肯认。

四、与情事变更相关的其他问题

和情事变更之原则相关的，还有“合同当事人双方共同动机错误”的问题。在我国大陆，关于“合同当事人双方共同动机错误”应如何处理的问题上，存在着较大的分歧意见。有观点认为，在我国法上，当事人共同的动机错误已经由作为合同效力制度的“重大误解”加以规制，因此，不必再借助情事变更原则进行处理。[③] 相反观点则认为，我国法上的重大误解制度并不同于“错误”制度，其仅指意思表示的瑕疵，而不包括动机错误，无论是《合同法》第 54 条还是《民法总则》第 147 条，以及相应司法解释中对重大误解的范围界定均未涵盖全部的动机错误。[④]

研判情事变更与重大误解制度的关系，目的在于厘清对于不属于现行重大误解制度范畴内的、但对于合同缔结具有重要意义的双方共同的动机错误，应如何处理。例如，在某新型病毒盛行时期，甲销售公司和乙医药公司都确定地认为乙公司生产的某种药品具有防治该种病毒的效用，于是

---

① 参见王利明：《民法分则合同编立法研究》，载《中国法学》2017 年第 2 期。该观点受到了一些批评，诸如有学者在探讨该问题时便认为，广泛性并非情事变更的根本特性。由于我国大部分以情事变更为案由的案件属于因政府的行政行为或政策变化原因所致，因此，在表象上会偶然地显现出广泛性的外观，但是并不能以此作为辨别是否属于情事变更的因素。参见万方：《我国情势变更制度要件及定位模式之反思》，载《法学评论》2018 年第 6 期。

② 参见曹守晔：《最高人民法院〈关于适用中华人民共和国合同法若干问题的解释（二）〉之情势变更问题的理解与适用》，载《法律适用》2009 年第 8 期。

③ 参见姚辉：《情事变更重述——以 5·12 震灾为视角》，载《中州学刊》2008 年第 5 期；韩世远：《合同法总论》（第三版），法律出版社 2011 年版，第 386 页。

④ 参见韩强：《情势变更的类型化研究》，载《法学研究》2010 年第 4 期。

甲公司以高价向乙公司订购该药品若干，约定乙公司分批交付。但在合同签订后，国家食品药品监督管理局公开辟谣“某药品能够防治该种新型病毒”，此种情况下，甲公司是否得以依据重大误解的规定主张撤销合同，抑或依据情事变更原则要求变更或解除合同？

该假想案例中双方共同的错误属于动机错误的范畴，由于我国并未规定“错误”制度而仅有重大误解制度，动机错误似乎难以被重大误解所涵盖，因此，无法适用《合同法》以及《民法总则》的规定要求撤销采购合同。在此情形下，如果不承认政府的公开辟谣属于情事变更的范畴，则对于甲公司难言公平（当然，该种情形是否属于商业风险亦值得讨论）。在司法实践中，共同动机错误通常难以被纳入情事变更原则的调整范围，如果共同动机错误使得合同的履行不具有合理期待性，如何解决此实践难题值得思考。

诚信原则在中国法中的规范与适用

刘保玉[*]　梁远高[**]

自古以来，诚信就被中华民族所重视。诚信原则作为民法的基本原则之一，乃民法之“帝王条款”，其地位及功能不容小觑。作为一项法律原则，诚信原则构成实定法规则的基础，并且在中国法律体系的具体规范中多有体现，尤其体现在宪法、民商法、诉讼法等法律领域。法律的生命力和权威在于实施，而诚信原则的适用率远高于其他原则，其适用情形及适用效果如何，关乎该项原则的价值与意义。本文拟探讨诚信原则的内涵、功能、在中国法中的相关规定及制度体现、司法适用等问题，就教于方家。

一、诚信原则的内涵与功能

（一）诚信原则的内涵

在中国学者的著述中，对诚信原则的具体内涵存在多种学说认识：

第一，语义说——诚信原则要求民事活动的所有参

* 中国政法大学教授、博士生导师。

** 中国政法大学博士研究生。

加者做到诚实守信，不实施任何不诚信的欺诈行为。①

第二，一般条款说——诚信原则在民商法中属于一般条款，具有法律的强制性效力。②

第三，立法者意志说——诚信原则就是要求民事主体在民事活动中维持双方的利益平衡，以及当事人利益与社会利益平衡的立法者意志。③

第四，双重功能说——诚信原则是法律法规与道德规范的合成体，兼有法律调节和道德调节的双重功能，因此，法律条文便具有极大的弹性，从而法官享有较大的自由裁量权，能够排除当事人的意思自治，而直接调整当事人的权利义务关系。④

第五，混合构成说——诚信原则本质由三个层面构成：（1）道德心理层面，诚信原则是一定社会的综合社会条件所决定的关于善意真诚、守信不欺、公平合理的一般道德心理；（2）法律规范层面，诚信原则是以道德为内核而具有法律强制力的行为规范；（3）客观事实层面，诚信原则是合同当事人及司法者以该原则为依据所为的一切行为。⑤

上述各种观点的角度不同，表述各异，说明诚信原则的内涵丰富且复杂。从三个角度对诚信原则进行阐释的混合构成说，似乎是最合理、最全面的。

（二）诚信原则的功能

中国学者大多围绕着诚信原则指导民事活动并填补法律漏洞的主要功能进行论证。梁慧星先生指出：“诚实信用原则有三项功能，即指导当事人行使权利履行义务，解释评价和补充法律行为，解释和补充法律。”⑥ 这一认识，大致可认为是中国大陆学界的通说。

---

① 马原主编：《中国民法讲义》，全国法院干部业余大学教材1987年版，第21页。

② 参见史尚宽：《民法总论》，中国政法大学出版社2000年版，第40页。

③ 徐国栋：《民法基本原则解释》，中国政法大学出版社1992年版，第78～79页。

④ 梁慧星：《民法解释学》，中国政法大学出版社1995年版，第33页。

⑤ 郑强：《合同法诚实信用原则研究》，法律出版社2000年版，第14～15页。

⑥ 参见梁慧星：《诚实信用原则与漏洞补充》，载《法学研究》1994年第2期。

二、中国法上关于诚信原则的规定

（一）宪法及国家政策中的规定

1. 宪法中的诚信原则。在宪法学者眼里，诚信原则的研究与法治相关联。① 当法治概念的经典要义将“社会各要素普遍地符合良法规范的有序状态”囊括于自身时，它已内在地包含了正义、公平、诚实信用等精神或原则。②

诚信原则在中国《宪法》中的具体体现为：（1）第5条规定：“中华人民共和国实行依法治国，建设社会主义法治国家。”而诚信原则应为“法治国家”的当然组成部分。（2）第24条中所规定的“加强社会主义精神文明的建设”“倡导社会主义核心价值观”，亦均包含诚信原则。

2. 国家政策中的诚信原则。2012年11月11日中共十八大报告中明确提出了“社会主义核心价值观”：富强、民主、文明、和谐（国家层面）；自由、平等、公正、法治（社会层面）；爱国、敬业、诚信、友善（个人层面）。2013年11月12日中共十八届三中全会通过的《中共中央关于全面深化改革若干重大问题的决定》中明确提到要“建立健全社会征信体系，褒扬诚信，惩戒失信”。2014年10月23日中共十八届四中全会通过的《中共中央关于全面推进依法治国若干重大问题的决定》中再次提到：“加强社会诚信建设，健全公民和组织守法信用记录，完善守法诚信褒奖机制和违法失信行为惩戒机制。”2015年10月29日中共十八届五中全会通过的《中共中央关于制定国民经济和社会发展第十三个五年规划的建议》中也明确提到：“要加强思想道德建设和社会诚信建设。”国务院还先后发布了《关于社会信用体系建设的若干意见》（2007年）、《社会信用体系建设规划纲要（2014—2020年）》（2014年）、《企业信息公示暂行条例》（2014年）等一系列行政法规，提出了构建社会信用体系基本框架和运行机制，明确了社会信用体系建设规划远景。

---

① 张慧平：《诚实信用原则与法治的契合——作为宪法原则的诚实信用》，载《河北法学》2004年第7期。

② 张国炎、林喆：《诚实信用原则与现代社会法治目标》，载《政治与法律》2000年第5期。

（二）《民法总则》（2017年3月15日通过）中的规定

1. 立法目的中的体现。第1条关于立法目的的规定中，提到了“弘扬社会主义核心价值观”。如前所述，“社会主义核心价值观”中包含有“诚信”。

2. 明确了诚信原则在民法基本原则的体系中的地位。第7条规定：“民事主体从事民事活动，应当遵循诚信原则，秉持诚实，恪守承诺。”

3.《民法总则》中关于不得违背公序良俗（第10条、第153条）、禁止权利滥用（第132条）、遵守商业道德（第86条）等的规定，也体现了诚信原则的精神。

4. 在诸多重要制度的规定中体现了诚信原则的精神。诸如：对善意相对人给予优待保护（参见第61条第2款，第65条，第85条，第94条第2款，第145条第2款，第170条第2款，第171条第3款等）；而对于恶意行为人，则使其承担不利法律后果（参见第43条第3款，第53条第2款，第132条，第146条，第148～151条，第154条，第164条第2款等）；在表见代理规定中，对善意、诚信的相对人予以切实的保护（参见第172条）。

（三）其他民商事单行法中的规定

在民事法律的规定中，如《物权法》第7条规定：“物权的取得和行使，应当遵守法律，尊重社会公德，不得损害公共利益和他人合法权益。”《合同法》第6条规定：“当事人行使权利、履行义务应当遵循诚实信用原则。”《担保法》第3条规定：“担保活动应当遵循……诚实信用原则。”

在商事单行法的规定上，如《公司法》第5条规定：“公司从事经营活动，必须遵守法律、行政法规、遵守社会公德、商业道德，诚实守信。”《合伙企业法》第5条规定：“订立合伙协议，设立合伙企业，应当遵循自愿、平等、公平、诚实信用原则。”《票据法》第10条规定：“票据的签发、取得和转让，应当遵循诚实信用原则，具有真实的交易关系和债权债务关系。”《保险法》第5条规定：“保险活动当事人行使权利、履行义务应当遵循诚实信用原则。”

（四）《民事诉讼法》中的相关规定

《民事诉讼法》第13条第1款规定：“民事诉讼应当遵循诚实信用原

则。”此外，还有直接或间接体现诚信原则精神的其他具体条文，如第112、113条关于当事人之间恶意串通，企图通过诉讼、仲裁、调解等方式侵害他人合法权益或者逃避履行法律文书确定的义务的情况之处理规定。

三、诚信原则在民商法中的具体制度体现

（一）在《物权法》中的体现

1. 基本原则中的体现。《物权法》第6条关于公示公信原则的规定，第7条关于“物权的取得和行使不得损害社会公共利益和他人合法权益”的规定，其中均蕴含有诚信原则的精神。

2. 区分行为人的善意与恶意，对善意行为人、占有人、物权取得人等给予保护上的优待。典型表现在：

其一，为保护基于诚信而为行为的第三人的利益，在登记对抗主义规则的规定中，普遍采用了“未经登记，不得对抗善意第三人”的表述（参见第24条、第129条、第158条、第188条、第189条）。

其二，明确规定了善意取得制度（参见第106～108条），对善意第三人的信赖利益予以周延的保护。

其三，区别善意占有与恶意占有，并使其发生不同的法律后果（参见第242条、第244条）。

（二）在《合同法》中的体现

1. 基本原则中的规定。《合同法》第6条关于诚信原则的一般规定，贯穿于合同的订立、履行、终止、合同解释以及分则中有名合同的具体制度中。

2. 合同义务。首先，在合同订立过程中，以诚信原则为基础，确立了缔约过失责任规则和违反附随义务的损害赔偿责任（参见第42、43条）；其次，缔约后，当事人应本着诚信原则履行主要义务和附随义务（参见第60条、第119条）；再次，合同的权利义务终止后，当事人应当遵循诚实信用的原则，根据交易习惯履行通知、协助、保密等义务（参见第92条）。

3. 情事变更原则。最高人民法院发布的《最高人民法院关于适用〈中华人民共和国合同法〉若干问题的解释（二）》［以下简称《合同法司法

解释（二）》］第26条对情势变更原则及其法律后果作了明确的规定，受到理论界和实务界的一致好评。在此基础上，全国人大法工委2018年3月发布的《民法典合同编（草案）（征求意见稿）》第73条也对情事变更原则作出了规定，并在处理规则方面引入"重新协商义务"（也称"再交涉义务"），使之更臻完善。

四、中国司法实践中诚信原则的具体适用

（一）司法解释中的相关规定

1. 多重买卖的规制。多重买卖，又称一物数卖等，是一种背信弃义的不道德的行为，由此引发纠纷需要法律加以规制。为此，最高人民法院发布的《最高人民法院关于审理买卖合同纠纷案件适用法律问题的解释》（法释〔2012〕8号）（以下简称《买卖合同司法解释》）于第9条、第10条分别对普通动产与特殊动产多重买卖中的物权归属与合同的履行顺序作出了规定。其处理规则中体现的司法解释所追求的"整体的经济价值"，包含了诚信等道德价值在内。①

2. 限购政策的推行与规避政策行为的禁止。为遏制房价的过快增长，国务院办公厅于2011年发布了《关于进一步做好房地产市场调控工作有关问题的通知》，在一线城市实施"限购""禁购""限贷"等政策；为解决机动车增长过快的问题，在北京、上海等地还推行有机动车限购的政策。各类政策实施前已经签订的房屋、车辆买卖合同在履行中出现了诸多问题。一些交易主体试图通过借名买房（车）、假离婚、签订虚假合同提起诉讼、仲裁、达成调解协议等方法予以规避。对此，最高人民法院通过民事审判工作会议纪要和发布典型判例等方式，一方面，维护限购政策的推行；另一方面，亦防止违背诚信、规避政策的现象蔓延。

3. 公布失信被执行人名单信息制度。较长一段时期，被执行人违背诚信、恶意逃避债务的现象大量存在，导致民事判决"执行难""法律白条"等问题。为此，最高人民法院于2013年发布了《最高人民法院关于公布失信被执行人名单信息的若干规定》（以下简称《失信规定》）；2015年发

---

① 参见石冠彬、江海：《论一物数卖合同效力与买受人权利救济》，载《法律科学》2014年第5期。

布的《最高人民法院关于适用〈中华人民共和国民事诉讼法〉的解释》中也确立了公布被执行人名单信息制度；2017年最高人民法院修改了《失信规定》，对失信被执行人信息公开制度、限制失信人员高消费的具体措施作出明确规定。这些措施的持续推进，已取得了很好的效果。

4.《合同法解释（二）》中有诸多规定涉及诚信原则及其适用问题。如该解释第3条关于请求悬赏人支付报酬的规定，第8条关于违背诚实信用原则未按照法律规定或者合同约定办理申请批准或者未申请登记的后果之规定，第15条关于多重买卖合同中不能按照合同约定取得标的物所有权，买受人有权请求出卖人承担违约责任的规定，第18条、第19条中关于撤销权问题的规定等。

5. 公司法、保险法等司法解释中的相关规定。如《最高人民法院关于适用〈中华人民共和国公司法〉若干问题的规定（四）》［以下简称《公司法司法解释（四）》］第6条关于股东会或者股东大会、董事会决议被人民法院判决确认无效或者撤销的，公司依据该决议与善意相对人形成的民事法律关系不受影响的规定；第11条关于股东和辅助股东查阅公司文件材料的会计师、律师等泄露公司商业秘密导致公司合法利益受到损害时的赔偿责任的规定；第21条中关于有限责任公司的股东向股东以外的人转让股权，未征求其他股东意见或者以欺诈、恶意串通等手段损害其他股东优先购买权的法律后果的规定等。再如《最高人民法院关于适用〈中华人民共和国保险法〉若干问题的解释（三）》第5条关于如实告知义务的规定，第11条关于保险事故发生后变更受益人问题的规定等，也都体现了诚信原则的具体适用。

（二）基于诚信原则的司法裁判

在"中国裁判文书网"上以"诚实信用原则"作为关键词检索近五年（2013～2017年）的案例，总计754119件（中级法院和基层法院裁判的案件分别为116719件和626683件，高级法院9708件，最高人民法院1008件）。此类案件数量庞大，且呈现逐年上升的趋势。裁判文书中援用诚信原则解决纠纷的案件类型也颇为广泛，其中占比较高者为下列三类：

1. 运用诚信原则解决合同纠纷。具有代表性的案件类型为：一是商品房买卖合同、汽车买卖合同、担保型买卖合同、分期付款买卖合同等买卖合同纠纷案件，共计68266件；二是借款合同纠纷案件，共计67492件，其中民间借贷案件占比较大（12700件），企业间借款纠纷亦较为多发；三是保证合同纠纷案件，共计26337件。四是违约责任或违约金的纠纷案件，共计32468件。

2. 运用诚信原则解决物权纠纷。典型的案件类型有：一是担保纠纷案件，共计75845件，其中抵押纠纷案件占比最大（37781件）；二是房屋所有权纠纷案件，共计15980件；三是土地使用权案件，共计10332件。

3. 运用诚信原则解决婚姻家庭纠纷。主要涉及夫妻共同财产的认定、离婚协议的效力认定（尤其是以假离婚协议规避国家房地产宏观调控政策引发的案件）等。

（三）消费者权益保护法中诚信原则及其运用

1. 明确了诚信原则在《消费者权益保护法》中的地位。该法第4条规定："经营者与消费者进行交易，应当遵循自愿、平等、公平、诚实信用的原则。"

2. 加大了对制作、销售假冒伪劣产品的惩戒力度。2013年修订后的《消费者权益保护法》第55条规定："经营者提供商品或者服务有欺诈行为的，应当按照消费者的要求增加赔偿其受到的损失，增加赔偿的金额为消费者购买商品的价款或者接受服务的费用的三倍；增加赔偿的金额不足五百元的，为五百元。法律另有规定的，依照其规定。经营者明知商品或者服务存在缺陷，仍然向消费者提供，造成消费者或者其他受害人死亡或者健康严重损害的，受害人有权要求经营者依照本法第四十九条、第五十一条等法律规定赔偿损失，并有权要求所受损失二倍以下的惩罚性赔偿。"

3. 限制知假买假者的索赔请求。实践中，因职业打假人主张惩罚性赔偿所引发的诉讼多有发生，对此应如何对待，有不同的认识。为此，最高人民法院办公厅对十二届全国人大五次会议第5990号建议的答复意见中明确指出：不宜将《食品安全法》第148条关于食药纠纷中支持职业打假人主张惩罚性赔偿的特殊政策推广适用到所有消费者保护领域，即在食品和药品之外进行的知假买假，不再支持惩罚性赔偿。①

---

① 参见知识产权司法保护网，http：//www.chinaiprlaw.cn/index.php？id＝4792，最后访问时间：2018年7月1日。

4. 格式条款的限制与消费者权益保护。《合同法》第40条对格式条款无效的情形作了明确的规定，以此为基础，《消费者权益保护法》第26条第2款规定："经营者不得以格式条款、通知、声明、店堂告示等方式，作出排除或者限制消费者权利、减轻或者免除经营者责任、加重消费者责任等对消费者不公平、不合理的规定，不得利用格式条款并借助技术手段强制交易。"

5. 电子商务交易中的诚信原则。2018年《中国互联网络发展状况统计报告》显示，电子商务中网购消费欺诈、用户信息泄露、格式条款侵权、维权困难等问题突出。① 诚信原则对上述问题的规制有着特有作用，《网络交易管理办法》第4条规定："从事网络商品交易及有关服务应当遵循自愿、公平、诚实信用的原则，遵守商业道德和公序良俗。"并且，诚信原则在当事人适当、实际、协作履行以及附随义务等方面也有具体的规则适用。

（四）诚信原则适用中的其他问题

1. 诚信原则与具体规定的适用

诚信原则为民法最高指导原则，现行法的诸多规定都可以说是诚信原则之具体化。为避免出现"向一般条款逃离"的现象，当对于待决案件法律有具体规定时，应优先适用该具体规定，而不能适用诚信原则。②

2. 诚信原则与其他原则的关系

（1）诚信原则与公序良俗原则。二者在法律适用中的区别在于：其一，适用领域不同。诚信原则系市场交易中的道德准则，而公序良俗系家庭关系中的道德准则，亦即性道德和家庭道德。其二，保护对象不同。诚信原则主要保护当事人个体利益，侧重于市场交易主体的利益平衡，而公序良俗原则常用于保护第三人及公众利益，更关注社会秩序；其三，行为标准不同。诚信原则是一个较高的行为标准，而公序良俗原则是一个较低

---

① 参见中国互联网络信息中心：《中国互联网络发展状况统计报告》，载 http://www.cac.gov.cn/2018-01/31/c_1122347026.htm，最后访问时间：2018年7月1日。

② 参见梁慧星：《民法总论》，法律出版社2017年版，第278页。

的行为标准，通常针对一般和典型情形适用。①

（2）诚信原则与公平原则。二者的区别主要在于：第一，内涵不同。诚信原则强调当事人秉持诚实、恪守诺言，按照约定善意行使权利、承担义务，具有“单方性”的特点；而公平原则更注重民事主体是否在公平、公正的基础上进行法律行为。第二，侧重点不同。诚信原则更多地关注当事人的主观动机，其是否秉持诚信的意图进行民事活动；而公平原则更多侧重于后果，即在民事法律行为中，当事人是否按照公平合理的比例参与行为、获得利益和承担责任。第三，作用不同。诚信原则要求当事人从事民事活动时按照诚实信用的标准约束自我行为；而公平原则要求整个民事活动符合有序以及公平正义的标准。

（3）诚信原则与意思自治原则。从契约严守这个角度讲，意思自治原则与诚信原则是协调一致的，但二者也会发生冲突。市场中个人为追求自我利益最大化，经常会做出不正当行为，不仅扰乱了经济活动，而且使当事人间以及当事人与社会间的利益关系失衡。② 而诚信原则强调主体诚实不欺，且承担被对方信赖的义务，通过限制意思自治原则所承载的“自由”来平衡个人与个人、个人与社会间的利益关系，实现实质公平。因此，诚信原则恰是意思自治完善的一个必需的步骤，绝不是否认意思自治。③

（4）诚信原则与禁止权利滥用原则。有关诚信原则与禁止权利滥用原则的关系存在着重复适用说与重复适用否定说。④ 梁慧星先生认为：“诚信原则与禁止权利滥用原则同为权利义务之行使的准则，前者为积极原则，

① 于飞：《公序良俗原则与诚实信用原则的区分》，载《中国社会科学》2015年第11期。

② 参见何国萍：《论意思自治原则与诚实信用原则的冲突》，载《甘肃联合大学学报（社会科学版）》2012年第3期。

③ 参见陈历幸、杨鹏飞、侯放：《民法的理念与运作》，上海人民出版社2005年版，第123页。

④ 重复适用说认为诚信原则为指导权利人行使权利的原则，权利滥用为权利人行使权利违反诚信原则的法律后果，亦即行使权利如违反诚信即构成权利滥用。而重复适用否定说则认为此两项原则各有其不同的适用范围。参见梁慧星：《民法总论》，法律出版社2017年版，第280～281页。

侧重于正面引导；后者为消极原则，侧重于反面禁止。”① 笔者认为，诚信原则与禁止权利滥用原则系两个独立的基本原则，不存在隶属关系，并行不悖。实践操作中，可以从权利人行使权利的行为意图是否诚信、目的是否正当、方式是否妥当等角度进行考察，并作为认定权利是否滥用的依据。

五、结 语

诚信是中华民族的传统美德，也是构建和谐社会的基石和出发点。中国的民法学者以及诉讼法学者对诚信原则的研究倾注了大量的精力并取得了丰硕的成果。② 诚信原则在中国的《民法总则》以及其他民商事单行法中均有直接或间接规定，有关诚信原则的司法解释及裁判案例也颇为丰富。不过，在中国当下的社会转型过程中，诚信基础仍较为薄弱：交易活动中存在大量悖于诚信的现象，政府的诚信有待进一步提高，司法诚信亦有待加强。整体而言，中国社会的诚信水平还远远赶不上经济和社会发展的需求。近年来，国家高度重视诚信原则的构建和配套的制度建设，并理性和科学地运用法律、政治、文化和行政等多种途径促进诚信社会的全面建设。我们坚信，随着一系列措施的出台和推进，中国社会的诚信建设将会不断取得进展并可望在不远的将来得到根本性的改观。

---

① 参见梁慧星：《民法总论》，法律出版社 2011 年版，第 273～275 页。

② 代表性的著作参见徐国栋：《民法基本原则解释：诚信原则的历史、实务、法理研究》，北京大学出版社 2013 年版；张路：《诚信法初论》，法律出版社 2013 年版；陈玉梅、贺银花：《契约法诚实信用原则研究》，中国社会科学出版社 2012 年版；王立争：《民法基本原则专论》，安徽大学出版社 2010 年版；徐洁：《论诚信原则在民事执行中的衡平意义》，载《中国法学》2012 年第 5 期；张卫平：《民事诉讼中的诚实信用原则》，载《法律科学》2012 年第 6 期；胡云红：《论诚实信用原则对民事司法中适用法律问题的指导作用》，载《法律适用》2017 年第 22 期；孙记：《论我国民事诉讼转型中的诚信原则》，载《大连理工大学学报（社会科学版）》2017 年第 3 期。

中国民法中的禁止权利滥用

——理论与实务*

林旭霞**

一、禁止权利滥用的立法与学理解释

(一) 关于禁止权利滥用的内涵界定

民法总则颁行前，中国大陆民法未设“禁止权利滥用”条款，学者以对《宪法》第51条关于“中华人民共和国公民在行使自由和权利的时候，不得损害国家的、社会的、集体的利益和其他公民的合法的自由和权利”的合宪性解释方法，提出“权利之行使，必有一定界限，超过正当之界限而行使权利，即构成权利滥用”，并据此认为民法有权利滥用禁止原则。① 另有学者认为，1986年《民法通则》第7条规定：“民事活动应当尊重社会公德，不得损害社会公共利益，破坏国家经济计划，扰乱社会经济秩序。”这一规定就是权利不得滥用

---

* 本文为国家社科基金项目“绿色发展理念下自然资源利用权体系研究(18BFX183)”的阶段性成果。

** 福建师范大学法学院教授、博士生导师。

① 梁慧星:《民法总论》，法律出版社2011年版，第272页。

原则的法律表现形式。因此，权利不得滥用原则的要旨，就是要求民事活动的当事人在行使权利与履行义务的过程中，实现个人利益与社会利益的平衡。[①] 也有学者将禁止权利滥用视为“民法上的一般条款”“是由观念发展到判例再发展到成文法的一项基本原则，是评价民事主体正当行使权利、立法以及法律解释的补充和准则，也是赋予司法裁量权的依据”。[②]

《民法总则》出台后，因《民法总则》在“民事权利”一章第132条规定：“民事主体不得滥用民事权利损害国家利益、社会公共利益或者他人合法权益。”学者认为，上述规定“确立了禁止权利滥用的规则”。[③] 由此，权利滥用被界定为：“权利行使违背权利设定的目的，损害了他人利益。”[④]而禁止权利滥用原则“是指法律禁止超过正当界限的权利行使行为”。[⑤]《民法总则》对禁止权利滥用规则的确立，表明法律赋予民事主体权利、鼓励权利人正当行使权利的同时，又为权利行使划定了界限。我国法律不仅通过许多强制性的规范确立权利行使的目的与界限，而且在民事基本法中强调权利行使的规则。

由于《民法总则》将禁止权利滥用规定在“民事权利”一章，这就产生了一个问题：“禁止权利滥用”属于民法的基本原则还是具体原则，抑或是民法规范？本文认为：

1. 禁止权利滥用为规范所有民事权利行使的基本原则。民法具体原则是民法基本原则在具体民事法律关系领域内的展现，其效力只局限于具体的民事法律关系领域。例如：适用于合同领域的契约自由原则和实际履行原则。在规制对象上，民法基本原则体现的是民事领域具有普遍意义的价值。不仅如此，基本原则对下位阶的民事特别法具有引领与统摄的作用。由于“禁止权利滥用”体现了“社会本位”的价值观，是指导、评价民事主体正当行使民事权利的基本规则，也是民事特别法以及法律解释的准则，还是赋予司法裁量权的依据。因此，禁止权利滥用应当作为规范所有

---

① 徐国栋：《民法基本原则解释——以诚实信用原则的法理分析为中心》，中国政法大学出版社2004年版，第160页。

② 钱玉林：《禁止权利滥用的法理分析》，载《现代法学》2002年第2期。

③④ 王利明：《民法总则》，中国人民大学出版社2017年版，第280页。

⑤ 参见郑云瑞：《民法总论》，北京大学出版社2017年版，第58页。

民事权利行使的基本原则。

2. 禁止权利滥用是可规则化且具有法律规范效力的基本原则。通说认为，民法规范具体规定了民事权利和民事义务以及相应的具体法律后果。换言之，是对一个事实状态赋予一个确定的具体后果的各种指示和规定。民法规范的逻辑结构分为行为模式和保证手段两个部分。行为模式表现民法的规范目的，保证手段表示法律所特有的调整方法。① 而民法基本原则对民事活动当事人的行为提出了一定的要求，这些要求通常为抽象的，未提供具体的、可操作的行为模式；基本原则的强制性通过民法规范具体化并与一定的法律效果相联系；基本原则通常在民法规范对具体的生活事实缺乏规定时才发挥行为准则的作用，法官以其作为审判规则时，有更大的自由裁量权；民法基本原则为民法目的之法律，而民法规范为维系此等目的之法律，前者为准则法，后者为技术法。② 禁止权利滥用不仅具备基本原则的属性，其本身即为一种行为模式，是否遵循这一行为模式具有明确的法律效果。在学说与判例上对于权利滥用的构成要件和认定标准已形成相对稳定的认识，并在实践中不断细化。因此，禁止权利滥用是可规则化并具有规范效力的基本原则。

（二）禁止权利滥用与诚实信用原则的关系

《民法通则》第4条规定：民事活动应当遵循自愿、公平、等价有偿、诚实信用的原则。《民法总则》第7条规定：民事主体从事民事活动，应当遵循诚信原则，秉持诚实，恪守承诺。由于“诚实信用”与“禁止权利滥用”同时存在于民法条文中，因此，关于禁止权利滥用与诚实信用原则的关系，学界始终存有三种不同观点：

1. 禁止权利滥用是诚信原则的当然内容。这一观点亦可称为“吸收说”。该说认为：“现代民法关于权利之行使，从正面规定需遵循诚实信用

---

① 徐国栋：《民法基本原则解释——以诚实信用原则的法理分析为中心》，中国政法大学出版社2004年版，第32页。

② 徐国栋：《民法基本原则解释——以诚实信用原则的法理分析为中心》，中国政法大学出版社2004年版，第35页。

原则，复于反面规定禁止权利滥用原则。”① “权利滥用禁止实为诚信原则一部分核心领域的反向规定，其自身并不具有独立民法基本原则的品格。”② “在诚信原则调整的当事人利益与社会利益的关系以及当事人之间利益关系的两个利益关系中，权利不得滥用原则主要调整前一个利益关系，适用范围主要在绝对权之行使方面，就是要把绝对权限制在社会利益所许可的范围之内行使。”③ 禁止权利滥用原则完全可以被诚实信用原则和公序良俗原则吸收合并，没有重复规定的必要。④

在《民法通则》未设专条规定禁止权利滥用的情况下，吸收说有一定的解释力。但是，由于实践中存在权利行使超过必要限度却并不违反诚实信用原则的情形（例如下文所涉违反侵权法一般规则的情形），所以，该说不能完全自洽。在《民法总则》专设禁止权利滥用条款后，该说更无充分的依据。

2. 禁止权利滥用为独立的民法原则。这一观点即为“独立说”。该说认为，诚实信用原则、公序良俗原则和权利不得滥用原则是包括我国在内的现代国家的民法基本原则，当然亦为民事权利行使的基本原则。在上述三原则之中，最为重要的是民事权利不得滥用原则，即要求权利人不得超过权利的社会目的和经济目的或社会允许的界限而行使权利。⑤ 诚信原则与禁止权利滥用原则，各有不同的适用范围。至于不同范围的划分，学者间亦有差异。有学者认为，诚信原则适用于债权法领域，而权利滥用禁止原则适用于物权法领域。⑥ 还有学者认为：“诚信原则适用于契约当事人间、夫妻关系之间、父母子女之间等特别权利义务关系，而权利滥用之禁止原则适用于上述特别关系之外的当事人之间的关系。”⑦ 基于独立民法原

---

① 梁慧星：《民法总论》，法律出版社 2011 年版，第 273 页。

② 于飞：《公序良俗原则与诚实信用原则的区分》，载《中国社会科学》2015 年第 11 期。

③ 徐国栋：《民法基本原则解释——以诚实信用原则的法理分析为中心》，中国政法大学出版社 2004 年版，第 161 页。

④ 王荣珍：《民法总论》，厦门大学出版社 2012 年版，第 38 页、第 113 页。

⑤ 孙宪忠等编：《中国民法总论》，中国社会科学出版社 2009 年版，第 45 页、第 71 页。

⑥ 钱玉林：《禁止权利滥用的法理分析》，载《现代法学》2002 年第 2 期。

⑦ 梁慧星：《民法总论》，法律出版社 2011 年版，第 274 页。

则的判断，有学者认为："如果某一权利滥用行为既可因其侵害社会公共利益或他人利益而适用权利不得滥用原则予以处理，也可适用诚实信用原则予以处理时，则应当优先适用权利不得滥用原则，而避免直接适用诚实信用原则这一民法上的'帝王条款'。"①

上述"独立说"表达了二原则之间的差异，但未能证明二者确有不同的正当性基础。而审判实践中，将二者同时并用的裁判文书比比皆是。如果二者完全区别，又何以同时适用？

3. 禁止权利滥用与诚信原则互不隶属、并行不悖，但存在交叉。此种观点可称为"交叉说"。该说认为："权利滥用禁止并非诚信原则适用的效果，二者作用的机理、发挥效能的领域、侧重点不同。"② 或认为"在现代民法中，禁止权利滥用原则是诚实信用原则内容的延伸和发展"③，亦即二者有共同适用的领域，但禁止权利滥用确有诚实信用原则所不及之处。

上述"交叉说"对法律原则之间相互渗透、交叉的现象的描述确有合理性。但对于交叉渗透的原因，以及如果交叉应如何适用未作解释。

本文赞成"交叉说"。由于禁止权利滥用与诚实信用原则均为对"私法自治"的限制，均为法律交往的基础规范并适用于"特别关联"，即"存在或将要建立法律上特别关联之处"，④ 司法适用中产生竞合难以避免。但禁止权利滥用以具体的认定标准使其规则化，并在个案上产生确定的法律后果。尽管"确立权利滥用的标准，区分权利滥用的类型、细化权利滥用的法律后果，是我们艰巨而又必须完成的任务"，⑤ 但"可规则化"仍

---

① 参见苏号朋：《民法总论》，法律出版社2006年版，第50页。

② 钱玉林：《禁止权利滥用的法理分析》，载《现代法学》2002年第2期。

③ 郑云瑞：《民法总论》，北京大学出版社2017年版，第58页。

④ 拉伦茨有一个关于适用诚实信用原则的经典表述："存在或将要建立法律上特别关联之处"，这也是适用禁止权利滥用原则的一般规则。所谓"特别关联"并非局限于债的关系，拉伦茨通过广举涉及"质押关系""相邻共同体关系""地役权""上诉权的失效"和"税法原则的效用"等方面的判例，阐明了什么是"特别关联"。参见 Vgl. Larenz, Lehrbuch des Schuldrechts, Band j, Allgemeiner Teil, 14. Aufl. 1987, S. 127, Fn. 5, 6, 7. 转引自于飞：《公序良俗与诚实信用原则的区分》，载《中国社会科学》2015年第11期。

⑤ 崔建远：《物权法》，中国人民大学出版社2009年版，第181页。

然是共识。权利滥用的各种鉴别标准“为确定个案的特定优先条件提供了基础与指引”。① 因此，实践中，对于构成权利滥用的行为，应首先以“禁止权利滥用”为裁判依据。对于“禁止权利滥用”所不能涵盖之处，则适用“诚实信用”这一“帝王条款”，以发挥司法活动的创造性与能动性。

二、禁止权利滥用在司法裁判中的适用

（一）权利滥用的判断标准

关于认定权利滥用的标准，素有“主观说”与“客观说”两种倾向。主观说以权利人行使权利的主观状态为标准，认为行使权利时有故意滥用的意志，即构成权利滥用。客观说则以权利行使的客观结果为标准，认为只要行使权利时侵害了他人或社会的利益，即为滥用权利。②《民法总则》第132条中“损害国家利益、社会公共利益或者他人合法权益”的规定即被视为客观标准。本文认为，权利滥用行为在实践中相当复杂，认定标准应采主客观标准的结合。并且，认定权利滥用的标准并非封闭式的。总结学理、判例和立法上的权利滥用的实态，认定权利滥用的具体标准包括故意损害、缺乏正当利益、选择有害的方式行使权利、损害大于所取得的利益、违背权利目的、与所引起信用相违背、损害超过可忍受程度以及违反侵权法一般原则等，具备其中一项或几项，即可构成权利滥用。

1. 以故意损害他人为目的行使权利

深圳歌力思服装实业有限公司是“歌力思”商标权人。原告人王某在其后申请注册了“歌力思”商标，该商标核定使用商品为钱包、手提包等商品。此后，王某先后在杭州等地的歌力思专柜，通过公证程序购买了带有中文名“歌力思”吊牌的皮包。随后，以歌力思公司及杭州银泰世纪百货有限公司生产、销售上述皮包的行为构成对其拥有的“歌力思”商标权的侵害为由，提起诉讼。

生效判决认为：歌力思公司对前述商业标识享有合法的在先权利；作为地域接近、经营范围关联程度较高的商品经营者，王某对“歌力思”字

① 彭诚信：《论禁止权利滥用原则的法律适用》，载《中国法学》2018年第3期。

② 王利明：《民法总则》，中国人民大学出版社2017年版，第281页。

号及商标完全不了解的可能性较低。在上述情形之下，王某仍在手提包、钱包等商品上申请注册“歌力思”商标，其行为难谓正当；王某恶意取得、行使商标权，并主张他人侵权，构成权利滥用，且当事人违反诚实信用原则，损害他人合法权益，扰乱市场正当竞争秩序，对其诉讼请求不予支持。①

2. 违背权利存在的目的

（1）原告王某在被告处购买苏阿维白葡萄酒五箱共30瓶，其中24瓶未贴中文标签。事后，原告以所购酒无中文标识向法院起诉，请求判令被告退回货款6540元，并支付赔偿金65400元。经查明，被告处销售的苏阿维白葡萄酒没有质量问题；该批次预包装食品有中文标签，只是部分未贴。

法院裁判认为，消费者在购买商品过程中，也应当遵循诚实信用原则和禁止权利滥用的原则，在选择商品时应该尊重合法的商业习惯。本案中，原告明知部分苏阿维干白因未开箱而未贴中文标签仍然选择购买，在购买5个月后以未贴中文标签为由起诉，违背了诚信原则，属于滥用权利。对原告请求被告湖北省烟草武汉贸易有限责任公司武胜专卖店按照2009年《食品安全法》第96条之规定返还货款并支付10倍赔偿金的请求，不予支持。

（2）叶某与上海万科物业服务有限公司余杭分公司物业服务合同纠纷案。叶某以万科物业公司提供的物业服务存在瑕疵与不足，未达到约定的服务标准为由，拒绝交纳物业服务费。经万科物业公司书面催缴，叶某仍拒不支付。万科物业公司诉至法院。

法院裁判认为，物业服务具有涉众性和动态性，需要物业公司、业主委员会和全体业主的相互努力和共同配合，个别业主对物业服务所持的异议不代表全体小区业主的意见，个别业主不缴纳物业费的行为也会影响物业公司的正常服务并进而影响小区其他已缴费业主的利益，故叶某以万科物业公司未依约提供物业服务为由主张减免物业费的依据不足。对叶某的主张，法院不予支持。

---

① 最高人民法院指导性案例第82号（2017年3月6日发布）。

3. 与引起的信用相违背

顾某与孙某委托合同纠纷一案，原告顾某以年事已高无法亲自处理委托事务为由，委托被告孙某代为处理房产，并表明自己愿意在其子顾某伟不能按期清偿债务的情况下接受以房产变价向债权人承担担保还款责任。事隔4年之后，原告又以具备亲自处理委托事务的能力为由，在受托人与房地产征收部门签订征收补偿协议后，要求行使委托人任意解除权，以尽数占有取得征收补偿款。

法院裁判认为，原告陈述明显不符合自然客观规律。其权利行使不符合当事人双方订立该合同时的真实意思，属于权利滥用，同时违反诚信原则。其结果必将损害债权人利益，破坏社会公平价值取向，对原告当然无条件享有委托人单方任意解除权的诉请不予支持。①

4. 缺乏正当利益

吴某与宁波某电器公司物权保护纠纷案，原告吴某购买宁波某商厦一非独立商铺。该商厦物业公司经94%业主同意，将原告所在楼层整体出租给被告，被告宁波某电器公司已实际装修并经营。原告以拥有商铺所有权为由，诉请被告搬离商铺并赔偿损失。

法院裁判认为，涉案商铺与普通区分所有的建筑物不同，商铺之间无永久分割结构，具有不可分性，个别业主的分割会影响整个商厦的经营，从而影响其他业主的利益。因此，业主行使权利应受到其他业主权利的限制。最后法院判决驳回原告停止侵害、排除妨害、恢复原状的诉讼请求。②

5. 损害大于所获得的利益

天津天隆种业科技有限公司与江苏徐农种业科技有限公司为分别持有植物新品种“9优418水稻品种”父本与母本的双方当事人，因不能达成相互授权许可协议，相互以对方为被告，分别向法院提起两起植物新品种侵权诉讼。

法院认为：从表面上看，双方当事人的行为系维护各自的知识产权，但实际结果是损害知识产权的运用和科技成果的转化。鉴于该两案已关涉

---

① 新疆维吾尔自治区乌鲁木齐市米东区人民法院（2017）新0109民初274号判决书。

② 浙江省宁波市中级人民法院（2012）甬民一终字第123号判决书。

国家粮食生产安全等公共利益，影响“9优418”这一优良品种的推广，双方当事人在行使涉案植物新品种独占实施许可权时均应当受到限制，均应当允许对方使用己方的亲本繁殖材料。法院判决本案当事人双方均有权使用对方获得授权的亲本繁殖材料，且应当相互免除许可使用费，但仅限于生产和销售9优418这一水稻品种，不得用于其他商业目的。①

6. 损害超过容忍程度

（1）贾某成等与夏某东相邻纠纷一案。夏某东经村委会批准在贾某成所购宅院西北方向建设鸡舍用于养鸡，贾某成等经批准在宅基地上建设二层新房。夏某东鸡舍东端与贾某成等人新房南北相对，距离约为七八米，夏某东将鸡粪露天堆放于鸡舍东端东侧，所散发出的臭气、滋生的苍蝇蚊虫和产生的噪声严重侵扰贾某成一家。法院认为，夏某东养鸡场给贾某成等人带来的侵扰已经明显达到影响贾某成等人正常居住生活的程度，超出贾某成等人必要的容忍义务限度。与夏某东维持现养鸡场的利益相比，贾某成等人的正常居住生活的基本人身权利为重，夏某东以损害邻居正常基本居住生活的代价利用土地属权利滥用行为，其应考虑采取关停养鸡场、将养鸡场址搬至远离居民区等方式，避免继续在现场址养鸡。②

（2）王某祖与王某德财产损害赔偿纠纷一案。王某祖与王某德系邻居，房屋比王某德早修建。王某祖在两家房屋相邻之处的排水沟上用红砖等修筑了墙体，致使王某德房屋门前的积水无法正常排出。法院裁判认为，王某祖为保护其房屋墙体在排水沟处修筑一挡水墙，致使被上诉人房屋门前的积水无法排出，损害了相邻权利人的合法权益，王某德的行为属权利滥用，且违背了诚实守信原则。③

7. 权利消极行使

原告雷某鹏诉被告何某买卖合同纠纷一案。被告何某以“曾要求原告过户而原告不配合，现在原告要过户需赔偿其损失”为由，拒绝办理过户。法院裁判认为，权利的行使以不对他人利益损害为前提，否则构成权

---

① 最高人民法院第87号指导性案例（2017年3月6日发布）。

② 北京市第三中级人民法院（2017）京03民终5642号。

③ 广西壮族自治区桂林市中级人民法院（2013）桂民一终字第684号判决书。

利滥用。原、被告双方理应按照市场规则互惠行事、自觉履行义务。本案被告不行使讼争车辆的过户权利，将对原告购车摇号相关利益产生不利影响，其行为已构成权利的滥用，且有悖民法所确立的诚实信用精神。对原告诉请法院予以支持。①

8. 以有害方式行使权利

暴某、周某申请撤销监护人资格一案。周某镯（6 岁），系被申请人周某的非婚生子女，与周某共同生活。周某以教育为由，家暴周子镯，造成周某镯身体上和精神上的严重伤害。周某镯祖母暴某申请撤销周某监护人资格。

法院裁判认为，周某作为周某镯的监护人，其有实施严重损害被监护人身心健康的行为，监护侵害行为存在，周子镯继续与周某共同生活不利于周某镯安全、健康地成长。综合本案的实际情况，遵循未成年人最大利益原则，应当依法撤销周某为周子镯监护人资格，故支持申请人的该项请求。

9. 违反侵权法一般规则

肖某与青岛港口投资建设（集团）有限责任公司（以下简称港投公司）等单位海上养殖损害责任纠纷一案。肖某在胶南市附近海域承包浅海、岩礁，从事鲍鱼、海参底播养殖。由于青岛董家口港建设施工，致使承包海域污染，肖某承包的海上养殖区出现养殖物非正常死亡。港投公司等单位是董家口港项目的建设单位，涉案工程持有工程项目的环境影响报告书及一系列批复文件。

法院裁判认为，董家口港区进行施工虽然经过环境影响评价，但被告是否严格按照标准进行的施工无法予以证明。施工行为导致泥沙悬浮的增加，引起水质的变化，致使肖某所在养殖区域存在养殖物死亡。因此，侵权人应当承担相应的赔偿责任。②

10. 基于利益平衡

（1）撤销权滥用。安徽国厚金融资产管理有限公司（以下简称国厚公

① 天津市津南区人民法院（2017）津 0112 民特 16 号判决书。

② 山东省高级人民法院（2015）鲁民四终字第 3 号判决书。

司）与被上诉人安徽欣意电缆有限公司（以下简称安徽欣意公司）、田某等债权人撤销权纠纷一案。本案中，国厚公司主张撤销安徽欣意公司与田某等人之间的转让股权的行为。但国厚公司提供的证据尚不足以证明安徽欣意公司转让股权的行为有害于涉案债权。

法院裁判认为，合同法规定债权人撤销权制度是债权保全制度的一项内容，目的在于防止因债务人责任财产的不当减少而使债权人受到其债权不能实现的不当损害，维持债务人的责任财产以备全体债权的清偿，体现了强化诚信原则和禁止权利滥用原则以保护债权人利益的价值取向。但该制度突破了合同相对性原则，适用时应在遵循当事人意思自治的民商事基本原则和保护债务人交易自由之间保持平衡。国厚公司行使撤销权，要求撤销安徽欣意公司股权转让行为，缺乏事实和法律依据，法院不予支持。①

（2）法定解除权滥用。何某等与被告彭州市成鼎香村林木种植农民专业合作社土地承包经营权出租合同纠纷案。原告因长达 4 年未获得租金，要求解除合同。

法院裁判认为，比较衡量原告行使权利所能取得之利益，与该权利行使所致被告和社会之损失，综合原告在被告修建厂房和道路之态度，认为原告行使法定解除权利，属于权利滥用之情形，该权利行使应受《民法通则》第 7 条之约束。但该约束并不妨碍原告通过双方订立的租赁合同主张收取租金之权利。被告应严格按照合同约定，承担其应负担的向原告支付租金的义务，不得恣意损害原告合法权益。

综上，由于权利滥用的情形复杂多样，且涉及请求权（如解除合同请求权）、形成权（如撤销权及法定解除权）、抗辩权（如合同履行抗辩权）的滥用。认定权利滥用的判断标准，需要综合考量。例如，判断滥用权利的主观故意，应从外部行为推知其内心状态，可以综合考察是否缺乏正当利益、采用有害方式行使权利、损害大于取得的利益等；在客观标准中，还需要考察行为人是否具有主观过错，行为的性质和危害程度，行为是否已经造成或可能造成他人或社会的损失等。各种认定标准都存在多重价值的权衡。例如，新品种独占许可权与社会公共利益的平衡、姓名权行使与

① 安徽省合肥市中级人民法院（2016）皖 01 民终 6238 号判决书。

公序良俗的取舍、个别业主服务要求与小区公共秩序的选择、相邻纠纷中生存利益与经济利益的考量。

上述综合考量的判断标准，亦运用于认定“不构成权利滥用”的裁判中。例如：张某与陈某财产损害赔偿纠纷一案，张某以陈某的异议登记申请导致其正常的售房行为无法进行，并给其造成重大经济损失为由，诉请陈某承担赔偿责任。合议庭认为，权利滥用不同于一般侵权行为，构成权利滥用需具备四个要件：一是行为人享有合法权利，二是行为属于权利行使行为，三是因行使权利损害国家利益、社会公共利益或者他人合法权益，四是行为人具有主观恶意，对“主观恶意”的认定，除应根据事实判断行为人的主观意思外，还应采用客观判断方法考量利益变迁。据此，合议庭认为，认定异议登记不当，应严格区分权利滥用与权利正当行使界限、应平衡行为人权利自由与受害人的利益保护、应判断是否在当事人之间造成了利益失衡或违背公序良俗，以合理确认“不当”的标准。就本案而言，陈某作为案涉房屋的利害关系人，在进行异议登记时提供了相关材料初步证明案涉房屋前手登记可能存在错误，并随之提起诉讼。其申请异议登记的时间、方式、对象、程度等均在权利行使的适当限度内，遵循了诚信原则，不构成权利滥用。陈某的异议登记申请不属于异议登记不当，自不必对张某主张的经济损失承担赔偿责任。①

（二）权利滥用的法律后果

1. 失权

因权利人滥用权利，违反了权利社会的、经济的目的，而剥夺其权利的情形。例如权利人滥用监护权而被撤销监护人资格。

2. 限制权利

权利人可行使权利而不行使，或不允许他人行使该权利，在此情形下，基于社会公共利益或他人利益的考量，得限制权利人的权利。例如前述对专利独占实施许可的限制。

---

① 北京市第二中级人民法院（2017）京02民终3858号判决书。

3. 行为无效

权利行使本来应生的效果，因其滥用的关系，权利人达不到所希望的法律效果。例如，因滥用消费者权利，其所希望的“假一罚十”的效果无法实现。

4. 承担民事责任

（1）权利滥用对相对人的民事责任。权利人的滥用行为有损害之虞时，相对人有权要求其消除危险、排除妨碍。滥用权利已对相对人造成损害的，应承担停止侵害、恢复原状、赔偿损失的责任。

（2）权利滥用对第三人的责任。权利滥用对第三人承担责任的前提是：有彼此关联的两个法律关系的存在。其一为滥用权利人与相对人的关系，其二为第三人与相对人的关系。第三人基于后一个法律关系主张权利时，滥用权利人应承担对第三人的责任。此时，第三人所主张的请求权的基础取决于后一个法律关系。例如，《民法总则》第83条以及《公司法》第20条规定的出资人（或股东）滥用出资人权利、滥用法人独立地位损害债权人利益的情形。例如，叶某与杭州上居家具有限公司、陈某等买卖合同纠纷一案中，叶某因买卖合同成为杭州上居家具有限公司的债权人。本案中，作为公司股东的陈某，因公司财产与股东个人财产混同，致使公司无力承担责任。法院认为，陈某不仅利用公司法人人格规避合同及法律义务，同时使公司法人人格形骸化。法院依据《公司法》第20条第3款“公司股东滥用公司法人独立地位和股东有限责任，逃避债务，严重损害公司债权人利益的，应当对公司债务承担连带责任”之规定，判令陈某对公司债务承担连带责任。[①] 该案中，滥用股东权利的陈某对第三人承担连带债务，即以第三人与公司的合同关系为基础。

虽然禁止权力滥用适用领域极为广泛，但若不存在“特别关联”之处，[②] 则不承担权利滥用之责任。如对不特定的他人即“完全陌生人”造成的损害，受损害一方可依一般侵权责任或违背善良风俗的要求主张权利。

---

① 浙江省金华市中级人民法院（2013）浙金商终字第711号判决书。

② 于飞：《公序良俗原则与诚实信用原则的区分》，载《中国社会科学》2015年第11期。

三、禁止权利滥用与绿色原则的协调与配合

《民法总则》第9条规定："民事主体从事民事活动，应当有利于节约资源、保护生态环境。"从基本原则层面，提出了生态环境保护的要求。表明保护生态环境并不仅仅适用于侵权，而应当贯穿整个民法。绿色原则属于限制性原则，其与禁止权利滥用原则从不同角度体现民事主体与生态环境之间的利益平衡。禁止权利滥用与绿色原则相配合，能够直接起到保障民事主体正当行使民事权利、维护生态和保护环境的作用。

（一）以多元的判断标准避免环境侵权责任认定的分歧

《侵权责任法》第65条规定："因污染环境造成损害的，污染者应当承担侵权责任。"该条明确了我国环境侵权责任以环境污染行为、环境损害事实、环境污染行为和环境损害事实之间具有因果关系为构成要件，并适用无过错责任原则。但实践中，就是否构成环境侵权却可能存有分歧。例如，刘某勤与孙某京财产损害赔偿纠纷案。因孙某京结婚在村道口放鞭炮，致使刘某勤所养的鸡群发生惊群挤压，造成大量死亡，刘某勤为此请求损害赔偿。法院认为，就放鞭炮行为本身而言，其是传统民间习俗，除非超过有关规定，或者超出特定分贝值，否则并不必然构成环境污染。法院判决依照一般侵权案件的举证责任分配原则，将侵权行为与损害后果之间是否存在因果关系的举证责任分配给原告，进而以原告举证不充分为由驳回其诉讼请求。① 但是，同为噪音引起的损害赔偿案，黄某诉某县经济技术开发总公司污染责任案，法院作出截然不同的认定。该案因设置在小区一楼内的变压器产生低频噪声，对该住宅楼内部分住户生活造成影响。法院认为，对噪音污染，无需考量污染达标与否、有无规定，只要具备危害性即可。对于危害性的判断，应以公众的普遍认知标准，结合日常生活经验法则予以综合认定。居民楼作为日常居住生活场所，对噪声防范的要求应高于一般环境标准。故被告不能免除民事责任。② 上述两个案件的分歧之处就在于"违法性"是否应作为认定环境污染的判断标准。

---

① 山东省高级人民法院（2014）鲁民提字第54号判决书。

② 江苏省南通市中级人民法院（2014）通中环民终字第0003号判决书。

禁止权利滥用原则可以避免一般侵权与特殊侵权之争，有利于环境污染纠纷的解决，实现环境保护的目标。如前所述，权利滥用的判断标准是多元的，且多元的判断标准在同一案件中无需同时具备。第一，权利滥用并不以违法性为必要要件，只要行使权利造成的损害超过容忍程度即可构成，前述相邻“鸡舍臭气案”“噪音案”即是例证；其次，权利人行使权利是否违反侵权法上的一般规则，即权利人是否违反合理的注意义务，以至于权利行使与权利的内在要求不符，① 亦是重要的判断标准。例如，前述港口施工案，被告未能按照《环境影响报告书》的要求“控制填海作业的悬浮物扩散浓度，减少和控制对周围海域生态环境和养殖区的影响”“采取环保措施和保护渔业资源的措施进行施工”，即未能尽到合理注意义务，违反了施工行为应善尽环保义务的要求。“放鞭炮”案中，被告作为熟知当地情况的同村人，至少未尽充分的注意义务、未采取可能的防范措施以避免损害发生。最后，权利人行使权利是否已经造成或可能造成他人或社会的损失，或造成他人的损失远大于自己的获益。利益失衡状态是权利滥用显著的后果和直观的判断标准。权衡“鞭炮案”原告的损失，被告行为亦非“善良风俗”所能包容。因此，被告燃放鞭炮的巨响无论多少分贝、是否达到噪音污染的法定标准，都构成权利滥用，应承担相应的法律责任。总之，多元的判断标准赋予法官较大的自由裁量的空间，可以契合环境保护更高、更多的社会价值性的需求。

（二）以多样化的法律后果保障权利行使的绿色目标

禁止权利滥用是对权利的内在限制，其规范意旨是基于权利本质或客观目的的自我约束，从内在促使人们切实遵守权利的精神。②

权利滥用的复杂性决定了其的法律后果不仅表现为限制、剥夺权利，还并存停止侵害、消除危险、排除妨碍、恢复原状、赔偿损失等多种承担民事责任的方式。多样化的法律后果对于规范权利行使的绿色目标具有积极意义。

---

① 彭诚信：《论禁止权利滥用原则的法律适用》，载《中国法学》2018年第3期。

② ［法］路易·若斯兰：《权利相对论》，王伯琦译，中国法制出版社2006年版，第255页。

第一，对于物权行使中破坏生态安全的行使行为予以限制或剥夺。例如，在奥亚公司与鹤壁电煤股份有限公司财产损害赔偿纠纷案中，被告因开采煤炭的行为致地面下陷造成奥亚公司财产损失。鹤煤公司辩称煤田规划在前，即便采矿行为对奥亚公司造成了损害，依法也不应予以赔偿。法院认为此抗辩主张违反了《矿产资源法》第 32 条及“禁止权利滥用原则”，不予支持。[①] 对于被告开采煤炭的权利应予限制。第二，可以通过协调侵权请求权与物权请求权的适用，实现对生态环境保护与救济成本最小化。前例中，对被告用益物权的限制，不影响其承担相应的损害赔偿责任。第三，确认对潜在损害的赔偿责任，有利于实现生态环境的可持续发展。权利滥用造成法律上的不利后果，包括具备确定性与现实性的损害，也包括构成现实威胁的不利后果。第四，以多种恢复原状的方式实现生态环境多元的价值功能。权利滥用的类型不同，决定了恢复原状的形式不同。如支付恢复原状的费用、采用“补植复绿”的方式恢复生态环境。判

① 河南省鹤壁市中级人民法院（2017）豫06民终494号民事判决书。

关于公序良俗原则的中国法报告

满洪杰 *

一、公序良俗规定的存在原因和法体系中的地位

（一）公序良俗在中国民法中的体现及存在的原因

中国目前的民法立法和正在起草的民法典分则各编的相关草案中存在多个有关公序良俗的条文，其作用和意义可以区分为以下三类情形：

第一，作为民法基本原则。如1986年《民法通则》第7条规定："民事活动应当尊重社会公德，不得损害社会公共利益，破坏国家经济计划，扰乱社会经济秩序。"根据学者解释，其中的"社会公共利益"即为公序良俗。① 而2016年通过的《民法总则》第8条则明确规定："民事主体从事民事活动，不得违反法律，不得违背公序良俗。"作为民法的基本原则条款，其适用范围不仅限于法律行为，还包括所有的民事活动。

---

* 山东大学法学院副教授、博士生导师。

① 王家福主编：《中国民法学·民法债权》，法律出版社1991年版，第356页。转引自梁慧星：《市场经济与公序良俗原则》，载《中国社会科学院研究生院学报》1993年第6期。

第二，作为对权利或规则的控制要素。中国民法中还存在将公序良俗作为限制权利或者法律规则的要素的条文。《民法总则》第 10 条规定：“处理民事纠纷，应当依照法律；法律没有规定的，可以适用习惯，但是不得违背公序良俗。”据此，公序良俗不仅是民事活动的基本原则，也成为辨别和筛选习惯法的准则。

此外，民事单行法中多个条文将公序良俗作为行使权利的限制，或者以公序良俗克减权利。《物权法》第 7 条规定：“物权的取得和行使，应当遵守法律，尊重社会公德，不得损害公共利益和他人合法权益。”《合同法》第 7 条规定：“当事人订立、履行合同，应当遵守法律、行政法规，尊重社会公德，不得扰乱社会经济秩序，损害社会公共利益。”在正在起草的民法典分则草案中，《合同编（草案）》第 538 条规定：“无因管理人管理他人事务，应当符合其知道或者应当知道的收益人的真实意愿，但为了履行收益的法定抚养义务或者维护公序良俗的除外。”即将维护公序良俗作为不符合本人意愿时仍构成无因管理的条件。《人格权编（草案）》第 3 条规定：“民事主体对与其人格利益有关的事务享有决定权，任何组织和个人不得干涉，但行使决定权不得违反法律，不得违背公序良俗。”即将公序良俗作为私人事务自主决定权的限制。第 9 条规定：“行为人为新闻报道、舆论监督等维护公序良俗的目的，在必要限度内使用民事主体的姓名、名称、肖像、隐私、个人信息等人格权益的，不承担民事责任。”将公序良俗作为合理使用他人人格利益的事由。第 48 条规定：“实施收集、使用、加工、传输、买卖、提供或者公开自然人个人信息等行为，有下列情形之一的，行为人不承担民事责任：……（四）为维护公序良俗而实施的必要行为。”将公序良俗作为对个人信息权的限制。《婚姻家庭编（草案）》第 23 条规定：“子女原则上应当随父姓或者母性。有下列情形之一的，可以在父姓和母性之外选取姓氏：……（三）有不违反公序良俗的其他正当理由。”此处，公序良俗又成为选取父母姓氏之外的其他姓氏事由的限制条件。

第三，作为法律行为效力条款。《民法通则》第 55 条规定：“民事法律行为应当具备下列条件：……（三）不违反法律或者社会公共利益。”《合同法》第 52 条规定：“有下列情形之一的，合同无效：……（四）损害社会公共利益；……”《民法总则》第 143 条明确规定：“具备下列条件的民事法律行为有效：……（三）不违反法律、行政法规的强制性规定，不违背公序良俗。”第153条第2款规定：“违背公序良俗的民事法律行为无效。”

从以上分析看，中国民法上的公序良俗的作用不仅限于法律行为无效化，还被用于多种不同的场合。学者认为，公序良俗的规定性质上为一般条款，其设立的原因在于立法者不可能就损害国家一般利益和违反社会一般道德准则的行为作出具体的禁止规定，因而通过规定公序良俗这样的一般条款，授权法官针对具体案件进行价值补充，以求获得判决的社会妥当性。① 根据学者对2007年至2016年法院判决的研究，公序良俗案件被用于以下场合：（1）用于判断法律行为的效力，特别是委托合同，以及具有同居或者不正当性关系当事人之间法律关系的有效性。（2）认定侵权行为的不法性。（3）解决物权纠纷。（4）用于辅助解决人格权利纠纷。（5）用以解决基层和家庭纠纷。（6）用于确定劳动合同的效力。② 当然，这其中存在将公序良俗与其他基本原则混淆，以及向一般条款逃逸等问题。

（二）公序良俗在法体系中的地位

对公序良俗是否一定是法秩序，中国学者认为，公共秩序是法律所规定的秩序，还应包括作为现行法秩序基础的根本原则和根本理念，而善良风俗应理解为某一特定社会应有的道德标准，主要应指向性道德及家庭道德。③

对于公序良俗的形成机制，中国立法上并无规定。2014年全国人大常委会通过的《关于〈中华人民共和国民法通则〉第九十九条第一款、〈中华人民共和国婚姻法〉第二十二条的解释》，在论证自然人选择使用姓氏的规则时认为：“公民依法享有姓名权。公民行使姓名权属于民事活动，既应当依照民法通则第九十九条第一款和婚姻法第二十二条的规定，还应当遵守民法通则第七条的规定，即应当尊重社会公德，不得损害社会公共

---

① 参见梁慧星：《市场经济与公序良俗原则》，载《中国社会科学院研究生院学报》1993年第6期。

② 蔡唱：《公序良俗在我国的司法适用研究》，载《中国法学》2016年第6期。

③ 参见梁慧星：《市场经济与公序良俗原则》，载《中国社会科学院研究生院学报》1993年第6期。

利益。在中华传统文化中，‘姓名’中的‘姓’，即姓氏，体现着血缘传承、伦理秩序和文化传统，公民选取姓氏涉及公序良俗。公民原则上随父姓或者母姓符合中华传统文化和伦理观念，符合绝大多数公民的意愿和实际做法。”从该解释的表述看，传统文化、伦理观念以及社会公众的普遍意愿均被认定为公序良俗。

有学者认为，确立公序良俗的标准应当包括：第一，国家政策，主要是与政治、经济及社会管理秩序相关的政策。第二，家庭关系。如对父母的赡养义务、夫妻间的扶养义务、父母对子女的抚养义务，以及遗产继承、家庭共有财产分割、居住权益和忠实义务等。第三，民间习俗，涉及骨灰或遗体处理、丧葬义务、丧葬费用分摊、祭奠权、凶宅、乡规民约。①

在司法实践中，有学者批判近年来法院在公序良俗的形成机制上出现了以一般道德标准替代公序良俗的泛化倾向，②使公序良俗成为超越法律而进行“道德审判”的工具。③有学者通过243件涉及公序良俗案件的分析认为，公序良俗原则不仅在疑难案件中适用，也被用于常规案件。在“规则漏洞”与“依既有规则可解决”的案件中均出现了公序良俗的适用，且“依既有规则可解决”的案件数量超过了“规则漏洞”。公序良俗原则条款不仅在大量案件中作为“唯一依据”或“主要依据”，也常常作为补充规则论证的次要依据。④

在中国的司法裁判中，较少援引宪法确立公序良俗。在《最高人民法院公报》1989年公布的“张连起、张国莉诉张学珍损害赔偿纠纷案”中，被告招聘原告亲属工作时签订“工伤概不负责”的协议，后原告亲属因工伤死亡。对该协议的效力，法院认为：“宪法明文规定，对劳动者实行劳动保护。这是劳动者所享有的权利，受国家法律保护，任何个人和组织都不得任意侵犯。被告张学珍身为雇主，对雇员理应依法给予劳动保护。但她却在招工登记表中注明：‘工伤概不负责’。这是违反宪法和有关劳动法

---

①② 蔡唱：《公序良俗在我国的司法适用研究》，载《中国法学》2016年第6期。

③ 李岩：《公序良俗的司法乱象与本相——兼论公序良俗原则适用的类型化》，载《法学》2015年第11期。

④ 向淼：《公序良俗原则司法适用的模式与类型——基于对243个案件的统计分析》，载《复旦学报（社会科学版）》2015年第5期。

规的，也严重违反了社会主义公德，属无效民事行为。”此为援引宪法确定公序良俗的案例。1999年《合同法》第53条规定对于造成对方人身伤害的免责条款无效，从而将该案依据宪法确立的公序良俗直接规定为合同无效的原因。学者认为，由于宪法性基本权利规范无法直接作为民事判决依据，宜透过公序良俗间接作为民事判决的说理依据。而通过民法保护并可作为民事裁判说理依据的基本权利有平等权、自由权、人格权及部分社会性基本权利。①

（三）关于暴利行为

关于暴利行为，《民法通则》参考了《南斯拉夫债务关系法》之成例，将其分为两种类型，即乘人之危和显失公平。②《民法通则》第58条规定：“下列民事行为无效：……（三）一方以欺诈、胁迫的手段或者乘人之危，使对方在违背真实意思的情况下所为的；……无效的民事行为，从行为开始起就没有法律约束力。”即乘人之危造成对方违背意思所形成的法律行为绝对无效。第59条规定：“下列民事行为，一方有权请求人民法院或者仲裁机关予以变更或者撤销：……（二）显失公平的。”即法律行为结果上显失公平的，相对方享有变更或撤销权。

但是，《合同法》第54条改变了乘人之危和显失公平在合同效力上的差别，规定：“下列合同，当事人一方有权请求人民法院或者仲裁机构变更或者撤销：……（二）在订立合同时显失公平的。一方以欺诈、胁迫的手段或者乘人之危，使对方在违背真实意思的情况下订立的合同，受损害方有权请求人民法院或者仲裁机构变更或者撤销。当事人请求变更的，人民法院或者仲裁机构不得撤销。”乘人之危和显失公平均成为可变更可撤销的行为。

而《民法总则》则进一步改变了乘人之危与显失公平分立的立法，于第151条规定：“一方利用对方处于危困状态、缺乏判断能力等情形，致使民事法律行为成立时显失公平的，受损害方有权请求人民法院或者仲裁机构予以撤销。”从而将“利用对方处于危困状态、缺乏判断能力”作为

---

① 蔡唱：《公序良俗在我国的司法适用研究》，载《中国法学》2016年第6期。

② 梁慧星：《市场经济与公序良俗原则》，载《中国社会科学院研究生院学报》1993年第6期。

行为要件，将法律行为于成立时显失公平作为结果要件，加以统一规定，已经放弃了《民法通则》的规定，转而与韩国和我国台湾地区的规定趋同。

二、公序良俗之违反要件与类型

（一）公序良俗违反的判断标准及动机的作用是什么？当法律行为的内容本身不违法，而当事人实施法律行为的动机违法时是否可视为违反了公序良俗

有学者主张，对于行为违反公序良俗应以法律行为的全部特征加以考量，即法律行为内容、当事人动机、当事人所追求的目的以确定这一法律行为是否抵触有公正、正义感的人的情绪。①

有学者认为，要强调动机在判断公序良俗中的作用，因中国民事法律中没有原因理论加以控制，将公序良俗原则的构成中加入动机这一要件可以将公序良俗原则具体化，防止一般条款滥用。②

但也有学者反对过分关注行为的动机，认为应将注意力集中于法律行为所确定的权利义务关系是否具有损害公共秩序和善良风俗的问题上。③

司法实践中，有的案件注意了法律行为的动机的作用。在“刘建斌与陈玉兰借款合同纠纷再审案”中，一方以另一方为其生育男孩为动机借贷给另一方，法院认为虽然借贷本身并无不法，但因其动机违反公序良俗而致合同无效。④ 在“张学英诉蒋伦芳遗嘱继承案”⑤ 中，法院以遗嘱是建立在不正当性关系基础之上为由而否定其效力，但该遗嘱并非以建立或者维持此种不正当性关系为目的，法官认为被继承人将财产赠与其非法同居

---

①② 蔡唱：《公序良俗在我国的司法适用研究》，载《中国法学》2016 年第 6 期。

③ 韩强：《如何看待民法总则中的“公序良俗”》，载《检察风云》2017 年第 22 期。

④ 李岩：《公序良俗的司法乱象与本相——兼论公序良俗原则适用的类型化》，载《法学》2015 年第 11 期。

⑤ 本案为公序良俗的重要案件。被告蒋伦芳与丈夫黄永彬于 1963 年结婚，1996 年黄永彬认识了原告张学英，并与张同居。2001 年黄去世前以公证遗嘱对其财产作出了明确的处理，其中一部分由蒋继承，另一部分总值约 6 万元的遗产遗赠给原告。原告起诉被告要求按遗嘱分割遗产。法院以违反公序良俗为由判决遗嘱无效。

的原告张学英，实质上损害了被告蒋伦芳依法享有的合法的财产继承权，违反了公序良俗，其实质是混淆了遗嘱法律后果和动机的道德性，从而在法学界引发诸多争议与批评。

（二）某种法律行为违反公序良俗，当事人是否要认识到这些事实

对于当事人对行为违反公序良俗的性质是否明知，中国法院未有明确的要求。

（三）公序良俗违反之类型

对于违反公序良俗的行为类型，20世纪90年代，学者根据比较法经验总结出10种类型，包括：危害国家公序行为；危害家庭关系行为；违反性道德行为；射幸行为；违反人权和人格尊严行为；限制经济自由行为；违反公正竞争行为；违反消费者保护行为；违反劳动者保护行为；暴利行为。①

近年来，通过对司法裁判的总结，有学者提出，当前主要的违反公序良俗的行为类型包括为实现不当的目的向他人支付报酬（请托行为、介绍贿赂行为、串通竞标行为等）、对死者不尊重的行为、婚外同居行为三种；今后可能出现的类型还包括债务人过度负债行为、有违基本权利维护之行为和有违环境保护的行为等。② 也有学者认为，可以归纳为禁止父母之外的其他近亲属探望未成年人、请托他人办事的协议、以人身为交易内容或所附条件的协议、违反性道德的赠与、对死者缺乏尊重的行为（如祭奠权纠纷）。实践中还存在违反技术标准侵害消费者权益的行为（制造和买卖不符合卫生标准的药品包装材料）③ 等类型。

（四）具体案例：代孕合同是否违反公序良俗

对于代孕合同，中国法院一般均认定为违反公序良俗。在“原告邢绍鸿、顾洁诉被告梁涛、神州中泰（武汉）健康咨询服务有限公司合同纠纷

---

① 梁慧星：《市场经济与公序良俗原则》，载《中国社会科学院研究生院学报》1993年第6期。

② 蔡唱：《公序良俗在我国的司法适用研究》，载《中国法学》2016年第6期。

③ 参见刘学圣、满洪杰：《公共利益、公共秩序与公共政策》，载《民事审判指导与参考》第19期，人民法院出版社2004年版。

案"[①] 中，对原告与被告签订的代孕合同，法院援引卫生部《人类辅助生殖技术管理办法》关于"医疗机构和医务人员不得实施任何形式的代孕技术"和"未经卫生行政部门批准，任何单位和个人不得实施人类辅助生殖技术"的规定，认定代孕合同违反公序良俗而无效。也有法院在代孕母亲要求探视代孕所生子女的案件中，通过调解允许双方协议探视安排回避了对代孕合同的性质认定而受到学者的批评。[②]

三、公序良俗违反效果

（一）违反公序良俗的法律行为是否对任何人产生无效之效力，还是只认定部分无效

传统上，违反公序良俗的法律行为绝对无效，即自始、当然、确定的无效，对任何人均产生同样的效力，且无法补救。中国有学者指出："违反公序良俗原则的法律效果呈缓和趋势，即呈现由绝对无效到相对无效的发展趋势。"[③] 但是对中国司法裁判的观察看，除暴利行为外，对于其他类型的违反公序良俗的法律行为，法院仍通过适用《民法通则》《民法总则》《合同法》以及《物权法》的规定而认定其绝对无效。对于暴利行为则如前所述，自《合同法》起即产生了相对无效对绝对无效的逐步替代，而《民法总则》第 151 条则完全采用了相对无效的观点，由相对方决定是否消灭或变更法律行为的效力。

对于法律行为的部分内容违反公序良俗的，《民法总则》第 156 条和《合同法》第 56 条均规定民事法律行为（合同）部分无效，不影响其他部分效力的，其他部分仍然有效。

（二）根据违反公序良俗的法律行为已履行合同后，能否以违反公序良俗为由作出返还请求

对于法律行为（合同）无效和被撤销的后果，《民法总则》与《合同

---

① 湖北省武汉市江夏区人民法院（2017）鄂 0115 民初 3409 号民事判决书。

② 肖永平、张弛：《比较法视野下代孕案件的处理》，载《法学杂志》2016 年第 4 期。

③ 李双元、杨德群：《论公序良俗原则的司法适用》，载《法商研究》2014 年第 3 期。

法》规定相同。以《民法总则》第157条规定为例，民事法律行为无效、被撤销或者确定不发生效力后，行为人因该行为取得的财产，应当予以返还；不能返还或者没有必要返还的，应当折价补偿。有过错的一方应当赔偿对方由此所受到的损失；各方都有过错的，应当各自承担相应的责任。法律另有规定的，依照其规定。因此，法律行为（合同）因违反公序良俗原则而无效或被撤销后，应该根据法律行为（合同）的性质决定是否返回。标的适宜返还的，如买卖合同标的物尚存或为种类物的，应当返还；标的无法返还的，如劳务合同，或者标的物为特定物而灭失的，相对人享有折价赔偿请求权。判

论裁定驳回执行申请的法律适用

——兼论类推适用在民事诉讼法领域展开的必要性与可能性

邱　鹏*

一、裁定驳回执行申请的法律适用难题

一般观念认为，不管是诉讼程序还是执行程序，其启动均应具备一定的条件。如果不设置一定的条件，程序的启动将会变得随心所欲、无所遵从，最终造成司法权力的滥用和司法资源的浪费，在整体上不利于保护当事人的合法权益。因此，即便是在立案登记制的背景下，对于不符合法定条件的起诉或申请执行，法院也是不予登记立案的。①

关于起诉条件，《民事诉讼法》第 119 条作了具体规定；② 其第 123 条以及《最高人民法院关于适用〈中

* 最高人民法院审判员、执行局执行指挥信息室负责人、法学博士。

① 参见中央深改组《关于人民法院推行立案登记制改革的意见》《最高人民法院关于人民法院登记立案若干问题的规定》。

② 包括原告是与本案有直接利害关系的公民、法人或其他组织；有明确的被告；有具体的诉讼请求和事实、理由；属于人民法院受理民事诉讼的范围和受诉人民法院管辖。

华人民共和国民事诉讼法〉的解释》（以下简称《民诉法解释》）第208条，又对不符合起诉条件的起诉之处理作了明确规定：立案前发现不符合起诉条件的，应裁定不予受理；立案后发现不符合起诉条件的，则应裁定驳回起诉。

关于申请执行的条件，《民诉法解释》第463条从申请执行的法律文书本身所应具备条件的角度作了相应规定，包括权利义务主体明确、给付内容明确等。《最高人民法院关于人民法院执行工作若干问题的规定（试行）》（以下简称《执行规定》）第18条第1款就申请执行条件作了全面具体的规定，包括：（1）申请或移送执行的法律文书已经生效；（2）申请执行人是生效法律文书确定的权利人或其继承人、权利承受人；（3）申请执行人在法定期限内提出申请；（4）申请执行的法律文书有给付内容，且执行标的和被执行人明确；（5）义务人在生效法律文书确定的期限内未履行义务；（6）属于受申请执行的人民法院管辖。

但是，对于不符合上述条件的执行申请该如何处理，法律及司法解释的规定则显得较为粗疏。《执行规定》第18条第2款对立案前发现不符合申请执行条件的情形作出了规定（即在7日内裁定不予受理），但对立案后发现不符合申请执行条件的情形，《民事诉讼法》及相关司法解释均未作规定。对此有所涉及的，仅有最高人民法院发布的作为内部管理规范的《关于执行案件立案、结案若干问题的意见》（以下简称《执行立结案意见》）。《执行立结案意见》第20条从结案方式的角度规定：执行实施案件立案后，经审查发现不符合《执行规定》第18条规定的受理条件，裁定驳回申请的，以"驳回申请"方式结案。

很显然，作为内部管理规范的《执行立结案意见》并不能成为裁定驳回执行申请的法律援引，这就导致驳回执行申请裁定缺乏一个确切的实证法基础。由此带来两个执行实务难题：第一，法律或司法解释没有对裁定驳回执行申请进行规定，作出该裁定时应如何援引法条？第二，被裁定驳回执行申请的当事人，应走何种救济渠道？

二、解题理论准备：法律漏洞与类推适用

1. 法律漏洞的概念及类型

追求完满，是人之天性。但是，一部法律在制订时即使穷尽人间智

巧，也不可能对所有生活类型都作出完满无缺的规定。现代法学理论普遍认为，凡制定法皆可能存在“法律漏洞”——即法律应该对某事物作规定但却没有规定的“不圆满状态”。依据不同的标准，可将法律漏洞分成若干类型。以法律对系争问题是否设有规范为标准，法律漏洞可分为明显漏洞与隐藏漏洞。明显漏洞又称公开漏洞，是指依法律的内涵体系及规范目的，应对某个法律问题积极设置规定却未设规定；隐藏漏洞则指法律对某个问题虽然已经设有规定，但根据法律的内涵体系及规范目的，必须针对该问题的特殊情况设置特别的限制性规定却没有设置。①

2. 法律漏洞的填补方法——类推适用

“司法不得拒绝裁判”是指法官不得以法律没有规定为由推脱审判责任。因此，当遭遇“法律漏洞”时，法官就需要填补漏洞，寻找恰当的裁判依据，以作出妥当的裁判结论。一般而言，对于隐藏漏洞，填补方法主要是目的性限缩解释；而对于公开漏洞，填补方法主要就是类推适用。

所谓类推适用，“乃比附援引，即将法律于某案例类型 A 所明定的法律效果，转移适用于法律未设规定的案例类型 B 之上”。② 通俗地说，就是将法律针对甲问题作出的规定，适用于与甲问题类似的乙问题（因法律没有对乙问题作出规定）。类推适用源于“类似案件类似处理”的平等原则。③ 其功用在于，让被立法忽略的生活类型一体“沾染”立法对类似生活类型施加的规范，以利其获得有效司法救济；同时，以“类似性”约束裁判推理，有效防范裁判权可能出现的恣意，实现裁判尺度统一。

作为填补法律漏洞的重要方法，类推适用的“使用须知”包括：第一，类推适用的前提是法律应作规定却未作规定。法律基于某一法律理由对甲问题作了规定，根据平等原则，本应对与甲问题类似的乙问题也作出规定，但却没有作出规定，形成了公开漏洞。第二，准确判定类似性。作为类推适用基础的类似性，不是泛泛的相似，而是“必须恰好在与法评价

---

① 蒋卫君、邱鹏：《论房屋买卖预告登记对租赁合同效力的影响》，载《判解研究》2014 年第 1 辑。

② 王泽鉴：《民法概要》，北京大学出版社 2009 年版，第 18 页。

③ 参见王泽鉴：《民法学说与判例研究（重排合订本）》，北京大学出版社 2015 年版，第 84 页。

有关的重要观点上相互一致”。[①] 换言之，法律规定之所以如此这般调整甲问题的根本考虑因素（所谓的“法评价”，也即法律理由），在乙事件中同样存在，而且，乙事件与甲事件的不同之处不足以排斥法律的这种根本考虑。[②] 第三，类推适用以事物的类似性而非相同性为基础。因此，与直接适用法律规范不同，类推适用时必须注意到两类事物在性质上的具体差异，慎重地认定该差异可能导致的对法律规范的限制适用或变通适用。[③]

我国司法实践也承认和采用类推适用。例如，在福建省莆田市中医院诉被告郑少春、莆田市闽中田野汽车贸易有限公司、莆田市志强汽车贸易有限公司一案中，针对土地使用权转让合同不成立，买受人对其已经占有使用的土地行为是否应该支付对价的问题，因合同法及相关法律、司法解释并未作出明确规定，最高人民法院类推适用了不定期租赁的法律规范，判决确定买受人应该支付的对价。[④]

与类推适用同其本质的法律概念是“参照”（我国台湾地区称为“准用”）。参照“一般用于没有直接纳入法律调整范围内，但是又属于该范围逻辑内涵自然延伸的事项”，[⑤] 在本质上也是以两种事物的类似性为基础，将规范其中一种事物的法律规定扩展用于另一种事物，实际就是类推适用，不过是一种特殊的类推适用而已，其特殊在于其是法律明定的类推适用，或者说是法律有明确授权的类推适用。[⑥] 于此需要强调的是，不管是一般的类推适用还是法律有明确规定的参照，均为司法实践所需，也均为司法实践所采，其原因就在于“法律明定‘适用’或‘准用’之情形外，

---

① ［德］卡尔·拉伦茨：《法学方法论》，商务印书馆2003年版，第258页。

② 参见［德］卡尔·拉伦茨：《法学方法论》，商务印书馆2003年版，第258页；黄茂荣：《法学方法与现代民法》，中国政法大学出版社2001年版，第394页。

③ 参见黄茂荣：《法学方法与现代民法》，中国政法大学出版社2001年版，第141页。

④ 可通过“法信”（www.faxin.cn）具体检索“买卖合同未成立而标的物先行转移使用可类推适用合同法中关于租赁合同的规定——莆田市中医院与郑少春等建设用地使用权纠纷案”。

⑤ 全国人大法工委办公室编：《立法工作规范手册（试行）》，中国民主法制出版社2012年版，第22页。

⑥ 参见王泽鉴：《民法学说与判例研究（重排合订本）》，北京大学出版社2015年版，第82页。

尚有应以类推适用予以填补的法律漏洞存在”,[①] 不能误以为只有法律明确规定的参照才是“合法”的类推适用，否则，无异于是说只有立法有意识留下的法律漏洞才能填补，而对因立法忽略而形成的法律漏洞则不能填补，这将在很大程度上限制类推适用本应有的生命力，让司法在遭遇法律漏洞时陷入束手无策的被动局面。

3. 可采用类推适用方法的部门法范围

一般认为，类推适用须受“法律保留”原则的拘束，应在不会给关系人带来难以预测之不利后果的范围内采用。衡量诸具体法律领域，以下一般不得采用类推适用方法：（1）有关基本权利保障的法律领域，典型者为税法、刑法（贯彻罪刑法定原则）等；（2）有关交易安全保障的法律领域，典型者为物权法中的物权法定原则，即不允许在法定物权之外类推创设物权；（3）有关市场经济机能根本保障的法律领域，典型者如商标法、专法利、著作权法（因其本质是授予权利人垄断地位，相对牺牲市场竞争，所以不得在法律之外类推设定其他类似权利）。除上述法律领域外，一般均允许在一定范围内采用类推适用。因为民法方法论研究对类推适用的重视，很多人知道民法领域一般可以采用类推适用（物权创设除外）。其实，在诉讼法领域一般并不禁止类推适用；[②] 在行政法领域，学者也主张可在一定范围内采用类推适用。[③]

当然，不管在哪个部门法领域采用类推适用，都要遵循“不给关系人带来难以预测之不利后果”的原则，这是法治正义的基本要求。

三、执行程序类推适用民事诉讼法律规范的可能性与必要性

1. 类推适用的可能性

在诉讼法领域，类推适用一般是可以采用的。具体到执行程序，一般也当然可以类推适用民事诉讼法律规范。这是由二者的内在联系决定的。

---

① 王泽鉴：《民法学说与判例研究（重排合订本）》，北京大学出版社 2015 年版，第 78 ~ 79 页。

② 参见黄茂荣：《法学方法与现代民法》，法律出版社 2007 年版，第 451 ~ 454 页、第 467 ~ 469 页。关于行政法领域可在一定范围内采用类推适用，可以参见周公法：《论行政法领域的类推适用》，载《行政法学研究》2012 年第 3 期。

③ 周公法：《论行政法领域的类推适用》，载《行政法学研究》2012 年第 3 期。

强制执行法与纯粹意义上的民事诉讼法（指调整民事诉讼程序的法律规范）同属于民事程序法范畴，都是围绕着民事权利保护而展开（民诉法负责确定民事权利，强制执行法负责实现民事权利），在立法目的、基本原则、调整范围、程序规范等方面存在很多共同之处。[①] 这种内在的紧密联系，决定了有的国家将强制执行法作为一个部分规定在民事诉讼法典之中，也决定了强制执行与民事诉讼面临的很多问题具有“法评价意义上”的类似性。因此，不管是在强制执行法与民事诉讼法混合立法模式下，还是强制执行法单独立法模式下，强制执行程序在很多问题上可以类推适用民事诉讼法律规范。我国台湾地区“强制执行法”第30－1条就规定：“强制执行程序，除本法有规定外，准用‘民事诉讼法’之规定。”

当然，类推适用或参照毕竟不等同于直接适用，因此，执行程序类推适用民事诉讼法律规定，也要注意二者相似之外的差异性，应在二者不相抵触的范围内变通适用。我国台湾地区“强制执行法”即规定，“民事诉讼法”关于法院职员之回避、当事人能力、当事人适格、当事人书状等规定，强制执行程序除另有规定外，均可准用；但“民事诉讼法”关于诉讼参加及诉讼程序停止等规定，在性质上则不能适用于强制执行程序。[②]

2. 类推适用的必要性

和有的国家一样，我国暂时没有独立的强制执行法典，强制执行程序被作为一编规定在《民事诉讼法》之中。为避免《民事诉讼法》法条数量过于庞大，有关强制执行的条文被压缩为35条，只涉及法院执行的基本原则和制度，规范供给相对不足，不可避免地留下一些法律漏洞。[③] 裁定驳回执行申请缺乏明确的法律“身份”就是一个例子。因此，执行工作类推适用民事诉讼法律规范显得十分必要。

在人民法院的执行实践中，有相当数量的执行法律文书就是参照《民事诉讼法》及相关司法解释中的民事诉讼法律规范作出的。例如，对于申

---

① 参见江必新、贺荣：《强制执行法的起草与论证》，中国法制出版社2014年版，第5～17页。

② 参见杨与龄：《强制执行法论》，中国政法大学出版社2002年版，第14页。

③ 参见江必新、贺荣：《强制执行法的起草与论证》，中国法制出版社2014年版，第5～17页。

请执行监督的当事人在法院审查期间撤回申请的，法院一般参照《民诉法解释》第400条第1款关于撤回再审申请的规定来处理。对于这种“参照”，《民事诉讼法》及相关司法解释并没有作出明确规定，因此，就其性质而言，其不是法律有明确授权的类推适用，而是普通的类推适用。但此种类推适用，在执行法律文书中一般也被表述为“参照”，其很多类型已成为执行实践所普遍遵循的惯例，具有较强的约束和指导作用。

四、问题之解答——裁定驳回执行申请的法条援引和救济程序

1. 裁定驳回执行申请的法条援引

很显然，立案后发现执行申请不符合申请执行条件，与立案后发现起诉不符合起诉条件，在根本法律特征上是类似的——都是不应立案而立案；司法对其处理态度也应是一样的——都应及时停止程序，以防止法律规范设定的程序启动的条件被规避，避免出现本文开头提到的对程序启动随意性的担忧。

但是《民事诉讼法》及相关司法解释，对立案后发现不符合起诉条件的情形作了规定（《民诉法解释》第208条规定应裁定驳回起诉），却没有对立案后发现不符合申请执行条件的情形作出规定，出现了法律的公开漏洞。基于“类似案件类似处理”原则，应类推适用《民诉法解释》第208条予以填补，即对于立案后发现不符合申请执行条件的执行申请亦应裁定驳回。执行实务对此一般亦是如此处理的。

关于法条援引，则应根据执行申请不符合申请执行条件的类型，先援引《民诉法解释》第463条或《执行规定》第18条，再参照适用《民诉法解释》第208条。

2. 裁定驳回执行申请的救济程序

关于裁定驳回执行申请的救济程序，执行实务素有争议。一种观点认为，应该由当事人依据《民事诉讼法》第225条走异议、复议程序；另一种观点认为，应由当事人直接向上一级人民法院申请复议。两种观点应以何者为是呢？

《民事诉讼法》第225条规定：“当事人、利害关系人认为执行行为违反法律规定的，可以向负责执行的人民法院提出书面异议。当事人、利害

关系人提出书面异议的，人民法院应当自收到书面异议之日起十五日内审查，理由成立的，裁定撤销或者改正；理由不成的，裁定驳回。当事人、利害关系人对裁定不服的，可以自裁定送达之日起十日内向上一级人民法院申请复议。”从该规定的文义来看，当事人提起异议、复议的对象是法院的执行行为。而从时间维度来讲，只有进入执行程序后才可能存在法院的执行行为，裁定驳回执行申请意味着执行程序尚未启动，因此，裁定驳回执行申请本身并不在执行程序之中，不能被当作是执行行为，亦不能成为异议、复议程序的对象。

更为本质的原因在于，从执行异议、复议程序的法律性质来看，其是法院通过执行裁决权对执行实施权行使的合法性与适当性进行审查，从而实现执行权内部的监督。① 法院的异议、复议裁决权在性质上属于判断权，是对执行实施行为的两次判断，与民事诉讼中的一审、二审程序相类似。而裁定驳回执行申请并不是执行实施行为，其本身就是作出裁定法院对当事人申请执行是否符合法定条件的判断，对该判断不服不应像对执行实施行为不服那样完整套用异议、复议程序，那样无异于是让作出裁定法院对是否符合申请执行条件再作一次重复判断，既同异议、复议程序的法理不符，也是对司法资源的一种浪费。因此，对裁定驳回执行申请，不能依据《民事诉讼法》第 225 条以异议、复议程序来救济，第一种观点并不可取。

那么，应该依据什么法律规范来救济呢？

可想而知的是，既然《民事诉讼法》及相关司法解释对裁定驳回执行申请都没有作出规定，就更不可能对其救济方式作出规定了。在这个问题上，法律同样存在公开漏洞，同样需要以类推适用方法来予以填补。与裁定驳回执行申请最相类似的是裁定驳回起诉，依照《民事诉讼法》第 154 条及《民诉法解释》第 208 条，对裁定驳回起诉的救济方式是允许当事人向上一级法院上诉，因此，对于驳回执行申请，可以参照《民事诉讼法》第 154 条及《民诉法解释》第 208 条的规定，允许当事人向上一级法院申请复议。

事实上，以申请复议作为裁定驳回执行申请的救济程序，也有相关的

---

① 参见江必新、刘贵祥：《〈最高人民法院关于人民法院办理执行异议和复议案件若干问题的规定〉理解与适用》，人民法院出版社 2015 年版，第 3 页、第 16～18 页。

制度规范支撑和比较法上的实践。中央深改组《关于人民法院推行立案登记制改革的意见》（以下简称《意见》）在“三、登记立案程序”的第（三）项中规定：“对不符合法律规定的起诉、自诉和申请，应当依法裁决不予受理或者不予立案，并载明理由。当事人不服的，可以提起上诉或者申请复议。”《意见》提到的“登记立案范围”包括执行立案，因此，前述“第（三）项”中的“申请”自然应包括执行申请。《意见》属于党的政策，虽然不能直接作为法律依据在裁判文书中予以援引，但毫无疑问，《意见》精神是制订法律及司法解释必须遵循的。因此，可以确定的是，将来法律或司法解释如果对裁定驳回执行申请的救济方式作出明确规定，其也应该会是复议程序。

另外，根据《最高人民法院关于人民法院办理仲裁裁决执行案件若干问题的规定》第5条，申请执行人对法院依照该规定第3条、第4条作出的驳回执行申请裁定不服的，可以向上一级法院申请复议。该规定虽然是针对仲裁裁决执行作出的，但在法理上亦可作为对驳回一般执行申请的救济途径之参考。《最高人民法院关于认可和执行台湾地区法院民事判决的规定》第16条、第18条规定，人民法院审查后不能确定该民事判决效力的，裁定驳回申请人的申请，当事人对该类裁定不服的，可以向上一级法院申请复议。而在最高人民法院关于对香港、澳门特别行政区判决认可与执行的司法解释中也都有类似规定。从比较法角度看，我国台湾地区的“强制执行法”对于驳回执行申请，规定的救济方式也是与申请复议相类似的向上一级法院提出“抗告”。①

综上，对于裁定驳回执行申请的救济方式，应采取第二种观点，由当事人向上一级法院申请复议。

① 参见杨与龄：《强制执行法论》，中国政法大学出版社2002年版，第123页。

人民法院案例工作的发展演变

梁展欣*

我国属于成文法国家。古代便有律、例并行的司法传统，如西周的谕事、秦代的廷行事、汉代的决事比、宋元的断例、明清的例等，都是司法案例在不同历史时期的不同表现形式。对于司法案例在我国古代法上的地位和作用，实在是一个见仁见智的问题。可以肯定的是，司法案例在司法裁判确曾发挥过极为重要的作用。延至现代，司法案例在人民法院司法裁判中的作用仍旧活跃。尽管在我国现行法源体系中，制定法一直居于中心地位，司法案例尚未被普遍认可为一种独立的法源，但作为一项重要的法律表现形式，司法案例对各级人民法院裁判的指导以及对法律发展的促进作用均不容忽视。2018年10月26日完成最新修订的《人民法院组织法》，正式将案例制度纳入规定，标志着人民法院案例工作进入一个全新的历史阶段。

一、根据地时期法院案例工作

此以中国共产党根据地之一陕甘宁边区的司法活动为例。陕甘宁边区是1937~1949年期间中国共产党的根

* 广东省高级人民法院法官、法学博士。

据地之一，1937 年根据国共合作协议从原来的中央西北办事处改名而来。在抗日战争时期（1937～1945 年），陕甘宁边区名义上为国民政府行政区，实质上则为中国共产党主导的战时行政区域，是中共中央和中央军委所在地，是中国共产党抗日根据地的中心。

早在 1941 年 10 月，时任陕甘宁边区高等法院院长雷经天（1904～1959 年）同志在边区司法工作会议上指出："对案件处理后，对法律的解释不够，没有把各种判例制成成文法，因此，我们所日常处理案件缺乏成文法的根据。"① 次年 4 月，曾短暂担任边区高等法院院长、时任边区参议会副议长谢觉哉（1884～1971 年）同志指出："拿裁判的好例子做教育裁判员的教材，我们应走捷径，从经验中学习，而不可能像法律专门学校一样学得东西。"②

1944 年 1 月，时任陕甘宁边区政府主席林伯渠（1886～1960 年）同志指出："边区现行法令不足，一方面应根据历年经验，将好的判例加以研究整理，发给各司法机关参考……"③ 同年 2 月 18 日，边区政府发布了《陕甘宁边区政府关于司法工作的指示信》，指出："搜集审判经验。每个分庭、每个司法处、每个地方法院均须将自己的审判经验用具体判例作为材料写出来，寄给高等法院。此项工作须于 5 月底以前完成。" 谢老也为边区高等法院起草了另一份指示信，要求："各分庭、司法处，于收到此信，2 个月内，各研究出至少两个判案例子，不论以前审的现在审的，审得好或审得坏的，虚心考虑，写出教训，把材料及结论送给我们。这是教育自己改进工作的工具，切勿忽视。"④

谢老把案例视为改进边区法院审判技术的有力武器。1944 年 10 月，

---

① 雷经天：《在陕甘宁边区司法工作会议上的报告》（1941 年 10 月）；转引自汪世荣、刘全娥：《陕甘宁边区高等法院编制判例的实践与经验》，载《法律科学（西北政法学院学报）》2007 年第 4 期。

② 谢觉哉：《边区参议会常驻会报告》（1942 年 4 月 15 日），载氏著，王定国、王萍、吉世霖编：《谢觉哉论民主与法制》，法律出版社 1996 年版，第 131 页。

③ 林伯渠：《关于边区政府一年工作总结报告》（1944 年 1 月 6 日），载《民事诉讼法参考资料》第 1 辑，法律出版社 1981 年版，第 53 页。

④ 谢觉哉：《关于调解与审判》（1944 年 5 月 11 日），载氏著，王定国、王萍、吉世霖编：《谢觉哉论民主与法制》，法律出版社 1996 年版，第 138 页。

谢老在日记中指出："拿实际事件来启发智力，教育干部，谁都知道。但并不是知道就能做或会做，甚或对他反复提示，他还不知道或不愿去做。司法是要用脑筋又最易牵涉及发见各方情状的。然而边区设司法七、八年了，总是茫茫然，连好坏判例都举不出，更不要说帮助立法。"① 谢老举了1件他参与审理的案件，着重指出其中蕴含的指导性内容：

王海生控告蔡奉璋案：

原告：王海生、雇工，在总工会挑水，总工会帮助控告。

被告：蔡奉璋，地主兼豪绅。

案由：王借蔡三百元（银洋）月息三分，以东关果园作抵，约载三年不还，果园归蔡有。时已过三年，但果园也被东北军伐作薪。王似乎不知约上怎写的，只知果园不止值三百元，蔡以贱价压制售去。

当时环境。延城未经过革命，绅士势力大，城关抗日救国会调停，谁都说蔡有理，——"果园是东北军砍的，怪谁？""王要和蔡碰，太不量力。"蔡也对王说："你控我吗？你以红军长在此吗？"延市法庭书记长也左袒蔡（后来才知受了蔡贿）。而当时正讲统一战线，不打土豪，头一炮应放得响亮。

处理方法：一、先在群众中讨论，不急处断；二、着重指出借约违法——豪绅抢土地最残酷的法子，应该办罪，不办罪是从宽；三、说明果园不被砍，利归蔡得，民法上有规定，被砍损失归王，不合理。最低只能平均受损失；四、公平估计果园实值，如值六百元，各损失三百元，如值八百元，蔡应补王一百。——实可值千元上下。五、蔡富王贫，王被蔡诈，应使王得到一点赔偿。

此案最后宣判，我已离延，大概是照此判的。但仍押蔡，疑当时运用还有不妥处，致蔡敢不服。

教训：有统一战线，有阶级斗争，有法律知识，有群众路线

① 谢觉哉：《谢觉哉日记》（上册），人民出版社1984年版，第700页（1944年10月24日）。前一日，谢老日记中仅记一句："陈质文来谈对高院意见。"见同前书，同页（1944年10月23日）。

（包括转移群众情绪在内）。①

陕甘宁边区高等法院专门成立了由李木庵同志为领导的四人小组，对从各级法院收集到的案例进行整理和汇编工作。较早完成的是《陕甘宁边区判例汇编》一书，该书于1944年7月编成，所收集的案例全部是民事案件，涉及婚姻纠纷和土地纠纷等领域。该书“例言”中指出：“我们编这个册子，是根据……政府工作总结报告中关于改善司法工作的指示，将历年所处理较典型的判例选出一些，以教育我们的司法工作干部，供其了解在工作中，应如何掌握政策、判断案件的一些参考，另一方面，作为热心司法工作的人，对新民主主义司法政策的一个研究材料。”其中的“参考”，一定程度上确立了判例在边区司法中的法源地位。

在中华人民共和国成立前夕，其时分别担任陕甘宁边区高等法院院长、副院长的马锡五（1898～1962年）同志、乔松山（1894～?）同志在总结该法院工作情况时指出：“高等法院更为了适当地审理案件，曾整理了20余件民刑事判例，以补条文的不足。”“整理判例本属司法机关的日常工作，但以目前成文法律之不足，判例就显得异常重要，今后应尽力收集成功案件，整理印发，以补助条文之不足，而使司法干部在审理案件中有所遵循。报告制度，不但可以使领导上了解情况，及时指导政策法令的贯彻，达到统一，在司法工作中对收集判例亦有重要关系，因此，报告制度必须坚持下去，且逐步提高到有内容有分析有结论的程度。”②

二、中华人民共和国成立至改革开放前人民法院案例工作

中华人民共和国成立后，总结经验成为开展法制工作的一项重要内容。彭真（1902～1997年）同志高度重视包括总结案例在内的典型经验，认为对立法工作乃至干部培养等都具有特别重要的意义。他指出：“在立法方面，目前还不宜追求制定一些既不成熟又非急需的完备、细密的成套的法

① 谢觉哉：《谢觉哉日记》（上册），人民出版社1984年版，第700页（1944年10月24日）。

② 马锡五、乔松山：《陕甘宁边区高等法院工作报告》（1948年12月10日），载《民事诉讼法参考资料》第1辑，法律出版社1981年版，第65、76页。

规，以致闭门造车；应该按照当前的中心任务和人民急需解决的问题，根据可能与必要，把成熟的经验定型化，由通报典型经验并综合各地经验逐渐形成制度和法律条文，逐步地由简而繁，由通则而细则，由单行法规而形成整套的刑法、民法。”“过去的经验充分说明，一经注意调查研究，搜集了典型经验加以整理，‘任务不明’和‘工作不知从何着手’的现象就立即开始克服，各部门的工作就能很快地建立起来，步入正轨，干部也就由此获得锻炼，因而工作情绪迅速提高。”① 据他回忆：“刑法在 1957 年就有了 22 稿，到 1963 年就有了 33 稿，总结了大量判例和丰富的审判经验。”②

在总结审判经验方面，最高人民法院做了不少开创性的工作。从 1953 年五六月始，针对奸淫幼女犯罪突出的问题，对奸淫幼女案件进行检查总结，于 1954 年初制定《关于处理奸淫幼女案件的经验总结和对奸淫幼女罪犯的处刑意见》（以下简称《处理奸淫幼女意见》），该总结经中央于同年 5 月 22 日批转于同年 9 月 21 日下发。5 月下旬，最高人民法院召开总结审判经验座谈会，推进各地人民法院开展此项工作。会议认为，总结审判经验是人民法院提高办案质量的有效措施，是加强审判监督的有效方法。对类型案件进行总结，则是总结的好方法。要正确选择案件的类型，做好调查工作，搜集大量的材料，进行深入细致的分析研究，去粗取精，把经验提炼出来。会上，各地人民法院代表分别拟定了今后总结审判经验的重点。此后，最高人民法院分别对多类案件包括审理奸淫幼女、审理劳资纠纷、审理行车责任事故等领域的审判经验进行了总结。同年 9 月 20 日，最高人民法院制定《最高人民法院关于总结审判经验工作的总结和今后推行的办法》（法行字第 8583 号），对各级人民法院总结审判经验的主要做法进行了总结，提出了主要方法，指明了重要意义。其中明确指出：“通过总结审判经验，把审判工作的实践加以系统化、条理化，这在目前成文法规尚不完备的情况下，一方面能够适当地解决审判工作中的一些实际困难，另一方面也可以为立法及法律教育工作提供实际材料。”

至 1955 年 5 月，最高人民法院的 2 个分院、38 个省、自治区、直辖

---

① 彭真：《政法工作中的几个问题》（1951 年 5 月 11 日），载氏著：《彭真文选（一九四一——一九九 O）》，人民出版社 1991 年版，第 270 页。

② 《彭真同志在五届人大第三次会议的报告》，载《人民日报》1980 年 9 月 14 日。

市人民法院和专门法院完成了有关贪污、盗窃、烟毒、赌博等类刑事案件和婚姻、债务等类民事案件的总结共82件。1955年“肃反运动”开展以后，不少人民法院以审判反革命案件和其他刑事案件中的政策界限为重心进行总结。例如，河北省高级人民法院通过检查几个基层人民法院处理的反革命案件，从中选择典型案例，逐案集体评议，分清罪与非罪、轻罪与重罪、反革命罪与其他刑事罪的界限，并且求得量刑幅度大体一致。这样的总结，对于指导全省各级人民法院正确地贯彻有反必肃、有错必纠的方针，起了较好的作用。最高人民法院和司法部及时发出通报，介绍了他们的经验。1956年，最高人民法院进一步总结2年多来各地人民法院的审判经验，发布《1955年以来奸淫幼女案件检查总结》，对上述《处理奸淫幼女意见》作了一些重要的补充，主要是规定了从重处刑和从轻、减轻处刑的情节；关于奸淫与猥亵的界限；关于认定幼女的标准。1957年4月30日，最高人民法院审判委员会予以通过，发给各级人民法院参酌执行。①

谢觉哉同志在担任最高人民法院院长时，十分重视案例工作。谢老指出：“我们搞审判工作的人，不只是要把审判工作当作一件公事来办，而且要把它当作一门学问来做。”“希望你们把平时了解到的和历次检查到的案件整理一下，找出办得好的和判得不好的案例，作为标兵，汇集起来，编印成册，供大家学习。”“我们当审判员的人，脑子里总常要有几十件案件，记得哪件办得好，哪件办得不好。我们学习要一点一滴累积，不可能在一个晚上都学成，一天学一点，一年积累起来就很多了。……办案子，有一点心得就把它记下来，一个月记两件，一年就有二十四件，一件一个道理，一年懂得二十四个道理，那就不少。要象孔夫子所说的那样：‘日知其所无，月毋忘其所能’。不是那样，依然故我，那就不好了。”② “这几年法院工作方面总结经验很不够。不是没有经验，而是没有很好总结。过去资产阶级的那一套我们否定了，苏联和其他社会主义国家的经验，也

① 参见何兰阶、鲁明健主编：《当代中国的审判工作》（上），当代中国出版社1993年版，第71~73页。

② 谢觉哉：《在广东省1959年司法工作检查评比颁奖大会上的讲话》（1960年1月22日），载氏著，王定国、王萍、吉世霖编：《谢觉哉论民主与法制》，法律出版社1996年版，第240~243页。

不可能完全适合我们的情况。所以要靠我们自己总结创造。总结经验，不止是一个法院的问题，而是从上到下都要注意的问题；也不只是法院的问题，而是整个政法部门的根本建设问题。法院方面，可以对法院的整个工作进行总结，也可以就处理某一方面的问题，做出总结。一个具体案子办得好，好在哪里，为什么能办好，还有不好的，都可以总结。也只有这样，才能不断提高我们的办案质量和工作效能。”①

1962年3月22日，毛泽东（1893～1976年）同志对法制工作作出重要批示：“不仅刑法要，民法也需要，现在是无法无天。没有法律不行，刑法、民法一定要搞。不仅要制定法律，还要编案例。”② 同年12月10日，最高人民法院发布《关于人民法院工作若干问题的规定》，对案例工作作出了专门部署。兹引录如下：

> 七、总结审判工作经验，选择案例，指导工作
>
> 总结审判经验，是提高审判工作的一个重要方法，各级人民法院应当十分重视。总结的内容，除年度或季度的定期总结之外，对某一时期执行政策和适用法律的情况，执行审判制度、程序和法制宣传的经验，类型、典型案件的专题总结等，要有目的有计划地进行。总结经验要从实际出发，务求通过各种总结提高干部的政策思想水平，改进工作方法，改进审判作风。各级人民法院的院长要亲自抓这一工作。
>
> 在总结审判工作经验的基础上运用案例的形式指导审判工作，也是一种好的领导方法。
>
> 对于案例的选择，一般要求具有下列条件：（1）有代表性，即：各种类型案件中各种情况的典型案件，如性质容易混淆的案件，刑期难以掌握的案件，政策界限容易模糊的案件，在某种新情况下发生的特殊案件等；（2）判决正确的案件，个别有教育意

① 谢觉哉：《在陕西省高级人民法院党组扩大会议上的讲话》（1961年5月29日），载氏著，王定国、王萍、吉世霖编：《谢觉哉论民主与法制》，法律出版社1996年版，第265～266页。

② 转引自《在法制建设问题座谈会上的讲话》，载《人民日报》1978年10月29日。

义的错案也可以选用；（3）判决书事实叙述清楚，理由阐明充分，论点确切，有示范作用的。

选定案例的工作由最高人民法院和高级人民法院来做，中级人民法院和基层人民法院要积极提供材料和意见。高级人民法院在选用案例时，必须反复研究，经审判委员会讨论决定后，发给下级人民法院参考，同时上报最高人民法院备查。最高人民法院应当选定其中在全国范围内有典型意义的案例，报中央政法小组批准后，以最高人民法院审判委员会决定的形式，发给地方各级人民法院比照援用。

案例一般地只在一定时期内起指导工作的作用。当阶级斗争形势发生变化，党的政策相应的转变的时候，参考、援用案例就必须考虑这种变化。高级人民法院和最高人民法院要根据新的形势和政策精神，选择新的案例来代替旧的案例。

但是，随着1966年“文化大革命”的开展，刚起步的新中国人民法院案例工作被迫中辍，最高人民法院发布的上述文件也未能付诸实施。

三、改革开放后人民法院案例工作

“文化大革命”结束后，全国各级人民法院逐步开始纠正冤假错案的工作。最高人民法院选编了“刘殿清案”等9个已经得到纠正的“反革命”案件，作为具体说明区别“文化大革命”期间所谓“反革命”案件中罪与非罪界限的范例，指导全国各级人民法院着手纠正“文化大革命”时期形成的各类冤假错案。① 由于这项工作是在当时法制非常不健全的特定历史时期开展的，最高人民法院总结的这批案例，对于指导各级人民法院在平反和纠正冤假错案中统一认识、统一标准，发挥了非常重要的作用，同时也进一步奠定了案例指导在审判实践中的重要作用。

1983年10～12月，最高人民法院为了指导各地人民法院开展严厉打击严重危害社会治安的刑事犯罪活动，先后分3批印发《刑事犯罪案例选

① 参见何兰阶、鲁明健主编：《当代中国的审判工作》（上），当代中国出版社1993年版，第144～146页。

编》共75个刑事案例，配合有关法律和司法解释具体指导审判实践中特别需要注意的一些法律适用问题。1985年，最高人民法院选编了徐旭清破坏军人婚姻案等4个案例，对各地人民法院适用《刑法》第181条的规定审理破坏军人婚姻犯罪案件进行具体的指导。① 据时任最高人民法院院长郑天翔（1914～2013年）同志介绍：“（最高人民法院——引者加）对下级法院办案中遇到的新问题、疑难问题，在如何适用法律上进行解释，并发布案例，进行具体指导。”② “五年来（指1983～1987年——引者注），最高人民法院正式发布了293个案例。主要是对一些重大的、复杂的刑事案件统一量刑标准；对一些新出现的刑事案件的定罪量刑问题提供范例；对审理一些在改革、开放中新出现的民事、经济案件提供范例。”③ 此外，1985年5月创刊的《最高人民法院公报》刊发全国各级人民法院审判案件所形成的案例，通过让审判人员易于理解、人民群众易于接受的方式，保证了国家法律的正确实施。④

1989年4月，时任最高人民法院院长任建新（1925～　）同志指出：“最近，中央领导同志在谈到我国民主和法制建设问题时，多次表示应充分发挥法院的作用，希望最高人民法院充分发挥国家最高审判机关的作用；多做司法解释，特别是在当前法制不健全，法律不完备的情况下，更应多做一些；同时要更多地搞点案例。尽管我们不是判例法国家，但案例对下级法院做好审判工作是很有指导作用和参照作用的，而发布案例只能由最高人民法院来做。这些任务都是要由最高人民法院审判委员会来决定的。”⑤ 1993年7月，任建新同志指出：“最高人民法院和高级法院还要注意运用典型案例指导工作。审判一个典型案件，往往能具体生动地体现一

---

① 参见何兰阶、鲁明健主编：《当代中国的审判工作》（上），当代中国出版社1993年版，第308页；同前书（下），第642页。

②③ 郑天翔：《最高人民法院工作报告》（1986年4月8日），载《最高人民法院公报》1986年第2期。

④ 参见龚稼立：《关于〈最高人民法院公报〉案例指导的几个问题》，载《判解研究》2004年第1辑（总第15辑）；周道鸾：《中国案例制度的历史发展》，载《法律适用》2004年第5期。

⑤ 任建新：《关于加强最高人民法院审判委员会工作的意见》（1989年4月29日），载氏著：《政法工作五十年——任建新文选》，人民法院出版社2005年版，第245页。

项政策，为司法工作提供范例，为立法工作提供审判经验。特别是在制定法律和作出司法解释条件尚未成熟时，典型案例对指导审判工作能起到重要的作用。今后，我们应当重视对案例的编纂工作。"①

最高人民法院于1999年制定的《人民法院五年改革纲要》（法发〔1999〕28号）中虽未提及"案例"二字，但实际上已经将之纳入。其第14条规定："2000年起，经最高人民法院审判委员会讨论、决定有适用法律问题的典型案件予以公布，供下级法院审判类似案件时参考。"2005年制定的《人民法院第二个五年改革纲要（2004－2008）》（法发〔2005〕18号）明确提出"建立和完善案例指导制度"，正式开启了进入新世纪的案例指导工作。其第13条规定："建立和完善案例指导制度，重视指导性案例在统一法律适用标准、指导下级法院审判工作、丰富和发展法学理论等方面的作用。最高人民法院制定关于案例指导制度的规范性文件，规定指导性案例的编选标准、编选程序、发布方式、指导规则等。"

2010年1月，《最高人民法院关于改革和完善人民法院审判委员会制度的实施意见》（法发〔2010〕3号）第4条规定："最高人民法院审判委员会履行审理案件和监督、管理、指导审判工作的职责：……（五）讨论决定对审判工作具有指导性意义的典型案例；……"第5条规定："地方各级人民法院审判委员会履行审理案件和监督、管理、指导审判工作的职责：……（四）讨论决定对本院或者本辖区的审判工作具有参考意义的案例；……"同年11月发布的《关于案例指导工作的规定》（法发〔2010〕51号）是中华人民共和国成立以来该院对案例工作下发的第一个专门文件。其第2条规定："本规定所称指导性案例，是指裁判已经发生法律效力，并符合以下条件的案例：（一）社会广泛关注的；（二）法律规定比较原则的；（三）具有典型性的；（四）疑难复杂或者新类型的；（五）其他具有指导作用的案例。"第7条规定："最高人民法院发布的指导性案例，各级人民法院在审判类似案件时应当参照。"

2011年8月，《最高人民法院关于人民法院加强法律实施工作的意见》（法发〔2011〕11号）第13条规定："加强案例指导，统一裁判尺度。充

① 任建新：《当前人民法院的任务》（1993年7月29日），载氏著：《政法工作五十年——任建新文选》，人民法院出版社2005年版，第322页。

分发挥指导性案例在指导审判、宣传法制、预防纠纷中的重要作用，促进公正、统一司法，努力提升司法公信力和权威性；创新和完善审判业务指导方式，深入研究和及时总结先进的司法理念、公正的裁判规则、科学的裁判方法，统一司法理念和裁判尺度，提高法官运用案例的司法能力，实现审理案件法律效果和社会效果的有机统一。”同年12月，最高人民法院发布第一批指导性案例，包括上海中原物业顾问有限公司诉陶德华居间合同纠纷案等4件指导性案例。2012年2月，《最高人民法院关于在审判执行工作中切实规范自由裁量权行使保障法律统一适用的指导意见》（法发〔2012〕7号）中除“加强案例指导”（第14条）以外，还有“不断统一裁判标准”（第15条）的内容，明确提出了“类似案件类似处理”的改革方向。

四、新时代人民法院案例工作

党的十八大以来，人民法院案例工作获得了新的发展机遇，“让人民群众在每一个司法案件中感受到公平正义”① 成为案例指导工作的新定位。类案参考工作作为落实法律面前人人平等的宪法原则、确保司法公正、提高司法公信力乃至强化人权司法保障等的重要举措，被明确提上了人民法院完善司法责任制的议事日程。2014年10月召开的中国共产党第十八届中央委员会第四次全体会议通过的《中共中央关于全面推进依法治国若干重大问题的决定》明确提出：“推进严格司法。坚持以事实为根据、以法律为准绳，健全事实认定符合客观真相、办案结果符合实体公正、办案过程符合程序公正的法律制度。加强和规范司法解释和案例指导，统一法律适用标准。”

依此，《最高人民法院关于新时期进一步加强人民法院审判管理工作的若干意见》（法发〔2014〕8号）中把类案研究与案例指导明确结合起来，提出“要加强类型化案件法律适用的研究分析，完善案例指导工作，建立健全适用法律的规则体系，进一步促进司法尺度的统一和自由裁量权的规范行使”。《最高人民法院关于全面深化人民法院改革的意见——人民

① 此语最早见于习近平：《在首都各界纪念现行宪法公布施行三十周年大会上的讲话》(2012年12月4日)，载《十八大以来重要文献选编》（上），中央文献出版社2014年版，第91页。后为《中共中央关于全面深化改革若干重大问题的决定》《中共中央关于全面推进依法治国若干重大问题的决定》以及党的十九大报告等重要文献所重述。

法院第四个五年改革纲要（2014—2018）》（法发〔2015〕3号）第23条规定："完善法律统一适用机制。完善最高人民法院的审判指导方式，加强司法解释等审判指导方式的规范性、及时性、针对性和有效性。改革和完善指导性案例的筛选、评估和发布机制。健全完善确保人民法院统一适用法律的工作机制。"

一方面，最高人民法院进一步完善案例指导制度。《〈最高人民法院关于案例指导工作的规定〉实施细则》（法〔2015〕130号）第2条规定："指导性案例应当是裁判已经发生法律效力，认定事实清楚，适用法律正确，裁判说理充分，法律效果和社会效果良好，对审理类似案件具有普遍指导意义的案例。"第9条规定："各级人民法院正在审理的案件，在基本案情和法律适用方面，与最高人民法院发布的指导性案例相类似的，应当参照相关指导性案例的裁判要点作出裁判。"第10条规定："各级人民法院审理类似案件参照指导性案例的，应当将指导性案例作为裁判理由引述，但不作为裁判依据引用。"第11条规定："在办理案件过程中，案件承办人员应当查询相关指导性案例。在裁判文书中引述相关指导性案例的，应在裁判理由部分引述指导性案例的编号和裁判要点。""公诉机关、案件当事人及其辩护人、诉讼代理人引述指导性案例作为控（诉）辩理由的，案件承办人员应当在裁判理由中回应是否参照了该指导性案例并说明理由。"对于案例工作中存在的问题，最高人民法院院长周强同志指出："司法案例工作不能适应形势的变化，存在一些问题和不足。比如对案例的法治价值认识不到位；指导案例制度还不够健全，指导案例引用规则还不明确，指导作用尚未充分发挥；对重大案例研究不深，宣传不够；案例工作思维传统、方法陈旧、缺乏资源整合。"① 截至2018年10月，最高人民法院共发布指导性案例18批96件。

另一方面，最高人民法院创设了类案参考工作机制。继《最高人民法院关于完善人民法院司法责任制的若干意见》（法发〔2015〕13号）第8条第2款规定明确提出"类案参考"的要求后，《最高人民法院司法责任制实施意见（试行）》（法发〔2017〕20号）第39条规定："承办法官在审理案件

① 周强：《构建司法案例研究大格局开创司法案例应用新局面》，载《法律适用（司法案例）》2017年第16期。

时，均应依托办案平台、档案系统、中国裁判文书网、法信、智审等，对本院已审结或正在审理的类案和关联案件进行全面检索，制作类案与关联案件检索报告。检索类案与关联案件有困难的，可交由审判管理办公室协同有关审判业务庭室、研究室及信息中心共同研究提出建议。”第40条规定：“经检索类案与关联案件，有下列情形的，承办法官应当按需以下规定办理：（1）拟作出的裁判结果与本院同类生效案件裁判尺度一致的，在合议庭评议中作出说明后即可制作、签署裁判文书；（2）在办理新类型案件中，拟作出的裁判结果将形成新的裁判尺度的，应当提交专业法官会议讨论，由院庭长决定或建议提交审判委员会讨论；（3）拟作出的裁判结果将改变本院同类生效案件裁判尺度的，应当报请庭长召集专业法官会议研究，就相关法律适用问题进行梳理后，呈报院长提交审判委员会讨论；（4）发现本院同类生效案件裁判尺度存在重大差异的，报请庭长研究后通报审判管理办公室，由审判管理办公室配合相关审判业务庭室对法律适用问题进行梳理后，呈报院长提交审判委员会讨论。”依此，承办法官在审理案件时须对类案和关联案件进行比较并分情形处理，对新形成的裁判规则要提交审判委员会、专业法官会议讨论。这项机制是人民法院内部实现类似案件类似处理的重要尝试，也是推进案例指导制度往纵深发展的重要保障。

2017年9月公布的《人民法院组织法（修订草案一次审议稿）》第14条规定：“最高人民法院可以行使下列职权：……（四）对审判工作中具体应用法律问题进行解释、发布指导性案例；……”第37条规定：“最高人民法院对审判工作中具体应用法律问题进行解释、发布指导性案例，应当由审判委员会讨论通过。”2018年6月公布的《人民法院组织法（修订草案二次审议稿）》第18条规定：“最高人民法院对属于审判工作中具体应用法律的问题进行解释。”“最高人民法院可以发布指导性案例，供法官在审判案件时参考。”其修订理由是：“最高人民法院发布典型案例，有利于审判工作中正确适用法律，维护司法公正。宪法和法律委员会经研究，为了进一步明确指导性案例的性质和功能，建议将发布指导性案例单作一款”。① 此外，该稿第36条第2款规定延续了一次审议稿第37条规定。

① 参见全国人民代表大会宪法和法律委员会：《关于〈中华人民共和国人民法院组织法（修订草案）〉修改情况的汇报》（2018年6月19日）。

2018年10月26日完成最新修订的《人民法院组织法》第18条规定："最高人民法院可以对属于审判工作中具体应用法律的问题进行解释。""最高人民法院可以发布指导性案例。"其中的第2款删除了二次审议稿中指导性案例"供法官在审判案件时参考"的表述，这在一定程度上使指导性案例的"效力"趋于模糊。同法第37条第2款规定："最高人民法院对属于审判工作中具体应用法律的问题进行解释，应当由审判委员会全体会议讨论通过；发布指导性案例，可以由审判委员会专业委员会会议讨论通过。"该款规定将同法第18条第1~2款规定的最高人民法院的两项职能，分别授予其审判委员会全体会议和审判委员会专业委员会会议，即司法解释"应当"由前者讨论通过，指导性案例"可以"由后者讨论通过。一方面，排除最高人民法院审判委员会专业委员会会议讨论通过司法解释；另一方面，由于两个会议之间系前者派生后者的关系，① 故不排除实践中后者认为需要将指导性案例提交前者讨论通过的可能，如涉及跨不同专业领域的案例等，后者仍可在讨论后决定提交前者讨论通过。

2018年12月5日最高人民法院印发《关于进一步全面落实司法责任制的实施意见》（法发〔2018〕23号）把类案参考等工作作为健全完善法律统一适用机制的重要举措，明确提出建立类案及关联案件强制检索机制。其第9条规定："健全完善法律统一适用机制。各级人民法院应当在完善类案参考、裁判指引等工作机制基础上，建立类案及关联案件强制检索机制，确保类案裁判标准统一、法律适用统一。存在法律适用争议或者'类案不同判'可能的案件，承办法官应当制作关联案件和类案检索报告，并在合议庭评议或者专业法官会议讨论时说明。"其中的"强制"，似系赋予法官在裁判活动中须参考类案以及检索关联案件的司法义务。此实为对法官裁判模式的重新打造，系以近年来最高人民法院力推的全面司法公开作为背景，配之以强大的裁判资料信息系统给予技术上的支持。判

① 《全国人民代表大会宪法和法律委员会关于〈中华人民共和国人民法院组织法（修订草案）〉审议结果的报告》（2018年10月22日）中指出："经了解，专业委员会是审判委员会委员按照专业和工作分工组成的，不是一个新机构，实际上是审判委员会的一种工作方式，讨论决定的事项都是审判委员会的决定。"

未成年子女利益视角下探望权法律适用分析

——以浙江法院裁判案例为样本*

张元华** 李 勃*** 王晶晶****

现阶段，我国离婚率处于上升趋势。据统计，2017年依法办理离婚手续的共有437.4万对，比上年增长5.2%。其中，民政部门登记离婚370.4万对，法院判决、调解离婚66.9万对，离婚率为3.2‰，比上年增加0.2个千分点。2007～2016年间，全国离婚配偶累计达3062.8万对，累计增长率为98.1%。① 父母选择解除婚姻关系的背后，往往隐藏着未成年子女留守破裂家庭、缺失完整父母之爱的痛楚。可以说，与以往任何时代相比，这是一个婚姻流转相对快、家庭稳定变数大的时

* 本文为中国法学会2017年度部级法学研究课题“法院内部治理现代化研究”[CLS（2017）D17]阶段性研究成果。

** 浙江省温州市中级人民法院法官、区域可持续发展法治研究中心兼职研究员、法学博士。

*** 吴越社会工作事务所副秘书长、温州大学硕士研究生。

**** 吴越社会工作事务所副部长。

① 《2016年中国离婚率突破3‰ 结婚人数三连降》，参见https：//www.toutiao.com/i6450349196489785870/，访问时间：2018年3月10日。

代，同时，也是未成年子女承受更多分离变化、健康成长问题高发的时代，未成年子女利益如何保护成了我国当前社会的一个焦点问题。我国现行《婚姻法》确立了探望权制度，探望权纠纷相继进入司法审判。然纵观与探望权相关的制度规范①及司法实践，均以“父母本位”“父母权利”构建系列制度规范与裁判结果，一定程度上忽视了未成年子女利益。具体而言，一方面，未成年子女并非是婚姻关系破裂的当事人，心智尚不成熟、不擅表达，家事法官不注重且常常忽视未成年子女意愿的表达，缺乏对其意愿的考量；另一方面，法院对未成年子女利益因素的考量、采纳，或多或少存在指向不明晰、标准不统一的问题。那在探望权行使过程中，未成年子女的意愿到底应该得到何种程度的尊重和实现？裁判文书中对未成年子女利益的考量如何尽到司法应有的关怀和正义，体现出法律温度？从立法到用法、倡法的各个环节，如何保障未成年子女的最大利益，呵护未成年子女健康成长？基于此，本文以未成年子女利益为切入视角，以浙江法院判决为研究样本，展开对未成年子女探望权实现的审判现状调查，尝试提出对未成年子女利益最大化等原则的应用建议。

一、未成年子女利益视角与探望权内涵适用辨析

综观国内外相关法律规定，涉探望权内容的名称并不一致。德国法与瑞士法称之为“交往权”，日本则称为“面接交涉权”，我国台湾地区称之为“全面交往权”，② 我国《婚姻法》则以“探望权”冠名，并规定在其第38条。虽说各国就此称谓存在不同，但所依据的视角、原则、理念却有共同之处。

（一）视角基础：未成年子女利益最大化原则

未成年子女利益视角，即为“儿童利益最大化”原则视角，其源于英国普通法。18世纪，严苛的“家父制”主导当时英国的婚姻、家庭生活，

---

① 除《婚姻法》之外，《最高人民法院关于适用〈中华人民共和国婚姻法〉若干问题的解释（一）》对探望权进行了补充，但总体而言，探望权制度仍显粗略。

② 参见戴东雄：《会面交往之内容与请求会面交往之主体》，载台湾地区《月旦法学教室》2015年第157期。

心理学家、社会学家等均发现此制度引起对未成年子女不利的弊端。① 基于解决弊端的考虑，英国法院尝试以一种新方法决定监护权的归属，即对儿童利益进行衡量，以衡量结果确定归属。19 世纪，英国法院依据国家亲权理论，引申出儿童利益最大化原则，并广泛适用于涉儿童的婚姻家庭案件之中。② 1959 年，《联合国儿童权利宣言》将“儿童利益最大化”原则规定在第2条，③ 此后被若干国际公约和区域条款所援引。④ 真正意义上将“儿童利益最大化”原则予以最终确定，是在 1989 年《联合国儿童权利公约》，其第 3 条明确规定：“关于儿童的一切行动，不论是由公私福利机构、法院行政当局或立法机构执行，均应以儿童的最大利益为一种首要考虑。”可见，在家庭关系中，以未成年子女最大利益为原则，正是履行国际条约和国际义务的应有之义。⑤ 我国也于 1992 年加入该公约，并颁布了《未成年人保护法》。

虽说“儿童利益最大化”原则受到普遍认同，⑥ 然自始至终均未产生统一的定义或内涵。一方面，“儿童利益最大化”原则是一个大范围概念，可容纳多方面的内容；另一方面，不同国家有不同的文化背景、实际情况，对其内涵的界定，同样需要视情而定。因此，不乏有学者以该原则的

---

① 从自然科学角度而言，大量生理学家、心理学家发现处于低龄期的儿童更适于在母亲身边抚养；从社会科学角度而言，“家父制”所强调父权优先原则，常常让未成年子女处于不恰当甚至恶劣的生活环境。

② See Julia H. Mclaughlin, The Foundamental Truth About Best Interests, Saint Touis University School of Law . vol. 54 : 113. 123 (2009) .

③ 《联合国儿童权利宣言》第 2 条规定，儿童应受到特别保护。并应通过法律和其他方面获得各种机会和便利，使其能在健康而正常的状态和自由与尊严的条件下，得到身体、心智、道德、精神和社会等方面的房展。在为此目的而制定法律时，应以儿童最大利益为首要考虑。

④ 例如 1979 年《联合国消除对妇女一切形式歧视公约》第 5 条、1987 年《非洲儿童权利和福利宪章》第 4 条等。

⑤ 夏吟兰：《民法分则婚姻家庭编立法研究》，载《中国法学》2017 年第 3 期。

⑥ 迄今为止，除美国和索马里外，已有 193 个国家（地区）加入《联合国儿童权利公约》，该公约成为拥有最多缔约国的国际性文件。各个国家抑或直接援引，抑或转化为境内法，以此解决涉未成年子女的问题。

不确定性、难以统一而质疑、辩驳其存在的必要。① 但这并不能代表“儿童利益最大化”原则没有任何普适意义，更不能由此否认其背后所蕴含的价值。该原则至少在以下几个方面基本达致共识，形成主流观点：其一，对于涉未成年子女利益纠纷的处置，应时刻以保障其利益为本位，虽各国具体情况不同，但原则指向的目的与宗旨一致；其二，明确未成年子女的独立法律地位，并不能将涉未成年子女问题与家庭、婚姻纠纷混同，并视为附属部分进行处置；其三，未成年子女属弱势群体，相关规范与司法处置应灵活运用倾斜保护，以实现实质公正；其四，未成年子女意愿虽心智不成熟，但司法处置同样需要尊重甚或充分考虑与其智力相适应的所思所想。

（二）探望权之内涵探究与法律适用

1. 探望权之内涵探究

探望权的理论基础源于“儿童利益最大化”原则，是基于未成年子女利益而设计的职责性权利。因此，各国对于探望权内涵的界定同样如“儿童利益最大化”原则般，视具体情况而略有不同。同理，“儿童利益最大化”原则是具有通说、共识的，由此衍生的探望权概念同样具有通说性的含义内容：其一，探望权是基于亲情产生的职责性权利。离婚可以使父母之间婚姻关系解除，但是这并不会解除父母与子女间的关系，这是各国通说，如《法国民法典》第 287 条即是如此（以亲权概念为核心）。② 其二，探望权应以未成年子女利益作为本位。基于未成年子女利益最大化视角，探望权内涵形成一种主流趋势，即由父母支配权逐步向子女保护权转变、由单纯父母权利逐步向权利与义务统一转变、由父母立场主导逐步向未成

① R. 慕诺基教授认为，未成年子女利益最大化原则具不确定性，而不确定性就会导致家庭和国家之间的责任分配不合理，这样的分配方式有很大的可能削弱父母的权利，又很难精准定位或预测对未成年子女子女的影响。See R. H. Mnookin, Child – Custody Adjudication: Judicial Functions in the Face of Indeterminacy, (1975) 39 Law and Contemporary Problems, p. 226.

② 《法国民法典》第 287 条规定，亲权由父母双方共同行使，在双方不能协商一致时，或者法官认为达成的协议有违于子女利益时，法官得指定由子女在其处惯常居住的父（母）单方行使亲权。参见任学强：《论探望权中未成年子女的权利保障》，载《天中学刊》2010 年第 1 期。

年利益考虑转变，作为探望权研究的典范，《瑞典亲子法》《德国民法典》均如此规定。① 其三，探望权行使需符合未成年子女利益的要求。例如，探望权处置过程中充分尊重未成年子女意愿，探望权实现方式多元化等。② 绝大多数国家加入《联合国儿童权利公约》，即意味着普遍接受“儿童利益最大化”原则，此即为其内涵延伸与时代要求，同时也是其最核心的内容。无论在实体、程序上，还是适用手段、预期效果上，各国均应从真正意义上考虑未成年子女利益，只是实际操作不一，出现少许误差，部分国家未意识到此点，或忽视此点，或难以实现此点。

2. 探望权之法律适用

虽说我国以监护权为核心，明确婚姻关系结束并不意味亲子关系终结，但对于探望权内涵通说概述的其二、其三内容的认识存在误差，至少从国内涉探望权的规范性文件中可以窥见。具体而言，笔者以“探望”“探望权”为关键词，检索“北大法宝法律库”“中国法院网”“法律图书馆”获取相关规范文本，有涉未成年子女探望权的可以说寥寥无几。其中，以《婚姻法》第 38 条、《最高人民法院关于适用〈中华人民共和国婚姻法〉若干问题的解释（一）》第 24 条、第 25 条、第 26 条、第 32 条，以及 2015 年《最高人民法院关于当前民事审判工作中的若干具体问题》、2016 年《第八次全国法院民事商事审判工作会议（民事部分）纪要》中涉探望权内容为主，共同构建了现阶段我国未成年子女探望权规范的适用体系。纵观主要规范文本，就未成年子女利益本位而言，探望权规范设定多以父母权利为主导构建法律关系，并开始尝试向未成年子女利益本位转变，如前述《最高人民法院关于当前民事审判工作中的若干具体问题》第 2 条规定。就未成年子女利益的具体要求而言，虽已逐步认识到“儿童利

---

① 《瑞典亲子法》第六章第 15 条规定，探望权主体是子女，因此，实现探望权的问题应以“子女利益”为本位。赵敏、余荣红：《应明确子女为探望权的权利主体——兼评我国探望权制度的立法宗旨》，载《前沿》2005 第 5 期。《德国民法典》为强调“子女利益”本位，在将探望权视为父母义务、权利的同时，还将父母与子女的交往的义务放在首位，而交往权利放在次位。余思璇：《关于子女作为探望权权利主体的探讨》，载《华商》2008 第 12 期。

② 景春兰、殷昭仙：《探望权及其主体扩展的立法思考——以“儿童最大利益”原则为视角》，载《法学杂志》2011 第 5 期。

益最大化”原则在探望权领域的延伸意义，但规定依旧过于粗糙，该第2条规定仅简单提及“健康成长、人格塑造”等抽象性词汇，对于具体如何实现，则缺乏细化的阐述。

二、探望权审判现状分析——以浙江法院相关案例为样本

作为全国法院公布裁判文书的统一平台，中国裁判文书网公布的裁判文书对于研究我国法院审判现状具重要意义。截至2018年9月5日，笔者以“探望权”为关键词在中国裁判文书网上进行搜索，共得出24131个结果，其中，浙江涉探望权裁判文书共1957份。本文对该1957份裁判文书进行数据有效性筛选，以“探望权”是否为裁判文书的具体涉案和审查对象为标准，删除重复案件和关联度低案件（如财产纠纷、合同债权纠纷等）后，共选出1590份裁判文书作为研究样本，以此展开对涉探望权案件法律适用状况的探析。

在涉探望权的1590份裁判文书中，案件主要案由分别为离婚纠纷、抚养（费）关系纠纷、监护纠纷和探望权纠纷（见图1），其中离婚纠纷、抚养（费）纠纷和监护纠纷的裁判文书对涉探望权内容表述相似，即判决主文表述格式化，基本上一笔带过——“但/当然××对×××有探望的权利，×负有协助的义务”，此外再无过多表述。因此，欲深入探析涉探望权纠纷的司法裁判现状，唯以探望权案件为重点对象才具深刻探析价值。为此，笔者以约占20%的318份探望权案件作为重点样本进行分析。

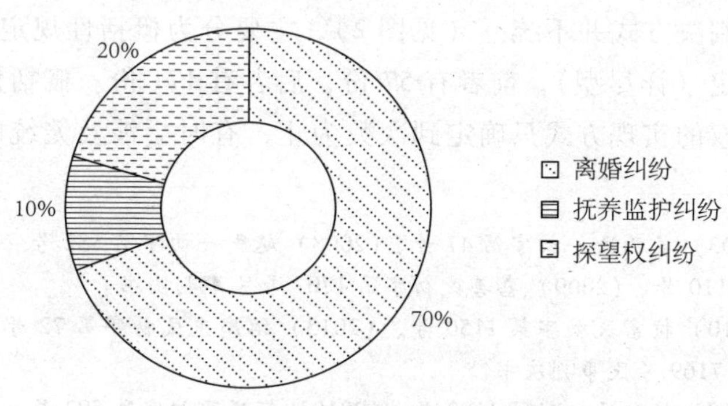

图1 研究样本案件的种类构成图

（一）裁判文书对于未成年子女利益的表述

虽然我国没有对未成年子女利益最大化是否是实现探望权的基本原则作出法律规定，但未成年子女利益一直是法院判决未成年探望权中的考虑因素。在所有样本文书的判决理由中，都有涉及对于未成年子女利益因素或原则的表述，虽说各法院在具体判决中表述略有差异，但表述的含义具有共性或类似之处，即判决主文均以“从有利于孩子身心健康角度”作为对于未成年子女利益原则性的表述。具体而言，在2010年以前，法院判决书对未成年子女利益的表述基本为“有利于子女身心健康”。① 此后，文书表达从“身心健康”进一步细化表述为“不影响（有利于）子女的正常生活和学习”，②“从有利于子女的身心健康、生活安定出发，以不影响小孩及其家人的正常生活为前提”等。③ 由此可见，法院在处置涉探望权纠纷时，对未成年子女利益原则有所关注，并将未成年子女利益理解为利于孩子的“身心健康发展”，即情感上交流爱护的需要（父母双方共同的关爱）和生活发展的需要（正常的学习、生活下良好的成长环境）。从“儿童利益最大化”视角而言（不仅包括上文所述的共识性的基本观点，还要囊括因具体情况不同的内容），如此表述略显简单、粗糙，存在为了表述而表述之嫌疑。

（二）裁判方式与内容对未成年子女利益的考量

1. 研究两种判决方式：概括性规定与具体性规定

在318份探望权纠纷裁判文书中，一审裁判文书287份（其中判决书228份），二审裁判文书31份。经细致研究228份一审判决书发现，法院对探望权的判决方式并不统一（见图2），主要分为概括性规定（笼统型）和具体性规定（详尽型），前者有57份，后者有171份。概括性规定是指法院对探望权的实现方式只确定到次数为止，有时会涉及笼统的时间，如

---

① 参见（2003）善西民一初字第47号、（2008）越民一初字第532号、（2009）杭淳民初字第110号、（2009）嘉善民初字第1707号民事判决书。

② 参见（2010）杭富民初字第1150号、（2013）绍虞东民初字第72号、（2016）浙1004民初7169号民事判决书。

③ 参见（2010）杭江民初字第1102号、（2010）丽遂民初字第592号、（2013）杭拱民初字第1296号、（2015）甬镇民初字第1527号民事判决书。

“判决原告××从本判决生效之日起每月可探望婚生女一次，被告×应予以协助，并提供便利”或“原告××于每月的第一周、第三周的周六至周日有权探视其子×××”。① 具体性规定是指法院对探望权的实现方式具体规定到次数、时间（几点钟）、地点和探望方式，如“判决原告××于每月第一个、第三个星期的星期六上午10时到被告×处接回婚生子×××，并于当日下午4时把×××送回被告×处，该项权利的行使时间自××年××月开始。对于原告×××行使探望权，被告予以协助”。②

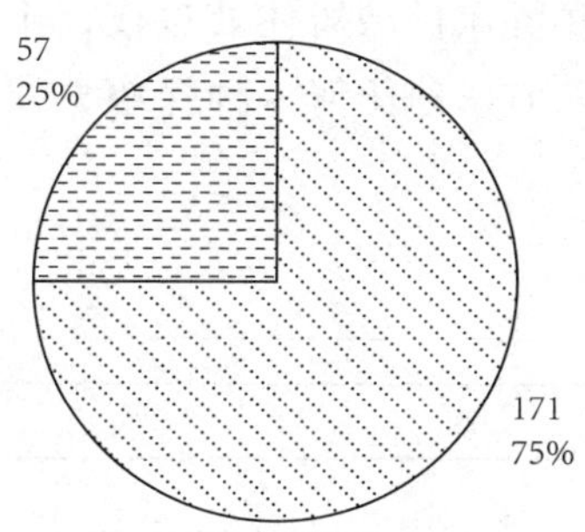

具体性规定 概括性规定

图2 一审探望权纠纷判决方式统计图

由此可见，法院判决探望权案件时，存在两种相反观点：一种观点认为，对探望权案件的裁判应当附加细致的限制性、具体性内容，包括次数、时间、地点等因素都应巨细无遗，只有判决表述足够明确，才能最大程度地减少分歧，且在判决文书生效后具有实际操作的强制性；另一观点与此相反，认为实际生活存不同情况，有太多不确定因素，法院不能在狭隘的假设中针对探望方式作出死板的限制。因为包括但不限于生活居住地、生活作息等因素均容易发生变化，探望权应当有自由协商、灵活变通的空间，以保障未成年子女利益。即前者观点明确内容，但不够灵活；后者赋予灵活变通的空间，但容易导致判决内容被架空。

---

① 参见（2016）浙0483民初02742号判决书。

② 参见（2015）甬镇民初字第1527号判决书。

2. 深挖具体性规定样本：四种探望方式

笔者对 171 份作出具体性规定的一审判决文书进行分类统计（见图 3），发现以具体性规定的判决方式判决探望权时（寒暑假及节假日暂不做统计），在探望方式上有所区分，主要有看望式（13 份）、带离式（72 份）、逗留式（79 份）和随意式（7 份）四种方式。看望式是限制最大的一种探望方式，指在不改变孩子生活场所的情况下，探望方到到孩子住所、所在学校或其他指定地点探望孩子；带离式是探望方可以在一定时间内把孩子带离住所，但必须当天把孩子送回抚养方处；逗留式是指探望方有权将孩子带离原住所并留在自己居住处过夜，于次日或几天后将孩子送回抚养方；随意式是采取前三种任何一种探望方式都可，由当事人根据实际情况选择。

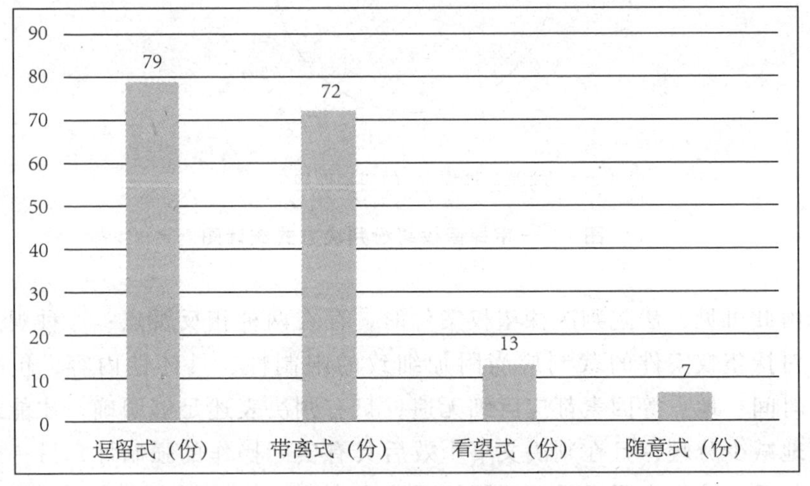

图 3　具体性规定的探望方式统计图

从判决理由来看，法院在作出不同的探望方式判决时，主要考虑未成年子女的年龄、身体状况、与父母之间的情感状况、未直接抚养方的住房条件，以及是否影响孩子生活环境等因素。具体而言：

其一，法院判决看望式探望时，对未成年子女利益的考虑主要有三种情况：一是未成年子女年龄太小，不宜更换环境居住（尤其是处于哺乳期的婴儿），对生活环境依赖程度高，不适合离开居住地或在其他地方过夜；二是未直接抚养方与未成年子女缺乏情感沟通，暂时不宜带离式或逗留式探望，需等心理经过调适，彼此亲密度增加后再做变更；三是未成年子女的身体状况不宜其他探望方式，如体质虚弱，在其他地方住宿不利于其健康成长。

其二，对于离婚夫妻之间住所的路途遥远这个因素，法院的通常做法是将其作为逗留式或带离式的考虑因素。在路途遥远的情况下，一天时间内来回奔波于遥远的两地，不仅会减少实际探望时间，而且会让未成年子女劳累，有悖于未成年子女利益，所以路途遥远是逗留式的考虑因素之一。

其三，在带离式和逗留式的选择之中，法院还会考虑行使探望权一方的住所条件，比如探望一方在租房居住的生活条件下，如果没有足够的空间和适宜孩子居住的环境，法院就会判决行使探望权的方式为看望式或者带离式，这其实考虑到探望权主体的收入与生活条件。

其四，在判决探望权行使方式时，法院同时考虑探望方式行使是否会影响抚养方和孩子现有家庭的和睦，如果上门看望并停留会引起大人之间的尴尬局面或产生家庭成员的意见和矛盾，法院就会避开看望式的判决。通常而言，未直接抚养方渴望有更多的时间和空间与孩子相处，往往争取逗留式或看望式。在这一点上，法院判决表现得较为谨慎，一般不会作出看望式的判决。

3. 细化探望权行使的次数和时间

未成年子女的日常学习生活,① 教育与管理需要,② 生活状态和作息规律,③ 以及父母住所间的路途远近,④ 都是判决探望权次数、时间的主要考虑因素。未成年子女基本上是学龄儿童，周一至周五需在校学习；部分孩子周末仍需去辅导班参加补习。为了不影响孩子的学习教育，在判决涉在校读书未成年子女的纠纷时，往往将探望时间确定在双休日。若孩子

① 参见（2016）浙1004民初7169号、（2016）浙1081民初176号等民事判决书。
② 参见（2016）浙0326民初4774号、（2015）杭江民初字第1713号等民事判决书。
③ 参见（2016）浙0105民初2934号、（2013）杭拱民初字第1296号等民事判决书。
④ 参见（2013）绍民初字第88号、（2010）杭江民初字第1102号等民事判决书。

双休日需要补习，父母行使探望权时需要为此让步，以确定闲暇时间（如周末晚上）为探望时间。

此外，大多数法院判决探望次数和时间时，会考虑未成年子女生活状态和作息规律的因素。一方面，未成年子女自我调整能力、适应环境能力较弱，对周围的人依赖程度较高，故法院基本不支持频繁变更探望次数，支持探望时间与探望次数的稳定性；另一方面，出于长时间探望会影响未成年子女作息考虑，法院判决的探望时间并不会太长，往往只是几小时或几个时间段，逗留式的会稍微延长。

再者，大多数法院还会考虑探望的实际操作性。如果父母双方住所相距甚远，则会适当延长一次探望的时间，这是在算上路途时间的情况下保障孩子和另一方父或母之间的亲权利益和情感交流的需要。

综合来看，法院以判决一个月两次的探望权为主，探望具体时间常常安排在白天，且两次探望会有所间隔，例如判决常见于“原告可于每月的第一个、第三个星期六上午×时到下午×时行使每月两次的探望权”；① 少数情况下，法院会判决一个月一次的探望权，② 视具体情况而定。可见，对于探望权探望次数、时间的平日判决（不包括寒暑假及节假日），在保障孩子学习利益、家庭管理和正常生活角度上，法院判决对未成年子女利益的考量占据一定比例，但对于寒暑假及节假日的探望权行使，则没有像平日判决那样关注，要么只规定天数，如“寒暑假连续探望二周/一周”或十几天，③ 要么笼统地判决“参照上述（平日）执行”，④ 要么直接判决“法定节假日及寒暑假不再另行规定/自行调整”。⑤

---

① 例如：（2015）甬镇民初字第1527号民事判决书载明：“原告于每月第一个、第三个星期的星期六上午10时到被告处接回李某乙，并于当日下午4时把儿子送回被告处。”（2016）浙1082民初4751号民事判决书载明：“原告郑某甲自本判决生效之日起，于每月的第二周、第四周的星期六上午9时，至被告马某处接走儿子郑某乙行使探望权，当日下午16时将儿子郑某乙送回被告马某处，被告马某应予以协助。”

② 例如：（2016）浙0382民初6509号民事判决书载明：“原告周某从本判决生效之日起每月可探望婚生女李某乙一次，被告李某甲应予以协助，并提供便利。”

③ 参见（2013）甬象民初字第1651号、（2012）嘉善民初字第2461号民事判决书。

④ 参见（2016）浙0204民初1584号、（2016）浙0204民初2789号民事判决书。

⑤ 参见（2016）浙0402民初4261号、（2015）浙0502民初第3005号民事判决书。

4. 区分探望权所涉之无关因素与证明因素

除上文提及的法院判决时出于未成年子女利益考虑应予以采纳的因素外，笔者还发现法院对于无关因素与证明因素的适用（见表1）。无关因素，指与探望权本身并无直接关联的因素，即裁判时无论事实是否成立，均不予考虑的因素。根据样本，法院对于抚养费的纠纷、户籍迁移以及父母间的矛盾，不予考虑，认为此类因素与探望权纠纷具体如何执行不具关联，并分别给予理由：其一，抚养费纠纷与探望权纠纷不属于同一法律关系，故不予考虑；① 其二，对于户籍迁移，一方要求变更探望时间、方式，由于并不影响原先探望权的具体行使，理由不能成立；② 其三，对于原被告（父、母）之间存在难以调和的矛盾，法院认为，父母感情与父母子女感情不能混同，前者感情难以调和，不能直接得出父母与子女感情不和的论断，两者并没有因果关系。③

表1　未成年子女利益考虑因素采信对比表

考虑因素	不予考虑因素	证据不足不予采信
√不影响未成年子女正常学习和生活 √不影响一方现有家庭和睦 √过多探望不利于未成年子女成长 √岁数过小不利于更换居住环境 √抚养方的教育和管理 √父母居住地的间距 √父母住房等生活条件 √父母职业、工作 √未成年子女的学习安排 √父母探望权重视程度或之前行使探望权的情况 √未成年子女身体状况	×不出抚养费，未尽到抚养责任 ×迁移户籍至外地 ×父母双方之间的矛盾	？恶习（赌博、抽烟、酗酒等） ？不负责任、不考虑安全问题 ？探望期间教育不当 ？脾气、性格不利于小孩健康成长 ？探望方的家庭环境不好

① 参见（2016）浙0191民初732号、（2012）嘉平民初字第834号民事判决书。

② 参见（2016）浙09民终328号、（2013）甬镇民初字第1020号民事判决书。

③ 参见（2014）甬镇骆民初字第36号、（2009）杭淳民初字第110号民事判决书。

至于证明因素，指法院判决中需要当事人充分证明该事实成立，法院才可能予以考虑的因素。否则即使可能真的危及未成年子女利益，也不予采信，如（2010）杭富民初字第1150号和（2010）衢江民初字第788号民事判决书等。整理样本案例，法院对于不利于未成年子女利益的证明因素具体包括：恶习（赌博、抽烟、酗酒等）、[①] 不负责任与不考虑安全问题、[②] 探望期间教育不当、[③] 脾气和性格不利小孩健康成长、[④] 探望方家庭环境问题[⑤]等。在31份二审裁判文书中，有23份被驳回诉讼请求，上诉人请求变更探望权行使方式、次数或主张中止探望权，基本因为属于不予考虑的因素或证据不足被驳回，胜诉的可能性非常之小。[⑥]

（三）裁判文书考虑未成年子女意愿的比重

离婚双方当事人更多关注彼此间的权利义务，在探望权方面对未成年子女的利益关注不多，居中裁判的法官难免也忽视了“孩子意愿”。[⑦] 在当事人诉讼主义下，法院的裁量权局限于当事人诉求，判决探望权时的指导思想也往往是定分止争，只要当事人双方能平息纠纷就好，更多的是维护父或母一方的合法探望权。自然而然，法院在判决探望权时，虽会问及未成年的意愿是什么，但对于具体怎么样行使却不够细致，例如未成年子女是否愿意被父或母探望、喜欢什么样的具体探望方式、是否希望探望祖父母或兄弟姐妹等重要关系人等。在有关探望权的裁判文书中，离婚等其他案件的判决理由并不会考虑、阐述未成年子女的意愿，只是给出了判决确

---

① 参见（2016）浙01民终2501号、（2008）越民一初字第3942号民事判决书。

② 参见（2016）浙0204民初541号、（2016）浙0225民初4299号民事判决书。

③ 参见（2010）舟定民初字第472号民事判决书。

④ 参见（2016）浙0122民初1905号民事判决书。

⑤ 参见（2008）越民一初字第3942号民事判决书。

⑥ 例如：（2016）浙01民终1027号民事判决书认定：“现上诉人以孩子学习课业活动增多以及被上诉人个人情况及其家庭关系对孩子成长不利为由，主张上述每月两次的探望权存有不当，于法无据亦无有效证据予以印证，故本院对其上诉理由均不予采信。”（2016）浙01民终2501号民事判决书认定：“上诉人曹某以陆某有抽烟、酗酒恶习、可能将孩子置于不健康场所、不关系孩子等角度，要求法院判决以不带离的方式探望，既无事实依据，也无法律依据，本院依法不予采信。”

⑦ 胡明玉：《离婚诉讼中的妇女儿童权益保障——以海南省基层法院审结离婚案件对对象》，载《中国统计》2016第7期。

权或实现方式的结果，只有少部分探望权案件予以考虑，并在裁判中说明。在318份探望权纠纷案件裁判文书中，仅有11份在裁判理由或主文中明确提及、阐述儿童意愿情况。换言之，在318份探望权纠纷案件裁判文书中法院考虑到孩子意愿只占3.5%，占涉探望权纠纷案整体（以1590份为总样本）的0.69%。可见，未成年子女意愿在判决中是被漠视的，甚至成为未成年探望权的一个可有可无的判决依据，重视度和参考度非常低。

就涉未成年子女意愿的11份裁判文书而言，笔者根据实证做两点补充：其一，通常而言，未成年子女意愿往往仅是法院最后判决探望权实现方式（如探望次数、时间和方式等）的参考依据，① 如（2015）浙金民终字第1883号民事判决书，即法院参考“孩子不乐意接受父母探望的意愿”，以通过减少探望次数、探望时间让孩子逐渐接受探望方式，以维系亲情。当然，这样的前提是探望方不能做出不利于孩子的根本利益的行为。其二，虽说未成年子女意愿可成为法院判决的参考依据，但并非属于“一票否决”父母探望子女的理由。如在（2010）台仙民初字728号民事判决书中，“女儿虽然表示不愿接受探望，但并不能说明原告行使探望权不利于其身心健康，故不能因此而直接否定父母的探望权利”。其三，虽说未成年子女意愿难以成为“一票否决”父母探望权的事由，但在具体执行中却又可能会成为终结执行的决定原因。在（2015）杭桐执民字第2153号、（2015）杭上执民字第993-1号裁判文书中，由于法院判决在很大程度上违背未成年子女意愿，孩子在具体执行过程中以“故意”行为，严重阻挠探望方进行具体的探望行为，探望权行使面临障碍，法院不得不终结执行②或撤回执行申请③。

三、归纳样本数据：提出问题并思量对策

在离婚率逐年上升的当下，未成年子女利益或成长越来越受重视，法院对探望权的裁判被赋予了时代更高的要求，因此，就上文实证研究数据

① 参见（2012）杭江民初字第1003号、（2012）绍越民初字第711号、（2015）台临民初字第3322号和（2015）杭下民初字第477号民事判决书。

② 参见（2015）杭桐执民字第2153号执行裁定书。

③ 参见（2015）杭上执民字第993-1号执行裁定书。

来看，笔者至少得出两个层面的辩证观点：其一，虽说法院在审判中将“孩子利益”作为考量因素，但依旧存在某些问题；其二，虽说存在某些问题，但部分法院的裁判又给予了对策性的启示，并且相较理论上得出的对策而言更具实践操作，因为其本来就来源于实践，是对实践的归纳。

（一）提出问题

整理上述实证研究数据以及客观分析，发现涉探望权裁判存在以下问题：

问题一：就上文“（一）判决文书对于未成年子女利益的表述”而言，法院对于未成年子女利益最大化的表述过于粗糙，原因主要有二：一方面，规范性文件并未明确未成年子女利益最大化原则与其具体内容；另一方面，法官未能彻底理解未成年子女利益最大化原则，并存在没有真正落实到位的嫌疑。

问题二：就上文“（二）1. 研究两种判决方式：概括性规定与具体性规定”而言，裁判文书存在两种相反的观点，概括性规定简短、灵活，而具体性规定详细、明确。但正如上文所言，两种兼具优势与劣势，很难分清何种方式更优。由此可见，在处置涉探望权纠纷的问题上，法院系统内部对于该类案件的宏观标准没有统一。

问题三：就上文“（二）2. 深挖具体性规定样本：四种探望方式”而言，法院根据具体情况作出不同探望方式的裁判值得推荐，也理当如此“灵活”适用。然而，这样的适用从另一个侧面又体现出现有审判的局限。所有的样本案例对于探望方式的裁判仅限于上述四种方式，这与现阶段现代信息技术高速发展极不匹配，如社交应用软件的视频聊天技术，就可以成为一种新的探望方式。

问题四：就上文“（二）3. 细化探望权行使的次数和时间”而言，法院对未成年子女利益是有考虑的，但这样的考虑集中在对“平日”的考虑，而忽略了寒暑假节这个时间段的特殊性。在笔者看来，“寒暑假节”与“平日”的探望应该有所区分。

问题五：就上文“（二）4. 区分探望权所涉之无关因素与证明因素”而言，综观样本数据，司法审判对于无关因素与证明因素的论证与适用相对妥当。但是，无关因素与证明因素在具体适用时，多数情况以个案形式出现，如果没有原则性、系统性的引导，同样存在无关因素与证明因素异化的可能性，因为这相当于赋予法官极大的自由裁量权，难以规范与把控。

问题六：就上文“（三）裁决文书考虑未成年子女意愿的比重”而言，基于探望权审判引发的问题较明显。即传统审判对探望权案件（包括因离婚纠纷等引发的涉探望权案件）依旧以“父母利益”为本位，在整个涉探望权的1590份裁判文书中，考虑未成年子女意愿的仅占0.69%，儿童并不具有真正意义独立的法律地位，仅作为解决父母问题的附属事项进行解决。

（二）对策启示

对策针对问题，也针对审判优化而言。从数据整理到问题归纳，对策的启示蕴含在理论阐述中，同时蕴含在实践适用中。综合上述几个问题，对策的启示即是对问题解决的启示（与解决问题的答案相区分），按照问题提出顺序，具体如下：

1. 裁判应当确立未成年子女利益最大化的基本原则

诉讼的主要目的是确保儿童的安全和幸福，探视也应该符合儿童的最大利益。① 探望权设定在未成年子女利益最大化原则范围内，也应当秉持该原则精神，何况我国在1992年已加入《联合国儿童权利公约》。无论在名义上，还是实际的需求，未成年子女利益最大化原则在探望权中都应当确立，也可以确立（即必要性与可行性）。一方面，未成年子女利益最大化原则的确立，可以使涉探望权法律规范文件形成系统体系；另一方面，可以统帅对于探望权的具体判决与自由裁量，让规范与实践都在原则规定的合理范围内运作。在此基础上尚需明确原则的内容。正如上文所述，未成年子女利益最大化原则视具体情况而不同，但有共识之处。由此可见，未成年子女利益最大化原则的应有之义同样如此，即以共识为基础，根据我国传统、习惯、伦理等要素做出具体调整，以适用司法实践，方具有可操作性。

2. 裁判应当兼具探望之确定性与灵活性的内容

探望权应当如何行使，既涉及父母的便利程度，更应与未成年子女的生活、成长相匹配。就探望方式与内容而言（即问题二、问题三、问题

---

① Rachel Turetsky. Prohibiting Child - Parent Visitation after Parental Rights Are Terminated by Trial in New York: A Denial of Parental Due Process [J]. Cardozo L. Rev, 2017, 38: pp. 2233 ~ 2272.

四)，法院判决应当兼顾灵活与确定的探望方式、探望内容，裁判文书并存具体性规定与概括性规定。换言之，即确定下的灵活。尽可能确定的表述，但是探望的方式与方法又尽可能灵活，应满足不同的情况。具体而言，就问题三，现代信息技术就为灵活探望方式提供了可能，如巧妙应用微信、QQ视频技术以便利父母与子女间亲情的联系，此为其一；其二，就问题四而言，灵活与确定的含义，又包括对于探望次数、探望时间与探望地点的规定。这就演变为一个“原则”+“例外（或可称特殊）”的问题。就原则而言，裁判文书可以尽可能明确，以确定内容；就例外而言，又要存在适用、应对特殊情况的出现的规定。换言之，裁判文书可以具体明确探望次数、探望时间，但也应当允许“例外情况”引起的探望方式变动。当然，例外情况众多，裁判文书不能全数罗列所有情形，故涉及具体情况。裁判文书对“例外”的规定仅限“兜底式”“概括式”的规定，有学者会质疑，这样的“兜底式”规定能否解决问题。确实，单以“兜底式”规定确定难以解决很多问题，但如果将“未成年子女利益最大化”原则明确为前提的话，“兜底式”规定又几乎可以解决所有问题。

3. 裁判可以参照“未成年子女利益考虑因素采信对比表”统一标准

纵观问题一到问题五，一直存在一个隐含的问题，即司法实践在处置涉探望权纠纷时，并没有统一的标准，这样的裁判很大程度上依赖法官的主观评价与认知，并且容易造成法官对部分考虑因素的遗漏。因此，上文附件“考虑因素的采信情况表”就体现了其重要意义，即以实证研究方式，归纳涉探望权“采信因素/考虑因素”“无关因素”“证明因素”，并以价值、理论、应用等方式验证所有归纳因素的合理性，并形成最终合理可适用的“考虑因素采信情况表”，以此统一标准。当然，需要注意的是，所谓“证明因素”需要谨慎设定，因为诸如有赌博、吸毒、酗酒等恶习的，对子女实施家庭暴力、虐待等行为的，利用探望藏匿子女等行径，对未成年子女利益影响重大。对于此类因素，法院应当主动求证，如确有必要，可以适当降低证明标准，以谨慎态度处理。

4. 裁判应当充分尊重并合理考量未成年子女意愿

就问题六而言，法院裁判探望权纠纷时，应当充分尊重并考虑未成年子女的真实意愿。一方面，尊重未成年子女意愿，明显属于未成年子女利益最大化原则的应有之义，为社会各界共识内容；另一方面，部分未成年子女随着年龄增长，已具备或部分具备对父母情感依赖认知的能力。此外，部分学者认为，在探望权的权利界定上，儿童应当被视为探望权的主体，那么，既然是权利主体，权利的行使又与儿童自身利益密切相关，自然就该尊重孩子意愿。① 当然，以尊重未成年子女意愿为原则的最大阻力，可能是公众普遍对于未成年子女情感认知能力的怀疑，这是有道理的。相对年龄偏小的儿童，确实难以做出理性的判断。因此，在这个问题上，对于尊重未成年子女意愿、部分尊重未成年子女意愿的具体年龄划分，以及精准界定方式，需要进一步讨论研究。

四、结语

随着我国离婚案件数量不断增加，探望权争议涌入司法视野。从实质上讲，涉探望权案件具有特殊性。具体而言，司法裁判探望案件直接影响未成年人权益，以致处置案件应有考虑社会公益之义。传统离婚案件、探望权案件常因父母、家属为当事人，诉讼紧紧围绕“父母本位”“成年人利益”展开，从权利兑现的视角而言，父母权利容易具体操作，并可在司法裁判后短期内实现。这与未成年子女权益不同，司法裁判意图实现未成年人利益最大化，但是最终判决是否吻合孩子利益，又存在诸多不确定因素。因此，本文研究就有了广泛深远的意义，具体而言：其一，在涉探望权裁判中，未成年子女利益遭受一定程度的忽视，本文着重强调司法裁判对“儿童权益”的重视保护，毕竟未成年子女自始至终是受害者、无辜者。其二，提出问题可能与发现对策同步，发现问题却远比提出对策重要。② 本文从实证、数据入手，剖析司法裁判探望案件现状，实证研究获取“灵活探望方式”“考虑因素情况采信表”“尊重未成年子女意愿”等，确立未成年人利益最大化原则，有助于统帅指导并参照适用于其他涉未成年子女利益的案件。判

---

① 如景春兰教授持此观点，参见景春兰、殷昭仙：《探望权及其主体扩展的立法思考——以“儿童最大利益”原则为视角》，载《法学杂志》2011 第 5 期；张元华、郑永建：《家事审判改革中完善未成年子女权益的几点思考》，载《人民法院报》2016 年 11 月 30 日。

② ［奥］凯尔森：《纯粹法理论》，张书友译，中国法制出版社 2008 年版，前言。

违约金司法调减基准的实证分析*

肖明明**

我国《合同法》确立了违约金司法调整制度，该制度在司法实践中呈现两个明显的法律适用特征：一是启动频繁，二是调减为主。① 尽管最高人民法院前后多次以司法解释和司法政策性文件的形式对《合同法》第114条第2款的规范适用进行统一性解释，但法院在审理具体案件时对违约金是否过高以及调减基准的裁判尺度仍缺乏一致性。规范与事实之间出现严重的脱节问题，其背后的深层原因值得探究。这需要在系统梳理与剖析违约金司法调减规范构成的基础上，准确识别规则实证运行中的症结与要害，进而构造合理且实用的违约金调减基准类型。

* 本文系国家社会科学基金重点项目“中国民法上的中国元素研究”（项目编号：18AFX015）的研究成果。

** 西南政法大学民商法学院民法专业博士研究生、重庆两江新区人民法院（重庆自由贸易试验区人民法院）法官。

① 大量合同纠纷案件中，违约金司法调整规则的适用限制极少，乃至部分情形下仅依当事人笼统否认违约金请求便可被视为提出调减申请，而多数情形下当事人的调整请求均得到了支持，差别仅在于调减基准的不同。这些现象也得到了学界不少实证研究成果的印证，参见罗昆：《我国违约金司法酌减的限制与排除》，载《法律科学》2016年第2期；孟勤国、申蕾：《论约定违约金调整的正当性与限度》，载《江汉论坛》2016年第7期。

一、违约金司法调减的规范构成

依据规范性质的不同，违约金司法调整的法律规范可分为实体法规范和程序法规范两类。其中，实体法规范解决的是个案合同中约定的违约金是否失衡以及如何调整的实体判准问题，而程序法规范针对的则是调整程序如何启动、释明以及举证责任分配等问题，实体规范与程序规范在民事诉讼中呈交错状态，实体规范只有与程序规范相结合才能在诉讼中得以适用。当前无论学界还是实务部门，多将关注的重点集中于违约金司法调整的实体规则完善上，而少有系统分析程序法规范建构的讨论。① 但从制度功能实现的整体视角而言，唯有实体规范和程序规范之间构成逻辑融洽、衔接顺畅的规则体系，才能最大限度确保法律规范的实效性。

我国违约金司法调减的法律规范主要由三部分构成：一是《合同法》第 114 条 2 款，设定了违约金司法调减的实体权利，属于司法调减的直接法律依据。② 二是最高人民法院制定的三件司法解释。其中，《最高人民法院关于适用〈中华人民共和国合同法〉若干问题的解释（二）》［以下简称《合同法解释（二）》］第 27 条、第 29 条实质上构成了违约金司法调减实践中“起关键性作用的裁判依据”③。另外，《最高人民法院关于审理商品房买卖合同纠纷案件适用法律若干问题的解释》（以下简称《商品房买卖合同纠纷解释》）第 16 条、《最高人民法院关于审理买卖合同纠纷案件适用法律问题的解释》（以下简称《买卖合同纠纷解释》）第 27 条，则属于违约金司法调减的“特别法规范”。三是最高人民法院发布的审判指导性文件。其中，起规范指导作用的主要是《最高人民法院关于当前形势下审理民商事合同纠纷案件若干问题的指导意见》（以下简称《民商事合同

---

① 对违约金司法调整程序规则的讨论仍缺乏专门而系统的分析；但谭启平教授和张海鹏博士从违约金司法调减权角度所作的研究，算是对前述状况的一个重要弥补。参见谭启平、张海鹏：《违约金调减权及其行使与证明》，载《现代法学》2016 年第 3 期。

② 合同法确认的当事人请求调整违约金权利的性质尚存争议，但主流观点认为此权利应为形成诉权，参见王洪亮：《违约金酌减规则论》，载《法学家》2015 年第 3 期。

③ 罗昆：《我国违约金司法酌减的限制与排除》，载《法律科学》2016 年第 2 期。

纠纷指导意见》）第6条、第7条和第8条。

上述现行法规范中，《合同法》第114条第2款、《合同法解释（二）》第29条、《商品房买卖合同纠纷解释》第16条和《民商事合同纠纷指导意见》第6条及第8条，属于违约金司法调减的实体法规范，其余则属于程序法规范。可以说，我国违约金司法调减的规范体系已初步建立，各规范条文之间的逻辑关系较为紧密，具体规则的解释适用性和实践操作性较强。不过，这些规范在部分构成要素，如实际损失、调减基准等法律概念或法律规则等在内涵界定上仍存在不周延、不清晰等问题。例如，在实体规范中，并未明确违约金“是否过高”的合理性判断标准与“如何调减”的具体基准之间的内在关系，而这直接造成了司法实践中法院对“损失的30%”规则存在一定的认识误解和裁判偏差。《合同法解释（二）》第29条第1款和第2款之间的规范适用关系也存在含混之处，“两款规定对于酌减中的法官自由裁量其实隐含了正反相对的不同立场，进而引发了该两款规定如何协调的问题”。① 实务中，法官倾向忽视综合衡量而多以“损失的30%”作为判断约定违约金是否过高以及具体调减基准的认识，即是不当协调该两项规则的逻辑关系的典型表现。

二、违约金司法调减基准的实证分析

（一）案例数据的梳理和分析

笔者检索了中国裁判文书网公布的2014~2017年期间各高级人民法院调减违约金的判例，② 得出的13篇判决书中，各法院对约定违约金是否过高的判断标准以及调减的具体基准并不统一（参见表1）。为进一步验证数据的准确性以及所反映问题的普遍性，笔者又检索2017年度重庆市各中级

---

① 参见姚明斌：《〈合同法〉第114条（约定违约金）评注》，载《法学家》2017年第5期。

② 样本检索时间为2018年9月14日，检索条件限定为高级人民法院在判决理由部分出现“违约金+调低”关键词且判决依据部分援引《合同法》第114条的民事判决书。

人民法院在中国裁判文书网公布的调减违约金案例,① 共获得 17 份样本判决（参见表 2)。

通过分析，相关数据反映出如下几个需要关注的现象：一是实践中金钱债务违约金占案件总量比重较高，其中又以逾期付款违约金纠纷居多。在表 1 的 13 份样本文书中，因逾期付款违约行为所生纠纷就有 9 件，占比达 69% 。二是实际损失的认定困境客观上构成了违约金被普遍大幅调减的主要理由。如表 1 和表 2 所呈现的诸多金钱债务违约金判决中，法院均径行将违约造成的损失认定为资金利息，并分别按照不同的利率标准予以调减。三是各地法院并未完全遵照违约金司法调减的现有规范体系进行法律适用活动。如违约金调减相关事实的证明责任规则适用中，《民商事合同纠纷指导意见》明确指出应由违约方就违约金是否过高承担举证责任，但实践中多数法院却“豁免”了违约方对“是否过高”问题的证明责任，而转由守约方就其实际损失状况进行举证。四是违约实际损失的举证责任分配是影响调减基准确定的重要因素。根据违约金调减相关规则，实际损失的范围认定及其事实证明，是判断违约金是否过高以及如何调整的核心要素。基于实际损失证明上的客观困境，由谁负担损失的证明责任将直接决定调减规范适用的结果。

表 1　各地高级人民法院调减违约金基准的对比分析②

序号	案号	违约金类型	如何认定违约金过高	调减基准	违约损失举证责任分配
1	(2014) 鲁民三终字第 263 号	解约违约金	综合合同性质等因素判断	酌定具体数额	守约方证明

---

① 样本最后检索时间为 2018 年 9 月 14 日，检索条件为 2017 年度重庆市各中级人民法院在判决理由部分出现“违约金 + 调减”关键词且判决依据部分原因《合同法》第 114 条第 2 款的民事判决书。

② 之所以将分析样本的来源限定为高级人民法院，是因为各地高院对类案法律适用的裁判规则会对辖区中基层法院起到指导作用，以高院所作判决为分析样本能较为全面地反映各省域范围内法院在违约金司法调减问题上的裁判尺度。

续表

序号	案号	违约金类型	如何认定违约金过高	调减基准	违约损失举证责任分配
2	(2015) 渝高法民终字第477号	逾期付款违约金	约定违约金计算标准超过年利率45%	调低为同期贷款利率4倍	未分配
3	(2015) 鲁民四终字第110号	逾期付款违约金	实际损失为逾期孳息,违约金超过利息的30%	调低为同期贷款利率	未分配
4	(2014) 苏民初字第17号	逾期付款违约金	约定的利息与违约金之和不得超过同期贷款利率4倍	以同期贷款利率4倍为最高限额	未分配
5	(2015) 川民终字第18号	逾期付款违约金	根据履约状况、违约程度等综合判断	酌情调低为每日万分之五	守约方证明
6	(2014) 湘高法民一终字第163号	逾期付款违约金	实际损失为资金占用利息	按约定利息标准上浮30%计算	守约方证明
7	(2014) 苏民终字第0063号	逾期付款违约金	实际损失为资金占用利息	调低为同期贷款利率的1.3倍	未分配
8	(2015) 苏高终字第00201号	逾期付款违约金	约定按同期贷款利率4倍明显过高	酌情调低为同期贷款利率3倍	未分配
9	(2014) 渝高法民终字第106号	逾期付款违约金	约定300万违约金明显过高	酌情调低为100万元	未分配
10	(2014) 黔高民初字第17号	逾期付款违约金	无证据证明实际损失,故损失认定为资金利息	调低为日万分之六	双方举证
11	(2015) 湘高法民二终字第213号	解约违约金	违约金未超过已认定的实际损失的30%	不予调整	守约方证明

续表

序号	案号	违约金类型	如何认定违约金过高	调减基准	违约损失举证责任分配
12	（2016）湘民终308号	解约违约金	可得利益损失具有不确定性，无法认定	酌情调低为500万元	守约方证明
13	（2017）渝民终255号	解约违约金	超过实际损失的30%	酌情调减后的金额大致为实际损失的1.3倍	守约方证明

表2　2017年度重庆市各中级人民法院调减违约金基准的对比分析

序号	案号	是否为金钱债务违约金	如何认定违约金过高	调减基准	违约损失举证责任分配
1	（2017）渝01民终5402号	是	综合合同履行情况及违约方自认	酌情调减	守约方证明
2	（2017）渝03民终394号	是	实际损失为资金占用损失	调减为按月利率2%计算	未分配
3	（2016）渝05民初293号	是	违约金应与实际损失相当	调减为按月利率2%计算	未分配
4	（2016）渝01民初65号	是	违约金的性质实为资金占用费	调减为按年利率24%计算	未分配
5	（2017）渝01民终16492号	是	审理中，守约方自愿减少违约金金额，法院予以确认		
6	（2017）渝01民终2086号	否	守约方未证明实际损失情况	调减为按照定金金额支付违约金	守约方证明
7	（2017）渝03民终1931号	是	实际损失为资金占用损失	酌减为10万元	未分配

续表

序号	案号	是否为金钱债务违约金	如何认定违约金过高	调减基准	违约损失举证责任分配
8	(2016)渝01民终8752号	否	守约方存在过错	酌情调减为按每日万分之一计算	未分配
9	(2017)渝03民终8号	是	综合当事人过错且守约方未证明损失情况	调减为按年利率24%计算	守约方
10	(2017)渝01民终11号	是	违约金应当与实际损失相当	调减为按同期贷款利率的1.3倍计算	未分配
11	(2017)渝01民终1433号	否	违约金应当与实际损失相当	酌情调减	未分配
12	(2015)渝五中法民初字第1239号	是	违约方未举证证明守约方的可期待利益,故不予调减违约金		
13	(2016)渝05民终6894号	否	综合合同履行情况等因素	酌减为8万元	未分配
14	(2017)渝05民终321号	是	违约金过分高于未履行部分的合同价款	酌情调减	未分配
15	(2017)渝01民初421号	是	守约方自愿减少违约金数额,法院予以确认		
16	(2017)渝05民初487号	是	违约方未举证证明约定的违约金过高,故不予调减		
17	(2017)渝01民终2560号	是	实际损失仅为资金占用损失	调减为按同期贷款利率的四倍计算	守约方证明

(二)问题与症结

从前述规范分析和实证分析的对比中,可以发现,违约金司法调减制度运行中存在三个重要问题。

首先，在违约金司法调整的价值导向上，各地法院的态度发生了偏差。违约金司法调整制度体现了法律对民事主体意思自治的合理限制，其价值基础是合同正义对合同自由的适度修正。① 无论从学理还是规范的角度，违约金的司法调整都应当是例外性的、谦抑性的，不应轻易调整或大幅增减。但实务中，在司法调减程序频繁启动的同时，② 实际损失上的证明和认定困境导致约定违约金被大幅削减，进而使得违约金的赔偿和履约担保功能③趋于“架空”。

其次，在违约金司法调减规范的理解适用上，各地法院存在很大的认识差异。这种差异集中体现在实际损失内涵与范围的认定、违约金数额合理性的判准以及调减违约金的具体参照基准等方面。例如，在认定约定的违约金过分高于违约造成的损失后，按照何种标准调减违约金数额，很多法院并未采用“30% 基准”，而是倾向于“酌情”裁量一个特定标准。④ 再以表 1 中所列 9 份金钱债务迟延履行违约金司法调减的裁判文书为例，各法院在类似事实（小前提）下依据相同的法律规范（大前提）却得出了 8 种不同的裁判思路（结论）。这种自由裁量在个案中或许符合公平原则，但若不同案件中酌情裁量的标准极不统一，则难免使裁判文书的受众产生迷惑和质疑。

最后，在违约金司法调减规则的适用限制上，各地法院缺乏统一认

---

① 有学者主张在违约金减额问题上应尊重和回归合同自由的逻辑原理，以“合意拘束力”规则判断违约金应否调减，并反对现行以实际损失为基准的“实益型”违约金调减思维和规范。参见刘勇：《论违约金之减额》，载《北方法学》2017 年第 4 期。

② 绝对多数样本案件中，法院均在违约方提出调减请求后对违约金进行了实际调整。这与笔者在审判实务中所亲历和观察到的事实是一致的，绝大多数情形下法院均“积极”回应了违约方所提出的违约金调整请求。

③ 参见王洪亮：《违约金功能定位的反思》，载《法律科学》2014 年第 2 期；韩强：《违约金担保功能的异化与回归》，载《法学研究》2015 年第 3 期。

④ 如江苏省高级人民法院在“淮安汉邦万融建材有限公司与江苏新都建筑有限公司等买卖合同纠纷案”中调减违约金时则以“考虑到违约金兼具惩罚性和补偿性的性质，本院结合本案的具体情形”将合同约定的按同期贷款利率 4 倍计算违约金调减为按同期贷款利率 3 倍计算。参见（2015）苏高终字第 201 号民事判决书。

识。除以实际损失为判断基础外，《合同法解释（二）》第29条确立的调减违约金时须衡量的因素还包括履行情况、过错程度、预期利益、公平原则和诚实信用原则。这些衡量要素实质上构成对“实际损失原则”的补充和限制，在实际损失无法证明的情况下，起到辅助判断违约金数额合理性的功能，同时，也能制约法官确定违约金调减基准时的自由裁量空间。但实践中，法院在回应和审查当事人提出的违约金调整请求时，并未充分重视调减规则中的这些限制性要素，也未区分合同中约定的违约金的具体性质，而是秉持“补偿与惩罚双重属性说”，主要依据实际损失的认定情况对所有违约金类型一概予以调减。

三、违约金司法调减基准“多元化”的形成机理

透过对样本判决书中的说理逻辑的分析，可以发现，法院在适用违约金司法调减规范时所遵循的解释路径大致相同，即多将违约金定性为损失补偿性质，进而以查明违约造成的实际损失为中心，对违约金数额与实际损失金额进行比较并得出是否调减的结论。而不同裁判文书在调减基准上所呈现的“多元化”，主要是由于法官对“实际损失”的实体内容和证明规则的认识偏差所造成的。

（一）实际损失的认识分歧与证明困境

在违约金司法调减的规范构成中，实际损失的认定是最为核心的决定性要素。① 一方面，违约造成的损失是判断违约金是否过高的主要依据，损失的30%是认定违约金是否过高的一般性标准；另一方面，实际损失是衡量确定违约金酌减基准的判断基础，合同的履行情况、当事人的过错程度以及预期利益等因素仅是应予“兼顾”的衡量因素。但是，司法实践中，实际损失的内涵和范围如何界定却是一个争议极大的问题。因违约造成的直接损失属于实际损失范畴并无疑义，分歧的焦点在于可得利益损失能否成为衡量违约金高低的判断基础。在这个问题上，理论界和实务界的分歧最为明显。学者普遍认为应对实际损失的范围持开放态度，涵括可得利益损失乃至机会成本损失等间接损失；甚至可超越“实际损失原则”，

---

① 有少数观点反对将实际损失作为调减违约金数额的标准，参见王洪亮：《违约金酌减规则论》，载《法学家》2015年第3期。

而以“债权人的所有利益”为调减违约金的判断基准，这些利益不仅包括财产利益，也包括精神损害、必要费用等无形利益。① 而司法实务中法官则倾向于持保守态度，以损失的不确定性为由排除可得利益损失的认定。②

很多情况下，实际损失的认定困难是由损害事实的证明困境造成的，而法院在举证证明责任分配上的偏颇则有可能进一步加重损失认定的难度。实际损失的范围和证明受到严格限制的情况下，违约金调减的基准自然也无法统一，与之相伴而生的结果往往则是约定违约金被大幅调减。在许多实例中，法院要么直接将实际损失的举证责任分配给守约方，要么不公开司法调减的心证过程，而是以“酌情”“综合”等语词代替逻辑说理。③ 然而，问题的关键在于，多数案件中由谁负担实际损失的证明责任将直接决定违约金是否过高的评价结果。例如，在“何静与邹玲房屋买卖合同纠纷案”中，一审法院以违约方未能举证证明守约方的预期利益损失为由全额支持了守约方主张的合同约定违约金28.4万元，而二审法院则认为“在邹玲已经就何静是否存在购房损失举示了初步证据的情况下，将合同中违约金的约定是否属于合理范围的举证责任分配给守约方何静更为合理和公平”，并参照已付定金金额将违约金调减为2万元。④ 个案中，损害事实的证明本来就存在客观的举证困难，一旦法官将其证明责任分配给守约方，则违约方几乎仅凭口头抗辩即可达到调减违约金的目的。这无疑与违约金作为“损害赔偿额之预定”的原初功能相背离。

（二）违约金性质和功能的认识偏差

关于违约金性质的学理分歧一直存在，较有代表性的学说包括“单一属性说”“补偿与惩罚双重属性说”及“目的解释说”等。⑤ 司法实务界

① 参见王洪亮：《违约金酌减规则论》，载《法学家》2015年第3期。

② 如湖南高院在（2016）湘民终308号民事判决书中即明确以可得利益损失的不确定性为由拒绝将土地预期增值利益认定为实际损失。

③ 如四川省高级人民法院在（2015）川民终字第18号判决书中，在将实际损失的证明责任分配给守约方的基础上，以“综合履约状况、违约程度等情况”为由“酌情”将违约金调减为按每日万分之五标准计算。

④ 参见重庆市第一中级人民法院（2017）渝01民终2086号民事判决书。

⑤ 参见孙瑞玺：《论违约金的性质》，载《法学杂志》2012年第4期；罗昆：《违约金的性质反思与类型重构》，载《法商研究》2015年第5期。

基本上秉持的“补偿与惩罚双重属性说”，即将违约金视为同时具有补偿性和惩罚性，且以补偿性功能为主，以惩罚性功能为辅。① 但是，在个案裁判中，由于实际损失的认定与举证困境这一现实问题，经由司法调减程序后，违约金往往既丧失了其补偿功能，又无从体现其惩罚功能。

从违约金的补偿性角度，当事人预先约定违约金的功能主要为减轻损失的证明难度，填补因违约造成的损害；但如果预期利益无法被纳入违约损失的司法衡量或者因举证规则原因无法获得认定，则违约金的补偿功能必将落空，惩罚性就更无从谈起了。因此，实务中对违约金性质与功能的认识偏差，是造成违约金调减基准混乱以及违约金被大幅削减的重要原因。违约金司法调减的价值追求并非单纯地强调债务人保护，而是在私法自治这一总体背景下，平衡形式自由与实质公平，调和意思自治与个案正义。② 因此，如若大范围过度调低违约金，则可能意味着新的不正义。

（三）违约金合理性标准与调减基准相混淆

违约金司法调减规范适用的逻辑过程中存在两个主要的判断环节，即违约金约定数额的合理性判断和违约金调减数额的合理性判断。③ 所谓约定数额的合理性即违约金是否过分高于因违约造成的损失，是决定应否启动调减衡量程序的基础。具体的衡量逻辑可归纳为：“高于所造成损失30%的违约金原则上应予酌减，除非依综合衡量不应酌减；未超过所造成损失30%的违约金原则上不予酌减，除非依综合衡量应予酌减；应予酌减者，酌减幅度也应经过综合衡量确定。”④

违约金数额合理性标准与调减违约金的基准两者间存在密切的内在关联性，但并不可将二者相混淆。《合同法解释（二）》第29条确定的损失的30%标准可以作为认定违约金数额合理性的依据，但并不全然应当成为调减违约金数额的基准。“违约金本属自治范畴，司法权即使依法介入，

---

① 参见最高人民法院研究室编：《最高人民法院关于合同法司法解释（二）理解与适用》，人民法院出版社2009年版，第209页。

② 参见姚明斌：《违约金司法酌减的规范构成》，载《法学》2014年第1期。

③ 参见雷继平：《违约金司法调整的标准和相关因素》，载《法律适用》2009年第11期。

④ 姚明斌：《违约金司法酌减的规范构成》，载《法学》2014年第1期。

也须留有应对多样利益情境的空间，不宜拘泥于‘数字型’的确定标准。”① 换言之，在认定违约金相较于实际损失过高后，法院还应当结合个案事实，从履行情况、过错程度和预期利益等角度综合衡量得出调减数额的大致区间，再以公平原则和诚实信用原则对调减的结果进行合理性检验。然而实践中，有的法院或径行将损失的30%“一刀切”式地确定为调减幅度的基准，或完全抛开损失的30%标准而自由酌定调减的基准。② 对违约金调减规范的上述误解是裁判规则偏离制度价值导向的直接诱因。

四、违约金司法调减基准的类型化改造

在以损失为基础的违约金合理性判断模式下，司法调减基准的个案衡量仍需以实际损失的认定为主要依据。在构造具有可操作性和相对统一性的违约金司法调减法律适用规则时，必须明确实际损失司法认定的具体规则以及举证责任分配等相关程序规则。在此基础上，从规范解释和实用主义的角度出发，区分不同实务类型视角下违约金司法调减基准的具体规则。

（一）明晰实际损失认定的实体与程序规则

《合同法解释（二）》对违约金调减采取的是综合衡量式的“灵活模式”，③ 但仍以实际损失作为衡量的核心要素。因此，为有效回避实务中的各种分歧和争议，在解释适用调减规范时，应对实际损失作扩大解释——既包括直接损失，也包括可得利益损失。将《合同法解释（二）》第29条第1款中作为兼顾考量要素的“预期利益”纳入实际损失，法院在认定实际损失的范围时应允许并引导当事人就可得利益部分损失进行举证和辩论。对于可得利益损失的内容确定问题，可参考《民商事合同纠纷指导意

---

① 姚明斌：《〈合同法〉第114条（约定违约金）评注》，载《法学家》2017年第5期。

② 前者如（2015）鲁民四终字第110号案件，法院将实际损失认定为逾期利息，进而以“30%规则”作为调减基准计算违约金数额。后者如（2014）渝高法民终字第106号案件，法院在未明确说理的情况下将约定的300万元违约金“酌情”调减为100万元。

③ 关于违约金调减的“固定模式”与“灵活模式”的分析，可参见王洪亮：《违约金酌减规则论》，载《法学家》2015年第3期。

见》中列举的三类可得利益损失类型，结合个案纠纷中的合同类型具体判断和认定。①

针对实际损失的证明困境问题，可通过适度降低证明标准、指导当事人调查取证等方式辅助化解。② 其中，对于可得利益认定中最为困难的损失“确定性”问题，则可借鉴英美法系国家合同法实践中采用的“合理确定性”或“极大可能性”标准，降低守约方对可得利益损失的证明标准。当损失事实或其数额在证据所能证明的合理确定性范围内，或者“根据事物的一般运行或特殊情况非常可能产生的利益”，即可认定为可得利益损失。③ 不强制要求非违约方就损失的确定发生及其数额进行精确证明，在证明标准上也仅要求达到低度盖然性，由法官根据自由心证和经验法则衡量判断损失事实与数额的合理性。④

此外，还应明确实际损失举证证明责任的分配规则。根据民事诉讼证明责任的一般原理，对要件事实提出主张的当事人应负担证明责任。违约方对约定的违约金数额过分高于实际损失提出事实主张，理应对此承担举证证明责任，且其证明程度仍应达到高度盖然性标准。这也是《民商事合同纠纷指导意见》第8条提出的违约金调减举证规则的基本依据。同时，在违约方因客观困境无法就损失状况举证时，非违约方也应对其实际损失情况负担事案解明义务，⑤ 通过事实陈述、举示反证等方式协助法官查明事实、形成心证。

---

① 参见孟勤国、申蕾：《论约定违约金调整的正当性与限度》，载《江汉论坛》2016年第7期。

② 参见谭启平、张海鹏：《违约金调减权及其行使与证明》，载《现代法学》2016年第3期。

③ 对“合理确定性”标准的讨论，可参见刘承韪：《违约可得利益损失的确定规则》，载《法学研究》2013年第2期。有关“极大可能性”标准的分析则可参见郝丽燕：《违约可得利益损失赔偿的确定标准》，载《环球法律评论》2016年第2期。

④ 参见刘承韪：《违约可得利益损失的确定规则》，载《法学研究》2013年第2期。

⑤ 事案解明义务是不负举证责任一方当事人在诉讼中负担的对案件事实进行陈述、提出证据材料等义务，旨在解决负证明责任一方当事人陷入客观举证困境等情形时两造间诉讼武器不平等问题。可参见陈贤贵、林志杰：《论不负举证责任一方当事人的事案解明义务》，载《河南财经政法大学学报》2015年第6期。

（二）区分赔偿性违约金与惩罚性违约金的调减规则

基于“补偿与惩罚双重属性说”在违约金司法调减实务中所面临的现实障碍，应回归学界主流观点所秉持的“单一属性说”，分别从赔偿性违约金和惩罚性违约金的视角考察司法调减基准的具体确定方法。赔偿性违约金的属性一般被视为损害赔偿额的预先确定，“主流学说主张以违约金是否排斥强制履行或损害赔偿等法定责任为区分基础，并行于法定责任的属于惩罚性违约金，反之则是赔偿性违约金”。① 之所以在确定司法调减基准时区分违约金的性质类型，依据在于两种违约金的固有功能不同，因而衡量违约金数额合理性的标准亦随之有异，调减违约金的基准和幅度自然也应区别对待。

赔偿性违约金的功能在于填补守约方因对方违约所遭受的损失，相较于损害赔偿制度，其优势在于“证明简化”，② 即不要求守约方对其具体损失进行精确证明，而是仅需就损失存在的合理性证据予以举证。同时，将相应反驳义务转移由违约方负担，由其举证证明违约金与损失相较过高。基于此，赔偿性违约金以填补债权人之损失为目的，故判断其是否过高应以债权人为观察对象，以其“可能的最大损失”作为违约金数额合理性的标准，而调减违约金的基准则应以认定的最大损失为限。③ 相反，对于惩罚性违约金的司法调减问题争议较大，有观点主张惩罚性违约金系当事人的理性选择故不应调整；④ 而主张应予调整的观点中所坚持的调减基准又有不同，如以违约方过错程度为调整基准⑤或以主合同标的额30%为限⑥。笔者认为，我国《合同法》第114条第2款并未区分可予调整的违约金类型，故惩罚性违约金亦有适用调减规范的空间，不过调减基准则不应再以实际损失为基础，而是将损失作为参照要素，重点综合债务人主观过错程

---

① 姚明斌：《违约金的类型构造》，载《法学研究》2015年第4期。

② 参见崔建远：《合同法》，北京大学出版社2013年版，第379页。

③ 参见罗昆：《违约金的性质反思与类型重构》，载《法商研究》2015年第5期。

④ 参见靳学军、李颖：《违约金调整的司法难题及解决》，载《人民司法》2008年第19期。

⑤ 参见李东琦：《论惩罚性违约金的调整》，载《当代法学》2013年第6期。

⑥ 参见韩强：《违约金担保功能的异化与回归》，载《法学研究》2015年第3期。

度、因违约获利情况等因素，并应充分考虑对守约方“可能损害”和“无形损害”[①] 等利益的填补。

（三）区分金钱债务违约金与非金钱债务违约金的调减规则

在调减违约金时区分金钱债务与非金钱债务两种情形，主要原因有三个：其一，司法实务中所调减之违约金多因金钱债务迟延履行所生，故着重探究金钱债务违约金的调减规则有较强的实务针对性。其二，金钱债务迟延或不履行案件中，即使实际损失无法依证据认定，也能以资金占用利息作为违约之“当然”损失，[②] 进而以此为基准进行衡量调减。其三，金钱债务的不履行与非金钱债务的不履行所对应的债权人客观损失范围和状况存在不同，相应的违约金调减基准亦会有所差别。

就金钱债务迟延履行而言，债权人因迟延履行产生的直接因果关系范围内的损失多表现为资金利息损失。因此，相较于非金钱债务迟延履行或不履行，金钱债务迟延履行违约金的司法调减基准以及举证责任分配均有其特殊性。在举证责任规则上，可先初步推定损失范围为逾期资金利息，并由债权人举证证明其实际损失还包括其他合理内容；而债务人则须提出调减违约金申请并证明违约金数额过分高于违约期间内的资金利息。如最终认定的损失仅为资金利息，则进而以特定的利息比率为基准确定调减违约金的幅度。鉴于资金利息同时具有法定孳息的性质，在确定违约金调减基准时应同时衡量债权人资金收益和债务人履约威慑两方面因素，故宜以民间借贷中利息法定限额为一般基准予以调减，现行规范下的利率标准即为年利率24%。为统一各地法院同类案件情形下的法律适用规则，应限制法官轻易突破这一调减基准的比例范围，除非个案中经综合衡量认定债权人的实际损失状况超过了利息法定限额。对于非金钱债务的不履行，违约金调减的规范和基准则应遵循前文关于实际损失认定、举证责任分配以及两类性质违约金调减的一般规则处理。

---

① 关于违约金调整中的“可能损害”和“无形损害”的分析，可参见王洪亮：《违约金酌减规则论》，载《法学家》2015年第3期。

② 参见姚明斌：《金钱债务迟延违约金的规范互动》，载《华东政法大学学报》2015年第4期。

（四）区分商事合同与民事合同中的违约金调减规则

在“民商合一”的体例模式下，我国合同立法中并未特别区分商事合同与民事合同在规则设计和规范适用方面的差异。从解释论的角度，《合同法》第114条第2款确立的违约金司法调整制度亦一体适用于所有民商事合同。但是，不论立法体例的选择如何，商事合同与民事合同在内容特性等方面的显著差异不应被轻易忽视，对商事案件的司法裁决应遵循一定的商事裁判思维。① 在合同法规范的解释适用上，“宜厘清强制规定与任意规定解释上的界线，在民事合同中宜倾向将任意规定解释为强制规定以保障弱势当事人，在商事合同则避免对当事人自治意思的限制”。② 就违约金司法调减规范而言，从民事主体的角度，此规定属于赋权性规范，即授予违约方请求调减违约金数额的申请权；而从法院裁判的司法介入角度，其无疑又具有较强的强行性规范意蕴。在普通民事合同纠纷中，基于公平和诚实信用的考量，由法官在综合衡量的基础上调整畸高之违约金约定数额，亦不会超出当事人缔约时的利益预期。甚至在消费者合同中，以违约金司法调减规范给予消费者一方以倾斜保护，还会符合实质正义的法精神要求。但对于商主体之间订立的商事合同，相关合同条款的拟定是交易主体在充分预估商业风险的基础上经过自由磋商而达成的，故司法不应轻易加以实质干预。因此，违约金司法调减规范在商事合同中的适用条件理应更趋严格。

值得注意的是，最高人民法院在对待违约金调整问题时，似已关注到商事合同裁判思维的特殊性。《民商事合同纠纷指导意见》第7条在《合同法解释（二）》第29条的基础上，将“当事人缔约地位强弱、是否适用格式合同或条款”等因素纳入违约金调整的综合衡量范畴。司法实务中，有的法院也以商事主体的“商业特质”为由驳回违约方的违约金调减请求。例如，“深圳市辰合投资控股有限公司等与张近高等股权转让纠纷上诉案”中，法院即以“800万元违约金数额不足转让标的额的6%，双方

---

① 参见徐海燕、刘俊海：《论商事纠纷的裁判理念》，载《法学杂志》2010年第9期。

② 王文宇：《从商法特色论民法典编纂——兼论台湾地区民商合一法制》，载《清华法学》2015年第6期。

当事人作为商事主体，该风险比例应在各自合理预见范围之内”，作为不予调减违约金的理由。① 由此可以推知，对于当事人之间缔约地位均势、合同条款磋商性较强的商事合同而言，违约金的调减理应更为审慎、适度。理论界亦不乏观点认为，“对于商事合同的违约金条款，法律应尊重当事人对自己责任的约定，考虑其与民事责任的不同，以违约方不享有申请法院调整数额之权利为原则。”② 我们认为，排除违约金调减规则在商事合同纠纷中的适用，并不符合违约金司法调整制度的立法目的和价值追求，可行的路径是保持其适用条件的“谦抑性”，缓和司法介入权对商人自治秩序的冲击。具体而言，在程序方面，商事合同的违约方的违约金调减申请权仍需保障，但应加重其证明责任负担，就违约造成的损失、当事人的过错等事实承担结果意义上的证明责任。在实体方面，在评价违约金是否过高时，不应单纯以“违约金超过损失的30%”作为判断基准，而应将实际损失判断基础上的综合因素衡量作为实质条件。申言之，即便违约金超过因违约所造成损失的30%，也仍须作进一步的综合衡量，以各要素所呈现的总体利益格局作为是否应予调减违约金的决定性基准。

五、结语

违约金司法调减本质上是一个利益衡量的过程，是对合同自由和合同正义在个案中的平衡取舍。因此，从功能主义视角出发，违约金司法调减不应成为常态，在违约金数额合理性审查程序启动后，法院也不应轻易对违约金大幅裁量削减。鉴于实际损失在违约金调减规范构成中的核心作用，在规则解释适用时，可以将“以实际损失为基础”限缩适用于损失可准确计算与证明的案件。③ 在损失无法预估和证明的案件中，则可考虑以“可能的最大损失”为基础，重点关注合同履行情况、违约程度等综合衡量要素，合理确定违约金调减的基准和幅度。

---

① 参见广东省东莞市中级人民法院（2012）东中法民二终字第603号民事判决书。

② 夏庆锋：《民法典合同法编之商事条文规范设计——以总则条文的修改与完善为视角》，载《江淮论坛》2018年第2期。

③ 参见罗昆：《我国违约金司法酌减的限制与排除》，载《法律科学》2016年第2期。

物权区分原则视域下未经审批的矿业权转让合同之效力研究

——以贵州法院24个矿业权转让阴阳合同案例为素材*

杨 锐**

矿业权兼有行政特许的公法属性和物权性质的私法属性，在矿业权流转中必不可少地伴随着国家干预与私人自治、公权与私权的剧烈冲突。根据国务院《探矿权采矿权转让管理办法》（以下简称《转让管理办法》）第10条的规定，矿业权转让合同自批准转让之日起生效，自此，矿业权转让合同的效力问题与行政审批的关系即打开了潘多拉魔盒，理论上出现多种学说主张。2017年，最高人民法院出台《最高人民法院关于审理矿业权纠纷案件适用法律若干问题的解释》（以下简称《矿业权司法解释》），仍秉持司法实践中占主导地位的未经审批的矿业权转让合同成立未生效的立场，但争论

* 基金项目：本文系教育部2018年人文社科青年基金项目《股权转让中合同效力与权利变动之区分研究》（项目编号：18YJC820006）的阶段性研究成果。

** 西南政法大学博士研究生、贵州省高级人民法院法官。

并未停息，无论理论界还是实务界，均不断涌现出新的学说。① 自 2008 年山西省开始，全国不少煤矿大省陆续进行大规模的煤矿企业兼并重组，国家层面的宏观政策极大地推动矿业权加速流转，但在此背景下，学术界却对矿业权流转所暴露出的问题缺乏关注。2013 年起至今，贵州省亦持续进行煤矿企业兼并重组，由于工作关系，笔者接触了贵州省煤矿企业兼并重组中涌现的大量矿业权转让合同纠纷的司法案例，这些案例以矿业权转让阴阳合同为典型，集中暴露出未经审批的矿业权转让合同的效力问题，为重新思考行政审批与矿业权转让合同的效力问题提供了难得的经验素材。

本文首先反思、检讨未经审批的矿业权转让合同效力的诸学说之局限，然后对实践中涌现出的矿业权转让阴阳合同司法判例予以考察、辨析。在吸取矿业权转让阴阳合同的司法裁判经验的基础上，以物权区分原则的理论构造和法权逻辑为分析框架，对未经行政审批的矿业权转让合同的效力予以证成，并提出相应立法建议。

一、未经审批的矿业权转让合同效力的学说争鸣

在矿业权领域，《矿产资源法》修改至今未完成，司法裁判中亦直到 2017 年最高人民法院才出台《矿业权司法解释》。立法及司法解释的暂付阙如，致使未经行政审批的矿业权转让合同的效力众说纷纭，司法裁判亦各行其是。有必要对既有主要观点进行梳理、评析，以厘清相应学说的逻辑线索和规范脉络，反思、检讨各学说的优势和不足。

（一）合同无效说

合同无效说所依托的规范基础是《矿产资源法》第 6 条，《转让管理办法》第 3 条、第 10 条。上述条文均属效力性强制性规定，未经行政审批的矿业权转让合同违反这些规定，故根据《合同法》第 52 条第（5）项之

① 王峰：《引领矿业权制度深化改革的"风向标"》，载《国土资源情报》2017 年第 9 期；秦鹏、祝睿：《未经行政审批之矿业权转让合同的效力认定：裁判实践与应然路径》，载《法律科学》2018 年第 2 期。

规定，合同无效。合同无效说在司法实践中亦不乏案例支持，[①] 但合同无效说偏重国家强制干预，片面强调国家对矿产资源的保护，使矿业权公私关系严重失衡。在学界，合同违法即无效的陈旧观念已罕有学者主张。《矿业权司法解释》第6条亦明确持与未经审批的矿业权转让合同无效说相反的立场。可以预见，合同无效说无论在理论学说还是司法裁判中，均再难获支持。

（二）合同有效说

自解释论立场主张合同有效的观点认为，矿业权转让合同是涉及物权变动的债权合同，应适用《物权法》第15条的规定，成立即生效。根据新法优于旧法的原则，矿业权转让合同何时生效的界定不应适用《合同法》，根据《物权法》第15条的规定，“法律另有规定”没有包括行政法规，因此矿业权转让合同的效力无需依照《转让管理办法》第10条的规定经批准生效，而是成立即生效。[②] 此观点由《物权法》第15条“法律另有规定”直接越过《合同法》第44条，又因《转让管理办法》第10条不属于法律，故不再适用，直接得出合同成立即生效的结论。但此结论的得出值得商榷，虽然新法优于旧法，但合同法属于特别法，由“法律另有规定”转致的下一步是否是《合同法》第44条，然后再转致《转让管理办法》第10条，不无探讨余地，[③] 这条法律适用的路径亦不乏支持者。[④] 自解释论的立场完全排除国家对矿业权转让的干预，亦会引发对矿产资源保护不利的担忧。自立法论主张未经行政审批的矿业权转让合同成立即生效是本文的立场，既有观点及相应批评在下文论述。

---

① 最高人民法院（2016）最高法民申1077号民事裁定书，云南省高级人民法院（2010）云高民二终字第110号民事判决书，辽宁省高级人民法院（2008）辽民再字第26号民事判决书，内蒙古高级人民法院（2012）内民一终字第32号民事判决书，青海省高级人民法院（2016）青民申231号民事裁定书。

② 参见李陈婷：《法定未生效合同及其法律责任研究》，载梁慧星主编：《民商法论丛》第54卷，法律出版社2014年版，第168~169页。

③ 参见杜万华主编：《最高人民法院审理矿业权纠纷司法解释理解与适用》，中国法制出版社2017年版，第98页。

④ 参见杜万华副主编：《环境资源典型案例选编与评析》（民事卷），人民法院出版社2014年版，第386页。

(三) 预约合同说

预约合同说认为，未经行政审批的合同为预约合同，批准后的合同为本约合同，报批义务来源于预约合同，不履行则承担违约责任。① 经批准生效的合同是要式行为，未经批准时原则上不成立，但成立“需经批准合同”的预约。报批义务源于需经批准合同的预约，不履行则承担违反预约的违约责任。② 司法裁判中也出现过持预约合同观点的判例。③ 预约合同说遵循民法体系化的思维，对解决报批义务的来源，违反报批义务应当承担何种责任较有解释力。但预约合同是为将来订立本约而订立的合同，预约合同这一术语要成为一种有意义的区分，“就应当将其仅限于合同当事人双方都承担彼此之间订立合同义务的合同。”④ 交易实践中，由于矿业权转让关涉重大，矿业权转让合同条款齐备，当事人对交易的标的、价款、履行方式、报批义务、争议解决、违约责任的承担等细节均有详细约定。未经批准的矿业权转让合同完全符合本约要求的一切条件，合同当事人均无为将来订立本约的意思。如仅为民法适用逻辑的自洽将未经审批的合同解释为预约合同，违背合同当事人的真意，于合同文本的客观状况不符。

(四) 合同成立未生效说

合同成立未生效说是理论界和实务界的主流观点，也是《矿业权司法解释》所秉持的立场。其规范基础为《合同法》第44条第2款、《转让管理办法》第10条、《最高人民法院关于适用〈中华人民共和国合同法〉若干问题的解释(一)》第9条，《矿业权司法解释》第6条。该学说认为，法律、行政法规中关于行政审批的规定为管理性强制性规定，应适用《合同法》第44条第2款认定为未生效。最高人民法院有判决认为：“依据矿产资源法、转让管理办法的规定，采矿权转让需要法定的审批手续，但该规定属于管理性规范，并非效力性、强制性规范。”⑤ 此观点是司法裁判中

---

① 参见马新彦：《论民法对合同行政审批的立法态度》，载《中国法学》2016年第6期。

② 参见陆登鸿：《合同未办理批准手续时的效力》，2016年西南政法大学硕士学位论文，第29、32页。

③ 湖北省南漳县人民法院(2013)鄂南漳民二初字第00160号民事判决。

④ [德]维尔纳·弗卢梅：《法律行为论》，迟颖译，法律出版社2013年版，第736页。

⑤ 最高人民法院(2013)民申字第287-1号民事裁定书。

的主流，案例众多。[①] 未经行政审批的矿业权转让合同成立未生效的学说和立场，意在国家强制与私人自治之间折中调和，缓和公法与私法之间的尖锐冲突。但合同成立未生效说亦负担极重的论证责任，合同成立但未生效，处于有约束力但又无义务的尴尬状态，直到生效为止。这种尴尬状态提供弄法、诈害的空间，徒增法律纠纷。[②] 合同虽成立而未生效，双方亦无从根据合同主张任何权利。[③] 更严重的是，成立未生效说还引发民法教义体系的紧张关系，带来诸多负面的体系效应：

1. 报批义务的来源难以确定

为论证合同整体未生效，但报批义务条款已经生效，该说又提出诸多解释：报批条款系使合同生效的条款，具有独立性。报批义务是合同义务中的从给付义务，源于诚实信用原则，属合同的默示条款；[④] 报批义务是法定义务，基于法律规定；[⑤] 根据《矿业权司法解释》第6条的规定，矿业权转让合同自成立之日起具有法律约束力，即合同成立即有拘束力，故产生报批义务。但是，合同尚未生效，何来合同义务？将报批义务解释为合同义务，许多情况不符合当事人的真意，因为当事人不一定知道合同需要审批，当事人不具有此类效果意思。[⑥]从给付义务本来是辅助主给付义务发挥作用，在合同本身尚未生效的情况下，主给付义务不存在，又如何能产生从给付义务？[⑦] 将报批义务解释为法定义务，则义务的归属和履行期限又会引发新的问题。以合同拘束力证成报批义务来源的观点，类似于我国台湾地区审判主管机构创设的“一般契约之效力”学说：契约既依法成立，则发生一般契约之效力，当事人应受契约之拘束，完成特别生效要

---

① 典型案例参见2011年最高人民法院的公报案例：“陈允斗与宽甸满族自治县虎山镇老边墙村民委员会采矿权转让合同纠纷案”，(2011) 民提字第81号民事判决书。

② 参见苏永钦：《私法自治中的经济理性》，中国人民大学出版社2004年版，第164页。

③ 参见王泽鉴：《两愿离婚“登记”法律性质之争议在法学方法论上之检讨》，载《民法学说与判例研究》(第五册)，北京大学出版社2009年版，第238页。

④ 参见刘贵祥：《合同效力研究》，人民法院出版社2012年版，第191~193页。

⑤⑥ 参见崔建远：《行政审批与合同效力的相互关系》，载崔建远主编：《民法九人行》，法律出版社2012年版，第145~146页。

⑦ 参见戴孟勇：《权利转让与权利转让合同的区别》，载崔建远主编：《民法九人行》，法律出版社2012年版，第155页。

件。对此，王泽鉴先生提出批评：“契约拘束指契约成立后，当事人不得任意反悔，请求解约，而不是拘束当事人，强行使其完成特别生效要件。”① 合同效力无一般与特别之分。合同虽成立，但欠缺特别生效要件者，原则上在当事人间不产生合同上的权义关系。②

2. 违反报批义务承担何种责任难以抉择

承担何种责任，涉及对报批义务性质的界定，以及不履行报批义务，需进行信赖利益的损害赔偿还是履行利益的损害赔偿。如果认为报批义务来源于法律规定，则“不履行报批义务时成立缔约过失责任”，③ 如果报批义务属于先合同义务，则承担缔约过失责任，如果属于合同从给付义务，则需要承担违约责任。也有观点认为，报批义务具有双重性质，是整个合同发生效力的先合同义务，也是合同未生效前因报批行为发生的合同义务，故违反报批义务，可发生缔约过失责任与违约责任的竞合。④ 还有观点认为，报批义务具有附随义务与主给付义务的双重特征。⑤ 在矿业权转让中，合同标的巨大，承担缔约过失责任与违约责任有天壤之别，对当事人的利益影响巨大。根据《矿业权司法解释》第8条的规定，违背报批义务应当承担违约责任，但正如司法解释的起草者所言，由“最初的缔约过失责任，到缔约过失责任的违约化处理，再到直接表述为违约责任，可以说经历了比较艰难的思考与探索过程。”⑥ 合同既属成立未生效，但如违反报批义务却需承担违约责任，司法解释对违约责任的生成逻辑进行了一定突破，在合同成立未生效的框架范围内承担违约责任，这样的规范配置方

---

① 参见王泽鉴：《两愿离婚“登记”法律性质之争议在法学方法论上之检讨》，载《民法学说与判例研究》（第五册），北京大学出版社2009年版，第242页。

② 参见王泽鉴：《不动产赠与契约特别生效要件之补正主义》，载《民法学说与判例研究》（第一册），北京大学出版社2009年版，第243~244页。

③ 参见崔建远：《行政审批与合同效力的相互关系》，载崔建远主编：《民法九人行》，法律出版社2012年版，第146页。

④ 参见吴光荣：《也谈行政审批与合同效力》，载崔建远主编：《民法九人行》，法律出版社2012年版，第189页。

⑤ 杜万华主编：《最高人民法院审理矿业权纠纷司法解释理解与适用》，中国法制出版社2017年版，第135页。

⑥ 杜万华主编：《最高人民法院审理矿业权纠纷司法解释理解与适用》，中国法制出版社2017年版，第140页。

式是否能结束争议，经得起实践的检验，还需时间观察。在合同成立未生效的框架内，当前全国人大法工委的《民法典合同编内部征求意见稿》第44条第2款既未明确报批义务的性质，亦未明确违反报批义务承担何种责任。在德国法上，不履行报批义务应当承担损害赔偿责任，但承担缔约过失责任还是违约责任，也存在争议。①

总之，合同成立未生效的观点，“目前的规则在教义学上存在巨大的解释困难。”② 为证成报批义务的来源及违背该义务所应承担的责任，各种解释路径迂回曲折，负担很重的论证责任，且在当事人违背报批义务的情形下，也为司法裁判究竟采用何种救济路径带来困扰，增加了法律适用的难度，“必然产生高昂的制度成本”。③

此外，与合同成立未生效说类似的另有两种学说：第一，合同部分有效、部分未生效说。此学说认为报批条款成立即有效，因为报批条款不需要审批。④ 部分有效的“部分”，实际上也仅为报批条款部分。此学说看似巧妙摆脱了论证报批义务来源的责任，但本质上也是合同成立未生效的另一种表达方式，于合同报批条款的效力生成逻辑并无有力论证。且抛开报批义务来源不论，违反报批义务将承担何种责任势必又陷入成立未生效说所必须面对的问题中。第二，法律行为效力区分说。此学说提出将法律行为的成立要件与生效要件作区分，将法律行为效力内容区分为确定力、拘束力、和实现力，以此解决矿业权转让合同成立即产生拘束力、确定力，因此产生报批义务的难题。⑤ 此学说试图通过将法律行为的效力释放过程线性化，以此解释报批义务来源的正当性，但合同是最重要的法律行为，

---

① 参见李陈婷：《法定未生效合同及其法律责任研究》，载梁慧星主编：《民商法论丛》第54卷，法律出版社2014年版，第142~143页。

② 李昊：《论须批准法律行为在民法总则中的规范方式》，载《法学论坛》2017年第1期。

③ 蔡立东、李晓倩：《行政审批与矿业权转让合同的效力》，载《政法论丛》2011年第5期。

④ 参见秦鹏、祝睿：《未经行政审批之矿业权转让合同的效力认定：裁判实践与应然路径》，载《法律科学》2018年第2期。

⑤ 参见江必新：《矿业权法律关系调整中的国家干预和私人自治——兼论法律行为效力理论之重构》，载《法学评论》2018年第1期。

本质上此学说亦未脱离合同成立未生效的理论框架，也将面临合同成立未生效说所面临的难题。

通过对上述学说的梳理，可见各种学说各有侧重，但于民法教义体系的逻辑自洽仍然捉襟见肘。鉴于行政审批对合同效力的评价带来的难题在解释论上迂回曲折亦不能圆满解决，有声音即提出要废除行政审批生效合同制度，行政审批不再针对合同是否生效。① 实践是理论的先导，缺乏对经验面向的深入体察，脱离矿业权司法裁判实践，仅在法律逻辑层面讨论未经审批的矿业权转让合同的效力，最终难免陷入价值判断的泥淖。不妨转换视野，将目光投向司法裁判实践本身，总结和提炼可能带来新的突破的实践经验。

二、矿业权转让阴阳合同的司法裁判实践及启示

（一）矿业权转让阴阳合同的裁判困境

1. 案例来源及说明

煤矿是国民经济发展的基础能源，涉及煤矿的矿业权纠纷是矿业权审判中最不能忽视的领域。贵州省作为南方煤矿大省，自2013年起进行大规模的煤矿企业兼并重组。以此为契机，大量以阴阳合同为表现形式的未经审批的矿业权转让合同纠纷进入司法裁判视野。本文自中国裁判文书网搜集了从2013年中国裁判文书网开通至2017年期间，贵州法院系统以及上诉到最高人民法院的涉及矿业权转让阴阳合同纠纷的一系列司法案例，共

---

① 贾辰君：《行政审批生效合同制度之存废及其过渡性安排研究》，载《同济大学学报（社会科学版）》2015年第3期。

24 例,[1] 作为本文研究的经验素材。需要说明的是:

第一,矿业权是探矿权和采矿权的上位概念,我国正式法律文本中并无矿业权的称谓,《物权法》在用益物权编下的第123条规定了探矿权和采矿权,确定了矿业权在我国法律中的体系化位置。矿业权的称谓最早见于原国土资源部发布的《矿业权出让转让管理暂行规定》(国土资发[2000]309号)第3条规定:"探矿权、采矿权为财产权,统称为矿业权……"矿业权成为约定俗成的概念,为大多数学者使用,与受《联邦德国矿业法》、我国台湾地区"矿业法"的影响有关。[2] 虽然矿业权的概念遭到学者质疑,[3] 但为论述方便,本文仍沿用矿业权这一称谓。

第二,为什么选择贵州法院的案例?截至2018年5月10日,在中国裁判文书网以采矿权转让合同纠纷为案由进行检索,共得到1014个结果,贵州省以137个案例排名第一,山东省以73个、河北省以59个分列第二和第三。所有案例中高级人民法院共180个,贵州省高级人民法院以66个排第一,远高于排第二的云南省高级人民法院的14个。截至2018年5月10日,在中国裁判文书网以探矿权转让合同纠纷为案由进行检索,共得到

---

① 相关司法案例为:最高人民法院(2015)民一终字第216号民事判决书、(2015)民一终字第102号民事判决书、(2013)民提字第17号民事判决书、(2015)民一终字第177号民事判决书;贵州省高级人民法院(2017)黔民终530号民事判决书、(2017)黔民终12号民事判决书、(2016)黔民终386号民事判决书、(2016)黔民终549号民事判决书、(2017)黔民终282号民事裁定书、(2015)黔高民初字第39号民事判决书、(2015)黔高民终字第87号民事裁定书、(2016)黔民终545号民事判决书、(2016)黔民终14号民事判决书、(2015)黔高民初字第70号民事判决书、(2016)黔民初86号民事判决书、(2016)黔民终120号民事判决书、(2016)黔民终709号民事判决书、(2017)黔民终599号民事判决书;贵州省黔南布依族苗族自治州中级人民法院(2014)黔南民终字第600号民事判决书、(2016)黔27民终514号民事判决书;贵州省贵阳市中级人民法院(2016)黔01民初1431号民事判决书、(2017)黔01民终4150号民事判决书、(2016)黔01民初316号民事判决书;贵州省贵阳市云岩区人民法院(2017)黔0103民初2258号民事判决书。

② 参见黄锡生、林北水:《论矿权的概念、性质和体系》,载《中国地质大学学报(社会科学版)》2007年第6期。

③ 参见朱晓勤、温浩鹏:《对矿业权概念的反思》,载《中国地质大学学报(社会科学版)》2010年第1期。

240个结果。经对上述案例进行梳理，在贵州法院审理的采矿权转让合同纠纷案件中发现本文所涉及的阴阳合同案例。原因在于，贵州自2013年至今持续着大规模的煤矿企业兼并重组，且贵州煤矿企业中民营企业占大多数，在2012年底，贵州全省有各类煤矿1704处，截至2018年3月19日，已批保留煤矿692处，已关闭煤矿700余处。① 煤矿企业之间的矿业权流转产生了本文涉及的阴阳合同纠纷。

第三，在审理案件，与当事人、国土资源管理部门的接触中发现，采用阴阳合同进行矿业权流转是煤矿企业兼并重组中的普遍现象。但因此发生纠纷以及发生纠纷后诉讼到法院的仅为其中一部分，即便进入诉讼，也不是全部涉及阴阳合同的裁判文书都上传中国裁判文书网。因此，本文搜集到的并非全部案例，但窥一斑而知全豹，本文搜集到的案例亦足以总结出矿业权转让阴阳合同的运行样态和典型特征，足以窥见司法裁判对未经审批的矿业权转让合同效力认定的突破。

2. 矿业权转让阴阳合同的特征及裁判难题

通过对司法案例的归纳、总结，可发现阴阳合同主要体现为交易价款、内容详略的差别，此外阴合同往往还约定一些双方不愿意使第三方知道的内容。阴阳合同的一般交易模式为：当事人先签订一份合同约定真实的交易价款和详细的交易细节内容（阴合同），然后再到国土资源管理部门签订一份制式的《采矿权转让合同》（阳合同），以通过国土资源管理部门的行政审批。当事人签订的阴合同内容全面，一般包括煤矿的固定资产、设施设备、附属建筑物、采矿权的转让、价款支付方式、债务承担、报批义务的履行、争议解决、违约责任等等内容。而阳合同一般由国土资源管理部门提供，有固定格式，相对简约，主要约定采矿权转让的价款、履行方式、违约责任等。阴阳合同签订后，由于阴合同与阳合同的价款不一致，双方在履行合同中极易发生纠纷，各自主张对其有利的价款履行合同，继而诉讼到法院。

当事人签订阴阳合同的原因复杂，约定不同价款有避税、贷款等目

① 《贵州省煤矿企业兼并重组工作领导小组办公室会议纪要〔2018〕第5次（总第157次）》，载贵州省能源局网 http：//www.gzcoal.gov.cn/zxfw/ggfw/jbczhyjy/201804/t20180402_2343212.html，最后访问时间：2018年5月10日。

的。约定详略不同的合同内容，则与矿业权转让的复杂性密切相关。矿业权转让关涉重大，交易复杂，根据《转让管理办法》第 8 条、第 9 条的规定，当事人申请转让矿业权需要提交包括转让合同在内的一系列材料。当事人在到国土资源管理部门签订制式的《采矿权转让合同》之前，需要完成大量的准备工作，故双方必须就矿业权的转让事宜在正式提出转让申请之前详细约定，并开始实际履行，资产、证照开始移交，受让方逐渐接管煤矿。待材料准备齐全，具备报批条件后，再前往国土资源部门签订制式的《采矿权转让合同》，连同其他材料一起报批。因此，仅凭在国土资源部门监督下签订的制式合同难以满足真实的交易需求，故阴合同的出现有其客观原因。双方签订阳合同，只为应付采矿权转让的审批要求。部分当事人在签订阴阳合同时，预见到了可能带来的风险，还要求对方作出承诺，“股权转让协议只做变更工商营业执照用，不具法律效力，转让协议以 2013 年 8 月 8 日签订的合同为准”。①“原告还与被告签署一份应付审批程序的《采矿权转让合同》，被告给原告出具了《承诺书》，确认双方转让协议以 2011 年协议为准。”② 也有双方直接在阴合同中明确约定需要签订阳合同完成矿业权转让的情况，“按照国土资源部门的采矿权格式合同甲方与乙方积极配合田坝煤矿的采矿权兼并重组工作。”③

矿业权转让阴阳合同，使司法裁判不得不面对两难的困境：阴合同意思表示真实，但未经行政机关的审批，不符合矿业权转让合同生效的强制性要求；阳合同经过行政机关的审批，但不是真实意思表示，不符合有效民事法律行为的要求。以何者规范双方的权利义务？

（二）司法裁判的探索及启示

根据《转让管理办法》第 5 条、第 6 条、第 8 条的规定，矿业权转让中行政机关关注的重点是矿业权的权利变动本身，而不是权利变动的债权合同。司法裁判的具体做法是，将阴阳合同视为完成交易的一系列合同，视为一个整体，阴合同签订后，除采矿权转让部分外，其余条款成立即生效，阳合同经过行政审批后，采矿权转让部分也生效，阴合同全部内容均

① 贵州省高级人民法院（2016）黔民初 86 号民事判决书。

② 贵州省高级人民法院（2015）黔高民初字第 39 号民事判决书。

③ 贵州省高级人民法院（2017）黔民终 282 号民事裁定书。

生效。[①] "《煤矿股权收购协议书》《采矿权转让合同》是两份相互关联，前后意思表示具有内在联系的整体，《煤矿股权收购协议书》是合同当事人权利义务的履行基础。"[②] "签订《采矿权转让合同》的行为系对《煤矿转让协议书》涉及采矿权部分需办理法定批准、登记等手续的履行行为，《煤矿转让协议书》因该采矿权转让生效条件成就而发生法律效力。"[③] 司法裁判划分了行政审批的行政行为的审批范围，即只是矿业权的权利变动，"合同二是为了满足政策要求而签订，仅是为实现田坝煤矿采矿权的过户登记。"[④] 还有司法裁判认为行政机关主要审批内容是针对采矿权转让相关要件的程序性审查，对于采矿权的交易价格属于意思自治范畴，完全由交易主体自主决定，并不是行政机关审批的对象。[⑤] 从实际情况看，矿业权转让合同成立后双方即已开始履行，仅签订阳合同完成矿业权转让的行政审批，签订阳合同的时间可能在阴合同签订之后数月、[⑥] 1 年甚至 2 年。[⑦] 合同当事人均无依靠阳合同约定彼此权利义务的意思，而只是以阳合同的形式完成采矿权的转让审批。这种裁判思路的实质是认为，行政机关的审批对象是采矿权的转让行为，而不是转让合同的债权合意，不是民事合同的效力，而是将行政许可的行政行为的效力与民事合同的效力予以区分。[⑧] 即便在没有明显使用阴阳合同完成矿业权转让的司法案例中，未经审批的合同原本仅报批条款生效，其余合同条款均未生效的学术界的主流观点亦被突破，变成除涉及采矿权转让条款外，其余部分成立即生效。"虽《转让合同书》整体上应自成立时生效，但其中所涉采矿权转让条款，应受《转让管理办法》第 10 条的限制。"[⑨] "《煤矿转让协议》是双方的真

---

① 典型案例参见：最高人民法院（2013）民提字第 17 号民事判决书、（2015）民一终字第 177 号民事判决书、（2015）民一终字第 216 号民事判决书；贵州省高级人民法院（2016）黔民终 549 号民事判决书。

② 贵州省高级人民法院（2017）黔民终 599 号民事判决书。

③ 贵州省高级人民法院（2015）黔高民初字第 70 号民事判决书。

④ 贵州省高级人民法院（2017）黔民终 282 号民事裁定书。

⑤ 参见贵州省高级人民法院（2016）黔民终 120 号民事判决书。

⑥ 贵州省高级人民法院（2017）黔民终 12 号民事判决书。

⑦ 贵州省高级人民法院（2016）黔民终 386 号民事判决书。

⑧ 参见杨锐：《采矿权转让阴阳合同效力的司法认定》，载《人民司法》2018 年第 4 期。

⑨ 最高人民法院（2016）最高法民申 2840 号民事裁定书。

实意思表示，不违反法律和行政法规的强制性规定并已实际履行，事后双方当事人也按约定完成了顺翔煤矿采矿权的审批转让。”① 从这些司法判决看，所谓对矿业权转让合同的审批已经名不副实，司法裁判将对矿业权转让合同的审批实质上变更为对矿业权转让的审批，将行政机关的审批局限于矿业权权利变动本身，而不是对矿业权转让合同整个债权合意的审批。

由此观之，理论界站在解释论的立场争论未经审批的矿业权转让合同的效力，所提出的各种理论于司法实践已经有相当的距离。进入司法裁判视野中的矿业权转让阴阳合同，为探讨未经审批的矿业权转让合同的效力问题带来新的实践经验和启示：行政审批针对矿业权转让合同的权利变动环节，而不是针对转让合同的债权合意，故区分物权变动原因和变动结果的物权区分原则在理论构造和法权逻辑上可映射、类推运用于判断未经审批的矿业权转让合同的效力。

三、物权区分原则与未经审批的矿业权转让合同的效力证成

（一）未经审批的矿业权转让合同的效力证成

1. 矿业权转让原因与转让结果的厘清

在2007年之前的立法中，《担保法》第41条规定：“……抵押合同自登记之日起生效”，《合同法》第51条关于无权处分的规定，以及《转让管理办法》第10条第3款“转让合同自批准之日起生效”的规定等法律法规均未区分物权变动的原因和结果。2007年出台的《物权法》第15条确立了区分原则，所谓物权区分原则，“即在依据法律行为发生物权变动时，物权变动的原因与物权变动的结果作为两个法律事实，它们的成立生效依据不同的法律根据的原则。”② 区分原则的法理基础是负担行为与处分行为的区分，德国、瑞士、奥地利以及我国台湾地区采用了区分原则。区分原则将合同的成立生效和物权变动区分为两个法律事实，合同生效不等于物权变动生效。“债权合同只是请求权建立的法律根据，不能将物权变动的结果当作债权合同生效的原因。”③ 在《物权法》确立区分原则后，

① 最高人民法院（2017）最高法民申3880号民事裁定书。

② 孙宪忠等：《物权法的实施》（第一卷），社会科学文献出版社2013年版，第27页。

③ 孙宪忠：《中国物权法总论》，法律出版社2009年版，第250页。

我国理论界和实务界逐步接受，上述不区分物权变动的原因与结果的做法逐渐得到纠正。物权变动本身需要交付或者登记才生效，这种变动的形式要件又不作为合同生效要件，使得物权变动本身与债权合同具有一定的独立性，这意味着我国物权变动规则吸收了物权行为理论的合理性的一面。① 矿业权转让合同在矿业权批准转让后才生效的规定，将物权变动的结果作为债权合同生效的原因，违背物权区分原则，也颠倒了物权变动的原因与结果，于法理和逻辑均不相符。

根据2018年修改的最新版《矿业权交易规则》（国土资规〔2017〕7号）第2条第3款的规定，矿业权转让是指“矿业权人将矿业权依法转移给他人的行为。”《转让管理办法》区分了矿业权的转让与矿业权的转让合同，其中第10条第3款即规定：“批准转让的，转让合同自批准之日起生效。”行政审批的核心是矿业权的“转让”，而不是矿业权转让合同，只是规定，批准矿业权转让后，矿业权转让合同才开始生效。根据《转让管理办法》第8条的规定，矿业权转让应当向审批管理机关提交一系列资料，矿业权转让合同只是矿业权转让提交的材料之一，转让人是否履行了相关的义务，转让是否符合产业政策、受让人是否符合资质要求等才是行政审批的核心。根据原国土资源部门发布的《探矿权采矿权转让审批有关问题的规定》（国土资勘发〔1998〕11号），对矿业权转让合同的审查包括当事人双方的名称、转让价格、履行方式、违约责任等，但这些审查内容行政机关更多意在敦促交易双方约定齐备的合同条款，避免纷争，从而实现保护矿产资源的目的。就合同的真实性而言，行政机关对这些合同条款无法进行真实性审查，因为意思表示的真实与自由只能由表意人判断，此外第三人包括审批机关也不可能判断。如果行政审批及于意思表示的真实性，则意思自治将被公权力侵蚀殆尽。② 就合同的合法性而言，只有司法机关才能对合同的效力作出判断和认定，行政机关的审批不能取代合同效力的评价标准，“批准与否无法决定合同效力，不能改变合同的效力状

---

① 参见高富平：《物权法原论》，法律出版社2014年版，第437页。

② 参见麻锦亮：《合同审批的民法效力——以外资审批为中心》，载王利明主编：《判解研究》2010年第2辑（总第52辑），人民法院出版社2010年版，第49页。

态。”[①] 因此，行政机关对合同的审批本质上是一种形式审查。从当事人的角度，也不一定愿意将所有合意细节包括价款、支付方式、违约责任等等内容公之于众，这也是实践中矿业权转让阴阳合同出现的重要原因。既如此，固守矿业权转让行政审批针对的是债权合同的观念,[②] 与真实的交易状况以及行政审批的权力运行模式相悖。

在德国法上，合同的审批基本区分为：基础行为和履行行为，如果是基础行为需要审批，在审批前合同未生效，履行行为需要审批，合同首先是有效的。[③] 在须经行政审批的交易涉及权利变动的情形下，应进一步分析行政审批针对的是原因行为还是权利变动。[④] 矿业权转让合同本身仅涉及转让人与受让人的内部权利义务关系，只有矿业权的转让才涉及社会公共利益。矿业权转让合同是引发矿业权转让的原因，不能将矿业权转让与矿业权转让合同混淆，将权利转让与权利转让合同混淆。或者可以说，未经行政审批的矿业权转让合同有效，但矿业权转让无效，矿业权转让需要行政机关对包括矿业权转让合同在内的一系列事项的审查。以矿业权转让为目的的合同与矿业权转让本身是两个法律事实，合同成立生效后，才发生履行问题，履行过程中才需要审批完成矿业权的物权变动，如果合同不生效，则不必履行与审批。依照《转让管理办法》第10条的规定，“批准转让”的对象为矿业权，而不是矿业权的转让合同。根据物权区分原则的原理，将矿业权转让的债权合同的效力与矿业权转让经行政审批、获得勘查、采矿许可证的物权变动的效力予以区分，矿业权转让合同成立即生效，行政审批针对合同履行过程中权利变动的环节，不对矿业权转让债权合同的效力进行评价。

2. 矿业权转让合同成立即生效的体系正效应

区分矿业权转让的债权原因与物权变动结果，矿业权转让合同成立即

---

① 蔡立东：《行政审批与权利转让合同的效力》，载《中国法学》2013 年第1期。

② 参见李显冬、刘宁：《矿业权物权变动与行政审批之效力研究》，载《国家行政学院学报》2011 年第 1 期。

③ 参见汤文平：《批准（登记）生效合同、“申请义务”与“缔约过失”——〈合同法解释（二）〉第 8 条评注》，载《中外法学》2011 年第 2 期。

④ 参见吴光荣：《行政审批对合同效力的影响：理论与实践》，载《法学家》2013 年第 1 期。

生效，合同生效，自然产生报批义务，违反报批义务当然承担违约责任。由此使得合同效力问题重新回归私法体系的轨道，不必再承担报批义务如何产生，违反报批义务承担何种责任等沉重的论证责任，避免在学理上迂回曲折的学说解释，更可便利司法裁判中的法律适用。上文所述持合同未生效的各种学说，不仅引发合同效力体系的混乱，还导致转让人因合同未生效取得寻租空间，增加矿业权转让的道德风险。实践中转让人以合同未生效或者无效为由不履行报批义务的大量案例，即为体现。

（二）对既有批评的回应

学术界和实务界已经有从立法论立场提出过未经行政审批的矿业权转让合同有效的观点，主要为：从负担行为与处分行为区分的视角，将批准限定为处分行为的生效要件，未经行政审批的矿业权转让合同的效力不受影响。① 合同在审批前就具备法律效力，但在审批后才发生履行效力，行政审批针对的是合同履行引起的权利变动。② 行政审批在于控制合同的履行，权利转让合同未获批准前亦有效。③ 对这些观点的主要批评为：《物权法》第15条确立了区分原则，但该条并未提到“行政审批”，只表述为“未办理物权登记的，不影响合同效力。”因此，不能以该条判断未经行政审批的合同的效力。行政审批与不动产登记在法律性质上有别，不动产登记仅为不动产物权的公示方式，不代表登记机关对私法自治的干涉。④ 将矿业权转让合同效力局限在私法视角，低估公法干预合同效力的能力、动机和价值，增添了合同履行的不确定性。⑤

1. 矿业权的法权本质

回应“行政审批与不动产登记在法律性质上有别”的观点，一方面，

---

① 参见蒋文军：《论行政审批对特定财产权利转让合同效力的影响——基于负担行为和处分行为的视角》，载王利明主编：《判解研究》2010年第2辑（总第52辑），人民法院出版社2010年版，第160页。

② 参见刘贵祥：《合同效力研究》，人民法院出版社2012年版，第203页。

③ 参见蔡立东：《行政审批与权利转让合同的效力》，载《中国法学》2013年第1期。

④ 参见吴光荣：《行政审批对合同效力的影响：理论与实践》，载《法学家》2013年第1期。

⑤ 参见秦鹏、祝睿：《未经行政审批之矿业权转让合同的效力认定：裁判实践与应然路径》，载《法律科学》2018年第2期。

物权区分原则的要旨在区分物权变动的原因与物权变动的结果，矿业权转让亦不例外，矿业权转让合同作为矿业权变动的原因，与矿业权本身的物权变动应予以区分，而不论矿业权的物权变动是行政审批还是不动产登记。司法裁判实践中，并没有拘泥于《物权法》第15条的文义，而是从中抽象出了原因行为与物权变动相区分的原则，类推适用于整个物权变动领域；① 另一方面，需要正本清源，回归矿业权的法权本质。矿业权本身不仅仅具有民法物权的属性，还具有行政许可的属性。王利明曾主持的《物权法草案建议稿》第374条、376条即将矿业权规定在特许物权一节下。② 还有学者提出矿业权是行政机关赋予的特许经营权。③ 矿业权不是纯私法意义上的物权，蕴含着公私法交织的价值和法律考量。矿业权转让中的"物权登记"主要表现为矿业权转让审批通过后变更登记、颁发勘查、采矿许可证。基于矿业权的双重法律性质，颁发勘查、采矿许可证不仅具有物权公示的意义，也具有行政许可的法律属性。行政审批渗透于矿业权转让的各个环节，申请转让、变更登记、颁发勘查、采矿许可证等等均包含行政审批的权力因素。学界诟病的勘查、采矿许可证"一证载两权"问题，即为矿业权双重属性的体现。

2. 矿业权转让中的国家干预与私法固有逻辑的衡平

矿业权本属公私法交织的复合权利，国家干预与私人自治相互制衡。但国家干预的途径是否必须以干预债权合同效力，直接介入私法自治的核心领域为首要途径，值得反思。在矿业权领域，国家干预在矿业权出让的一级市场已经开始，在二级市场，根据《矿产资源法》《转让管理办法》等法律法规的规定，国家干预矿业权转让的规则详备。繁琐的转让条件和审批程序甚至使得矿业权的转让几乎成为"无法完成的任务"。④ 国家管制

---

① 参见黄泷一：《负担行为与处分行为区分的实务继受——以最高法院的司法解释和裁判文书为分析对象》，载《河北法学》2015年第5期。

② 参见王利明：《中国物权法草案建议稿及说明》，中国法制出版社2001年版，第90页。

③ 参见郗伟明：《矿业权法律规制研究》，法律出版社2012年版，第52页。

④ 张璐：《我国〈矿产资源法〉中民事法律机制的欠缺及完善》，载《郑州大学学报（哲学社会科学版）》2014年第1期。

矿业权变动，应从否定矿业权转让合同效力转向控制矿业权的实际变动。①将国家干预矿业权转让合同的阶段延迟至合同的履行阶段，控制权利的变动，同样可以达到管控矿业权转让，保护自然资源的目的。实际上，即便国家意图直接干预当事人的意思自治，如上文所述，当事人遂以阴阳合同的方式予以回避。一旦国家权力介入原本属于意思自治的领域，即引发合同效力体系的混乱，会带来诸多负面效应。法律行为及其效力是民法调整的范畴，公权力渗透到法律行为效力领域，破坏了私法固有的内在逻辑，超越了公权力应有的边界。② 当事人双方对矿业权转让的法律法规，政策均有相当的了解，对行政审批的结果有相当的预期，将公法干预延后到合同履行阶段，增加了合同履行的不确定性的说法亦缺乏根据。

四、结论

矿业权转让阴阳合同现象是私人对合同审批生效的强制性规定的回应和反射。在国家强制的干预下，私人主体为了完成交易，实现其利益最大化，自发形成的一种交易模式，代表着一种“自我生成演化的或自生自发的秩序”。③ 在计划经济时代，计划经济就是审批经济。《经济合同法》《涉外经济合同法》《技术合同法》充满了行政审批的条文，至今只有矿业权转让合同、技术进出口合同、划拨土地使用权转让合同等少数几类合同需要行政审批才生效，数量已经大幅度减少。“要改革以审批发证为主要内容的传统管理体制。”④ 从将未经审批的矿业权转让合同认定为无效，到成立未生效、部分有效部分未生效，再到直接认定为有效，符合市场逻辑，也符合政府转变职能，发挥市场在资源配置中的基础性作用的要求。此外，在我国台湾地区，也不存在批准登记生效合同的特殊情况，“这充

① 参见蔡立东、李晓倩：《行政审批与矿业权转让合同的效力》，载《政法论丛》2011年第5期。

② 参见马新彦：《论民法对合同行政审批的立法态度》，载《中国法学》2016年第6期。

③ ［英］弗里德里希·冯·哈耶克：《法律、立法与自由》（第一卷），邓正来译，中国大百科全书出版社2000年版，导论第4页。

④ 李克强：《在全国深化简政放权放管结合优化服务改革电视电话会议上的讲话》，载《人民日报》2017年6月30日。

分体现了台湾地区民法中合同自由的肥沃土壤”。[①] 由于《转让管理办法》第 10 条第 3 款规定：“批准转让的，转让合同自批准之日起生效。”故在解释论的立场上无法越过这一规定，不能得出未经行政审批的矿业权转让合同成立即生效的结论。从立法论的角度，应删除《转让管理办法》第 10 条第 3 款的规定。如果在履行中行政机关不予批准矿业权转让，则合同无法履行，如当事人均无过错，属合同履行的嗣后不能，当事人可不承担责任。如果当事人有过错，对有过错的当事人追究违约责任。[②] 正在修订中的《矿产资源法》，亦不应制定限制矿业权转让合同效力的规范。

矿业权转让合同属于财产权利转让合同，此前亦有学者呼吁对需要经审批的权利转让合同应从立法论的立场予以调整，权利转让合同成立即生效。[③] 本文运用物权区分原则证成矿业权转让合同成立即生效，相应理由同样适用于其他涉及物权变动的权利转让合同。物权区分原则的法权逻辑和理论构造可涵摄所有的涉及物权变动的权利转让合同。在未来民法典合同编以及其他法律、法规中，对未经行政审批的涉及物权变动的权利转让合同，不应作出限制其合同效力的规范安排。

---

① 李陈婷：《法定未生效合同及其法律责任研究》，载梁慧星主编：《民商法论丛》第 54 卷，法律出版社 2014 年版，第 148 页。

② 孙宪忠：《中国物权法总论》，法律出版社 2009 年版，第 264 页。

③ 参见蔡立东：《行政审批与权利转让合同的效力》，载《中国法学》2013 年第 1 期。

"自治与审查"视角下民事诉讼调解协议生效问题研究

——以调解书未送达为中心展开

王　刚*

司法实践中有时会出现民事案件调解后当事人拒绝签收调解书的情况，此时当事人之间签订的民事诉讼调解①协议是否生效存在很大的争议。《民事诉讼法》规定"调解达成协议，人民法院应当制作调解书；调解书经双方当事人签收后，即具有法律效力"，"调解未达成或者调解书送达前一方反悔的，人民法院应当及时判决"。从立法上规定了司法审查权，即司法介入调解以行使合法性方面的审查权。然而学界对于司法审查权这一概念本身缺乏充分认知，对其内涵的理解亦存在诸多争议。同时，立法又赋予了当事人的反悔权，反悔权的存在与调解的契约性发生了冲突，应当如何协调？为了保障调解的契约性，越来越多的调解协议明确写到"本调解协议自双方在调解协议上签字后即生效"，但该规定似乎

* 复旦大学法学院诉讼法学博士研究生，江苏省苏州市相城区人民法院专职委员、员额法官。

① 民事调解以法院是否参与可分为民事诉讼调解和诉讼外调解。民事诉讼调解协议的生效问题是本文研究重点。

又与立法规定发生冲突，其效力如何确定？调解的契约性与反悔权的冲突是表象，其根源在于司法审查权与调解自治原则的协商与平衡问题。立法规定存在模糊性，理论研究尚缺乏深入，司法审判则在夹缝中摸索以求化解之道。若任由上述矛盾与冲突的发展，既不利于诉讼诚信建设，也有损树立司法权威。如何从根源上解决冲突，建构完善的诉讼调解协议生效制度，是本文研究的重点。

一、立法考察：调解协议效力的“统一法”与“二分法”

（一）立法上坚定“两分法”

我国《民事诉讼法》自1991年实施以来，先后经过2007年和2012年的修改，虽然法条序数发生几度变化，但是对民事调解协议及调解书内容的规定保持不变。2012年修正的《民事诉讼法》用三个条文①（分别是第97条、第98条、第99条）对调解协议与调解书的关系与效力进行了规定。1991年和2007年的《民事诉讼法》作了同样的规定。

从文义解释看，我国《民事诉讼法》对调解书或者调解协议的生效采用“两分法”，将其区分为两种情况：一是需要制作调解书的情况，调解书经双方当事人签收后，方具有法律效力；另一是针对《民事诉讼法》第98条“四种除外情形”的规定，不需要制作调解书的调解协议，庭审时应当记入笔录，并且由双方当事人、承办法官、书记员签名或者盖章后，具有法律效力。简述之，根据《民事诉讼法》的规定，法院一般情况下应当制作调解书，调解书经当事人签收后才能生效。特定情形下不需要制作调解书，但应当将调解协议记入笔录，并经各方主体签字或者盖章后，即具

① 现行《民事诉讼法》第97条规定：“调解达成协议，人民法院应当制作调解书。调解书应当写明诉讼请求、案件的事实和调解结果。调解书由审判人员、书记员署名，加盖人民法院印章，送达双方当事人。调解书经双方当事人签收后，即具有法律效力。”第98条规定：“下列案件调解达成协议，人民法院可以不制作调解书：（一）调解和好的离婚案件；（二）调解维持收养关系的案件；（三）能够即时履行的案件；（四）其他不需要制作调解书的案件。对不需要制作调解书的协议，应当记入笔录，由双方当事人、审判人员、书记员签名或者盖章后，即具有法律效力。”第99条规定：“调解未达成或者调解书送达前一方反悔的，人民法院应当及时判决。”

有法律效力。

（二）司法解释上“统一法”与“二分法”的探索与回归

1992年《最高人民法院关于适用〈中华人民共和国民事诉讼法〉若干问题的意见》（以下简称《1992年民事诉讼法司法解释》）（针对1991年我国首部民事诉讼法典的解释）用了两个条文（第95条、第96条）①规定调解协议效力。《1992年民事诉讼法司法解释》对调解协议效力的规定是“两分法”，与立法一致，“四种除外情形”之外的调解协议以调解书的签收为生效条件。2004年《最高人民法院关于人民法院民事调解工作若干问题的规定》（以下简称《2004年民事调解规定》）第13条规定：根据民事诉讼法（笔者注：此处指1991年《民事诉讼法》）第90条第1款第（4）项规定，当事人各方同意在调解协议上签名或者盖章后生效，经人民法院审查确认后，应当记入笔录或者将协议附卷，并由当事人、审判人员、书记员签名或者盖章后即具有法律效力。当事人请求制作调解书的，人民法院应当制作调解书送交当事人。当事人拒收调解书的，不影响调解书的效力。2008年《最高人民法院关于适用〈中华人民共和国民事诉讼法〉》若干问题的意见》（以下简称《2008年民事诉讼法司法解释》）（针对2007年修改的《民事诉讼法》）对调解协议效力的规定与《1992年民事诉讼法司法解释》完全相同，同样是用两个条文，内容一致。2015年《最高人民法院关于适用〈中华人民共和国民事诉讼法〉的解释》（以下简称《2015年民事诉讼法司法解释》）（针对2012年修改的《民事诉讼法》）基本沿用了《2004年民事调解规定》的精神，其在第151条对《民事诉讼法》中不需要制作调解书的情形作了同样的规定，进一步强调了当事人请求制作调解书的，人民法院应当制作调解书送交当事人。当事人拒收调解书的，不影响调解协议的效力。此处的“送交”当事人，与《民事诉讼法》规定的裁判文书送达不同。送达是一种法律行为，具有法律效力；送交则是一种事实行为，具有表明事实的作用。调解书在这里实际上

① 《1992年民事诉讼法司法解释》第95条规定：“当事人一方拒绝签收调解书的，调解书不发生法律效力，人民法院要及时通知对方当事人。”第96条规定：“调解书不能当庭送达双方当事人的，应以后收到调解书的当事人签收的日期为调解书生效日期。”

只是对调解协议发生效力的证明，并不具有生效要件的意义，将调解书“送交”当事人也没有一般调解书“送达”的功能。①《2004年民事调解规定》及《2015年民事诉讼法司法解释》并没有突破立法上“二分法”的规定，仍然是通常情况下需要制作民事调解书，并且以调解书的签收作为调解协议的生效条件；只有在“四种除外情形”下才无需制作调解书，调解协议直接以各方主体签字或者盖章后发生法律效力，上述第151条即是针对“四种除外情形”作的规定。

但是与以上几次民事诉讼司法解释及《2004年民事调解规定》不同的是，2003年《最高人民法院关于适用简易程序审理民事案件的若干规定》（以下简称《2003年简易程序规定》）第15条规定：“调解达成协议并经审判人员审核后，双方当事人同意该调解协议经双方签名或者捺印后生效的，该调解协议自双方签名或者捺印之日起发生法律效力。当事人要求摘录或者复制该调解协议的，应予准许。调解协议符合前款规定的，人民法院应当另行制作民事调解书。调解协议生效后一方拒不履行的，另一方可以持民事调解书申请强制执行。”《2003年简易程序规定》在调解协议的生效条件上对立法进行了较大程度的突破，将立法上的“两分法”实质性地转变成了“统一法”，即对于民事诉讼调解，规定“双方当事人同意该调解协议经双方签名或者捺印之日起发生法律效力”，并赋予未反悔一方当事人持民事调解书申请法院强制执行的能力。虽然《2003年简易程序规定》也要求法院应当根据双方当事人之间的调解协议制作调解书，但明确一方拒不履行的，另一方可以持调解书申请法院强制执行，也即排除了当事人的反悔权。从下文分析，我们可以得知尽管需要双方当事人同意，但其仍是对诉讼调解协议生效制度发展史上一个巨大的进步。

经考察上述司法解释对于调解协议生效的规定，司法解释前后并没有保持一致的观点，《2003年简易程序规定》对调解协议效力实质上的“统一法”没有在随后的《2004年民事调解规定》中得到体现和确认，在《2015年民事诉讼法司法解释》中也未得到体现。其主要原因可能是，《2003年简易程序规定》在立法论上可能与法律规定有所出入，似有突破

---

① 杨润时：《最高人民法院民事调解工作司法解释的理解与适用》，人民法院出版社2004年版，第141页。

立法精神之嫌，在《民事诉讼法》未对相关条文进行修改之前，司法解释不应与法律规定发生明显冲突，尽管其明确前提是双方当事人同意；所以在紧随其后的《2004年民事调解规定》中并没有得到体现，而2012年《民事诉讼法》大修改时在立法上仍然坚持“二分法”，相应的《2015年民事诉讼法司法解释》自然也不会突破“二分法”之精神了。但是，《2003年简易程序规定》对调解协议效力实质上的“统一法”，在理论认识和实践意义上是有明显进步意义的，将在下文中深入探讨。

二、司法审查：司法适度介入诉讼调解的本质体现

（一）域外参考：司法适度介入审查为国际惯例

强调司法对当事人调解行为的适度审查是英美法系和大陆法系国家普遍采用的做法。

德国、日本、法国等大陆法系国家均有类似规定，且在理论上和实务上都十分成熟。德国有着较为深远的诉讼和解制度渊源，现行《德国民事诉讼法》（即《德意志联邦共和国民事诉讼法》）于2014年修改后颁布实施，要求法官在整个诉讼过程中都要努力促成当事人和解，第278条规定：“不问诉讼到何程度，法官应该注意使诉讼或各个争点得到和好的解决。为使诉讼得到友好的解决，法院在言词辩论之前应首先召开和解辩论，除非当事人在庭外调解所已进行过和解尝试或者诉讼外和解明显无望。和解辩论中法官应就案件事实与法律争议状态与当事人进行讨论，不受限制的评估全部情况并在有需要时对当事人发问。应听取各方当事人发表的意见。”① 根据《德国民事诉讼法》规定，法官在不同诉讼阶段会就案件事实和争议焦点提出个人意见并释明，同时还会就案件和解提出一定的书面建议，以使当事人了解法官审查思路，促成当事人达成协议，从法官的参与程度来看即为实质上进行了司法审查。② 诉讼调解在日本称之为裁判和解，指当事人于法官面前互谅互让、对争议案件之解决所达成的合意。日本民事诉讼法概念中狭义上的裁判和解即为诉讼中的和解。从其概念可

① 丁启明译：《德国民事诉讼法》，厦门大学出版社2016年版，第65~66页。

② 《德意志联邦共和国民事诉讼法》（2014年8月7日修改）第118条第1款、第492条第3款及第794条第1项。

知，突出强调当事人在法官面前达成的合意，在尊重私法契约精神的基础上也十分注重法官的审查权。日本著名民事诉讼法学者中村英郎教授在分析裁判和解的诉讼法的要件时，提到应分为四个方面：（1）当事人相关要件；（2）法院相关要件；（3）诉讼标的相关要件；（4）合意相关要件。其中，对法院相关要件，专门提出裁判和解必须于期日由受诉法院或者受命法官、受托法官抑或指挥准备程序的法官面前为之，也必须体现出法官对裁判和解的参与。对合意相关要件表述为，和解乃由当事人向法官陈述达成的合意后始得成立；合意内容可能实现且确定，并不得违反公序良俗及强制性法规。可见对合意性要件的审查只能是司法审查，只有通过司法审查确认其合意内容不违反法律的强制性规定，也不违背公序良俗时才能生效。①《法国新民事诉讼法典》专门规定了和解制度，其中就包括诉讼和解，并为当事人和解确定为法官的职责范围。当事人之间的协议应当提交法官进行审查认可，但并未规定强制民事调解书制度。②

美国、英国等英美法系国家也存在针对诉讼调解的司法审查制度。美国法院调解制度与我国有所不同，但也存在法院外调解制度和诉讼和解制度，即法院附设调解制度和诉讼上和解制度。法院附设调解的组织机构是调解委员会，而不是法官，类似于我国附设在诉讼服务中心的调解工作室。调解委员会根据当事人双方的诉求，拟定一个解决纠纷的方案，并告知当事人双方必须在一定的期限内作出回应，当事人可以同意调解委员会提出的纠纷解决的方案，也可以不同意。如果当事人均同意该方案，调解委员会则将此方案向法院备案由法院作出正式的裁决，裁决具有法律效力，如果调解委员会提出的方案遭到一方当事人的反对，该案件就自然地被转入法庭审判程序。法院以对调解委员会提出的调解方案作出裁决的方式进行司法审查。诉讼上和解与我国法院调解制度类似。但与我国不同的是，美国诉讼和解实行和解法官与审判法官分离，以防审判法官受到调解过程的干扰、陷入先入为主的状况，同时，也可以促进当事人自由协商、

---

① 关于裁判和解内容主要参见［日］中村宗雄、中村英郎：《诉讼法学方法论——中村民事诉讼理论精要》，陈刚、段文波译，中国法制出版社 2009 年版，第 100～115 页。

② 罗结珍译：《法国新民事诉讼法典》（上册），法律出版社 2008 年版，第 214～215 页。

消除因调解不成进入审判后可能受到不公正对待的思想顾虑。① 和解协议达成以后，诉讼终止，法院依据协议内容作出判决，该判决与诉讼判决书具有相等的法律效力。② 美国法院对诉讼和解协议的判决确认，其性质与我国法院在诉讼和解达成后出具民事调解书确认类似。英国诉讼和解制度与美国类似，采用“合意判决”制度，即双方当事人在审理前或审理中所达成的和解协议，通过“合意判决”的形式记录下来，就可以获得强制执行力。

（二）我国立法：对诉讼调解协议法律效力的司法审查

调解协议的司法审查概念最早是由针对诉讼外调解协议的司法确认而引出的。对调解协议进行司法审查的制度史考察，最高人民法院于2002年发布的《关于审理涉及人民调解协议的民事案件的若干规定》（以下简称《2002年若干规定》）即对围绕人民调解协议发生争议时如何诉诸诉讼程序加以解决进行了规定。此后2009年最高人民法院发布了《关于建立健全诉讼与非诉讼相衔接的矛盾纠纷解决机制的若干意见》（以下简称《2009年若干意见》），2010年全国人大常委会通过《中华人民共和国人民调解法》（以下简称《人民调解法》），2011年最高人民法院发布了《关于人民调解协议司法确认程序的若干规定》（以下简称《2011年若干规定》）。上述法律、司法解释及司法文件相继对诉讼外民事调解协议的司法确认进行了规定。有学者在对我国诉讼外调解协议的司法审查的制度沿革考察后认为，以《2009年若干意见》的发布为标志，由“非讼”性质的司法确认程序和处理涉及调解协议效力争议的诉讼程序这两个方面构成的司法审查制度框架基本形成③；《人民调解法》的颁布实施正式从法律的形

---

① 白绿铉：《美国民事诉讼法》，经济日报出版社1997年版，第116页。

② 《联邦民事诉讼规则》第41条第1款第1项。

③ 王亚新：《诉调对接和对调解协议的司法审查》，载《法律适用》2010年第6期。

式上确定了调解协议的司法审查制度。[①]《人民调解法》第 33 条[②]明确规定了司法确认制度，并赋予经法院确认的调解协议可以直接付诸强制执行的效力。

对诉讼外调解协议进行司法审查，目的在于确认其法律效力，是赋予调解协议申请法院强制执行的效力。其理论基础是，首先，诉讼外调解协议是当事人在人民调解委员会、司法所等法院外机构主持下自行达成的，法院（法官）并未参与，法院在确认其法律效力前必须对调解协议的程序是否合法（是否违背当事人的自由意志、是否为当事人的真实意思表示）和实体是否合法（是否违背法律、行政法规强制性规定，是否违背公序良俗）；其次，诉讼外调解协议的法律效力是介于普通民事合同与判决、民事调解书等具有强制执行力的文书之间，高于民事合同，低于具有强制执行力的文书。这种审查方式在当前立法语境下主要是通过制作民事调解书时，人民法院主动进行审查。司法介入审查的前提是一种“假设”，即调解协议的形成是诉讼双方自行达成、未经法院或者法官参与下的调解，未能体现立法意义上的司法审查。

调解协议的司法审查并不仅局限于对诉讼外调解协议的审查，在民事诉讼调解协议上也同样存在司法审查。针对民事诉讼调解协议的司法审查方式有两种：一是对不需要制作调解书的，通过将其记入调解笔录的过程中，法官行使审查权，以确认其合法性和确定性，是否违反公序良俗。二是针对需要制作调解书的，通过调解书的制作引入司法审查，以使当事人的私法自治得到法律上的认可；所以明确规定“调解达成协议，人民法院应当制作调解书。调解书应当写明诉讼请求、案件的事实和调解结果”，

---

① 王亚新：《〈民事诉讼法〉修改与调解协议的司法审查》，载《清华法学》2011 年第 3 期。

② 《人民调解法》第 33 条规定：“经人民调解委员会调解达成调解协议后，双方当事人认为有必要的，可以自调解协议生效之日起三十日内共同向人民法院申请司法确认，人民法院应当及时对调解协议进行审查，依法确认调解协议的效力。人民法院依法确认调解协议有效，一方当事人拒绝履行或者未全部履行的，对方当事人可以向人民法院申请强制执行。人民法院依法确认调解协议无效的，当事人可以通过人民调解方式变更原调解协议或者达成新的调解协议，也可以向人民法院提起诉讼。”

而调解书经双方当事人签收后才具有法律效力。民事诉讼调解协议既可能是在法官的主持下达成，也可能是当事人在诉讼中自行和解而后请求法官出具调解书。根据现有法律规定，法官是不能直接根据当事人的和解协议出具调解书，只能是将当事人之间的和解协议记入调解笔录，再根据调解笔录中的记载出具调解书。《民事诉讼法》及其司法解释规定，除了“四种特定情形”不需要制作调解书的外，其他民事诉讼调解协议都应当制作调解书，而且以当事人签收为生效要件。不需要制作调解书的“四种特定情形”，主要是针对经调解已基本恢复到原初状态的情形，如调解和好的离婚案件、维持收养关系的案件；还针对没有反悔时间的情形，如能够即时履行的案件；以及其他不需要制作调解书的案件。恢复到原初状态和即时履行案件而没有反悔时间的调解协议，因婚姻、收养、即时履行其原始关系通常是合法有效的、符合社会伦理的，在法官将其记入笔录时即已进行了司法审查，且该类案件将来也无反悔的基础。而对于“四种特殊情形”之外的调解协议，立法要求应当制作调解书，目的是通过制作调解书的过程进行审查，以防止违背法律、行政法规强制性规定，或者违背社会公共秩序和善良风俗的调解协议出现，并非仅仅是为当事人申请执行提供书面载体。

三、调解性质：实体法与诉讼法竞合下的自治性与契约性

（一）诉讼调解系实体法和程序法竞合之“场”①

民事诉讼调解是受实体法调整的调解行为，还是受程序法调整的调解行为，还是兼具实体法和程序法意义，在学界是存在一定争议的。主张受实体法调整的观点认为，诉讼调解虽然是在民事诉讼过程中的调解，但其调解行为指向的是双方之间的实体争议，调解协议内容约束的也是双方之

---

① 此处的“场”概念，系借鉴日本著名民事诉讼法学大师中英宗雄先生的学说，其认为诉讼法学可分为诉讼构成理论和诉讼实体理论，而诉讼不是单一的场，应是涵盖原告、被告、法院（或者权利、义务、司法权）这一空间坐标（主体坐标）和时间坐标的时空相结合的“四次元”的场。参见［日］中村宗雄、中村英郎：《诉讼法学方法论——中村民事诉讼理论精要》，陈刚、段文波译，中国法制出版社2009年版，第23～24页。

间的实体权益。但反对者认为，诉讼调解更加突出诉讼这一关键词，调解是在诉讼进行中由法官主持进行的协商行为，此为与其他诉讼外调解的区别所在；相应地，诉讼调解协议在程序法效力上体现为具有申请法院强制执行的效力。

在日本民事诉讼法学界，关于裁判和解的性质界定亦是学说众多，其中代表性学说有纯诉讼行为说、纯私法行为说、私法行为兼诉讼行为说（又称行为竞和说）。纯私法行为说认为裁判和解乃纯粹的私法上之法律行为。纯诉讼行为认为应从诉讼法角度理解裁判和解，该说仅以当事人为了结诉讼而对法院实施的行为（合意或合同行为）作为考察对象，并以当事人合意为前提，而将实体法上的和解置之度外。行为竞和说认为，诉讼行为产生私法上效果的逻辑前提是诉讼行为和私法行为同时存在，其基本原理与行为并存说（即诉讼行为与私法行为并存）大体相同。① 本文认同行为竞合说，即诉讼调解是指在诉讼程序中司法参与下的当事人和解行为，既应遵守程序法理，也应坚持实体法原则，这是诉讼调解与人民调解、当事人自行和解、仲裁调解等本质上不同的地方。诉讼调解协议是一种程序法与实体法之间相互渗透相互交融的关系。②

（二）诉讼调解的自治性

调解协议是指当事人在诉讼过程中，在法院的主持下，通过自行协商，双方意见达成一致的协议。调解协议是双方当事人意思一致的表现，是私权之处分权在民事诉讼中的体现，即法院审判权和当事人处分权相结合的法律效果。诉讼调解的自治性内涵主要体现在意思自治和调解自愿。

意思自治是指当事人按照自己的理性判断来为自己与他人的交往设定权利义务关系，从而实现自我设计、自我管理与自我归责。这既是市场经济发展的内在逻辑，同时也是民主政治与法治文明的必然要求。③ 民事诉讼调解与民事判决的根本区别就在于两者的形成依据不同。判决的形成依

① ［日］中村宗雄、中村英郎：《诉讼法学方法论——中村民事诉讼理论精要》，陈刚、段文波译，中国法制出版社2009年版，第101~110页。

② 陈娴灵：《诉讼调解协议性质及效力分析》，载《法学论坛》2008年第2期。

③ 赵钢：《法院确认超诉请范围的调解协议之法理基础》，载《法学评论》2007年第5期。

据是法院根据实体法所作出的判断，调解的形成依据是当事人对自己权利义务进行处置所形成的合意。[①] 在合同的订立过程中，当事人意思自治发挥着决定性作用，一旦当事人达成合意，即产生确定的法律拘束力。当事人所订立的合同即是作为法律拘束力的基础而存在的。[②]

自愿原则是调解制度的一种内在约束机制，对当事人的自治选择和处分权的高度尊重，可以很好地防止外界强制力量的干扰，本身就是对调解的运作进行规范和制约的最佳方式。[③] 调解强调自愿性，自愿原则贯穿于整个调解过程，既包括当事人协商博弈的过程，也包括调解协议生效的条件约定。虽然学界对于调解自愿原则的具体内涵在表述上存在不同，但是其核心内容基本一致，概括起来为两个方面：一是从程序上，当事人有启动、中止、结束调解程序的权利，法院依职权启动调解程序也应当征得当事人的同意；二是从实体上，调解协议的内容应当是当事人双方的真实意思体现。即当事人对调解程序的选择具有自主权，对调解协议的内容有自主决定权。[④] 自愿原则是司法调解的本质属性以及正当性所在。法院在查明事实、分清是非的基础上主持调解，主要的目的是保证当事人之间自主交涉的顺利进行。法官起到的是辅助作用，对于当事人的选择权、调解内容的自主权不应当作出不合理的干涉。[⑤] 意思自治原则要求当事人应尊重其关于调解协议生效条件的约定。而达成调解协议的双方当事人自是应当受其协议所产生的合同拘束力。有学者提出，可以构建一个金字塔结构式的体系：自愿原则处于金字塔之首，统治着下属的次要原则——保密、对等、诚信原则；而这些次要原则的共同实施保障着自愿原则的真正贯彻落

---

① 胡莲萍、王力博：《我国民事调解制度中的调解协议与民事调解书刍议》，载《仲裁与法律》第105辑。

② 王伯琦：《法律行为之无效与不成立》，载《民法总则论文选辑》，台湾地区台北五南图书出版公司1984年版，第724页。

③ 李祖军：《调解制度论：冲突解决的和谐之路》，法律出版社2010年版，第95页。

④ 何文燕：《民事诉讼法学》，湖南人民出版社2008年版，第229页；江伟、肖建国：《民事诉讼法学》，中国人民大学出版社2015年版，第218～219页；袁煜驰：《法院调解自愿原则新解》，载《法律适用》2006年第12期。

⑤ 李炳烁：《论司法调解规范化的实践问题与路径选择》，载《法学杂志》2016年第12期。

实。[①] 我国《民事诉讼法》第9条对调解的自愿原则进行了规定，要求人民法院审理民事案件，应当根据自愿和合法的原则进行调解；调解不成的，应当及时判决。

（三）诉讼调解的契约性

民事诉讼的契约性是指当事人意思自治在民事诉讼领域的体现，意指从当事人自治、意思自由、当事人的自主性角度系统地按照契约化的思路对民事诉讼体制进行修正，使其满足社会转型的需要。[②] 在诉讼调解中强调诉讼契约化已经成为学界和实务界讨论已久的话题，如果说以当事人意思自治为主的民事诉讼应当体现契约化，诉讼调解更是首当其冲。调解在混合型诉讼模式中将发挥关键的“调制器”作用，以平衡当事人主义因素和职权主义因素。[③] 诉讼调解协议兼具实体法意义和程序法意义上的效力。调解作为一种纠纷解决方式，本质上仍以合意为其核心要素，而此种合意是私法领域中意思自治原则的延伸。[④] 所以，竞合调整之“场”之上作为基本指导原则的是诉讼调解的契约性。

从实体法上意义看诉讼调解协议的契约性。根据我国《民法总则》规定，民事法律行为可以基于双方或者多方的意思表示一致成立，也可以基于单方的意思表示成立。民事法律行为自成立时起生效，但是法律另有规定或者当事人另有约定的除外。调解协议系双方当事人在司法参与下意思表示一致的协议，其符合民法关于合同的构成要件。基于诉讼调解的自治性原理，许多国家也都是承认其契约性。尽管我国《合同法》未将调解协议规定为有名合同，但基于调解的契约性、自治性，其仍应受《合同法》总则的约束。对于依法成立的合同，即应维持其所具有的法律拘束力；那么，对于作为民事合同的调解协议，其当然具有此种效力（笔者注：即法

---

① 周建华：《司法调解的契约化》，载《清华法学》2008年第6期。

② 张卫平：《转换的逻辑——民事诉讼体制转型分析》，法律出版社2004年版，第296、298页。

③ 周建华：《司法调解的契约化》，载《清华法学》2008年第6期。

④ 刘艳芳：《论人民调解的法制意义及效力重构》，载《安徽大学法律评论》2009年第1期。

律拘束力)。[①] 诉讼调解协议本质上是民事合同，对双方当事人具有拘束力。合同的拘束力排除了当事人的反悔权，若反悔即构成违约，应当承担违约责任。但诉讼调解协议又非普通的民事合同，两者又存在本质上的不同。有观点认为其相当于民事合同，但又有所不同。[②] 笔者认为，诉讼调解协议与普通民事合同不同的地方在于，诉讼调解协议在法院参与下的调解协议，引入了具有中立裁判性质的第三方（法院）。普通民事合同在双方当事人签字后即对双方产生约束力，除非存在法律禁止性情况；而诉讼调解协议必须在法院审查下，经双方当事人、主持诉讼调解的法官签字后方能产生法律约束力。在普通合同中，违约一方承担违约责任的表现形式有支付违约金、赔偿损失等；而在诉讼调解协议中，违约一方承担违约责任的表现形式除了按照诉讼调解协议承担继续履行义务之外，更为显著的特征是成为被执行人。

从程序法角度看其同样具有契约性。诉讼契约是指以产生诉讼法上的效果为直接目的的当事人之间的合意，又称为“诉讼上的合意”。[③] 其程序法原理为当事人的处分原则，当事人有权根据其自身意思，自行处置诉讼权利，只要该处分不违反法律禁止性规定即应认可。所以，诉讼调解协议完全符合民事法律行为的构成要件，也符合民事合同的一般要件，然而，从诉讼契约的角度来看，其亦符合诉讼行为的一般性规定。[④] 诉讼调解协议的程序性特征主要表现在其是否具有申请法院强制执行的直接法律效力。有学者认为人民调解协议具有可以直接付诸强制执行的效力；[⑤] 与诉讼调解协议相比较而言，人民调解协议还是由法院之外的第三方组织（如人民调解委员会）主持，其可以申请强制执行的法律效力，那诉讼调解协议则更应具有申请强制的法律效力了。有观点结合诉讼调解协议的实体法意义上的民事合同性质及其拘束力，认为应当赋予其强制执行效力，如此

---

① 彭姣：《论调解协议的效力》，载《海南大学学报（人文社会科学版）》2015年第5期。

② 邱永清、廖焕国：《调解协议的性质与法律效力》，载《求索》2007年第4期。

③ 张卫平：《论民事诉讼的契约化——完善我国民事诉讼法的基本作业》，载《中国法学》2004年第3期。

④ 陈娴灵：《诉讼调解协议性质及效力论析》，载《法学论坛》2008年第2期。

⑤ 袁兆春、刘同战：《人民调解制度的革新》，载《法学论坛》2009年第5期。

才能强化其功能，否则因其缺乏强制执行力，当事人可以任意反悔，无益于解决纠纷。①

诉讼调解协议既要受其民事合同性质的拘束，也要受到其诉讼契约性质产生诉讼法意义上的法律效果。相应地，诉讼调解协议的法律效力体现为两个方面：在实体法上，双方当事人之间争议的民事权利义务关系将依调解协议的内容而确定；在诉讼法上，诉讼程序结束，排除当事人的上诉权和再次起诉权，但具有可以申请法院强制执行的效力。② 诉讼调解协议的强制执行性，在理论上应当排除当事人的反悔权，即诉讼调解协议经当事人、主持调解的法官签字后即已生效，具有申请法院强制执行的法律效力，即使有一方反悔，另一方也仍然有依据调解协议向法院申请强制执行的权利。需要明确地是，此处具有强制执行力的调解协议只能是诉中调解协议，即在法院参与下已经存在司法审查的情况下调解协议才能具有强制执行力；而对于诉讼外的调解协议不能轻易赋予其强制执行力，因为其合法与否、符合我国公序良俗与否均无法确定。

四、冲突表现：司法审查与调解自治的对抗与协调

（一）司法审查的适度与不当扩张的冲突

一如上述研究，司法审查已为国际惯例，英美法系和大陆法系国家多通过不同方式的立法和实践对诉讼调解进行审查。立法上强调司法对诉讼调解行为进行审查，是非常有必要的，只有司法适度的介入审查，才能有效避免违反法律、行政法规强制性规定和违背公序良俗的调解协议产生。但是，各国对诉讼调解的司法审查均持克制态度，从制度避免不当扩张审查过多地介入调解自治领域。诉讼调解在本质上是在法院的指导下，当事人自律解决纠纷的活动。③ 法官对诉讼调解协议的审核，应当避免控制标准的严苛性而重现以往调解合法和真实原则下恣意改变当事人合意的现象。④ 根据我国现行民事诉讼法精神，司法审查介入的前提是调解协议为

---

① 陈亚平：《我国诉讼调解制度完善研究》，载《法学杂志》2008 年第 1 期。

② 江伟：《民事诉讼法（第二版）》，高等教育出版社 2004 年版，第 193 页。

③ 李浩：《论调解不宜作为民事审判权的运作方式》，载《法律科学》1996 年第 4 期。

④ 周建华：《司法调解的契约化》，载《清华法学》2008 年第 6 期。

双方当事人自行达成的，而非法院主持下的调解，通过司法审查确保调解的合法性和可执行性。诉讼调解与自行调解、仲裁调解、人民调解等不同，司法实践中诉讼调解都是在法院组织下达成的调解协议，或者是在开庭过程中法官根据开庭情况适时组织调解达成的调解协议，也即在双方协商调解过程中已经体现了法院的意志，调解协议的内容通常是合法的，具有可执行性。有学者将其理解为法院对诉讼调解的指导性，其认为法院的指导性，不仅仅体现在调解过程中的主持和参与，也表现在法院提出的调解方案对当事人具有判决指示的压力，还表现在法院可以通过调解控制诉讼的时间和进程。① 诉讼调解的法院指导属性表明，在双方当事人调解的过程中，司法审查行为已经进行。根据笔者工作经验，经法院主持下的司法调解调解笔录会简单记录双方调解协商的过程，接着记载双方的调解协议内容，笔录的最后为法院对上述调解协议内容的合法性和法律效力进行确认，且在调解笔录后会再单独附调解协议，以上调解笔录和调解协议均需双方当事人及审判人员、书记员签字、盖章并注明日期。对于实践中的上述调解协议，应当是以双方当事人签字确认后即为生效，除非双方当事人单独就调解协议生效作了其他约定。调解协议与调解书是实质和形式的关系，调解协议是调解书的前提和基础，调解书对调解协议只起到证明的作用，是否制作调解书及送达对于调解协议的法律效力均不产生影响。若不加区分地对于现行立法规定需要制作调解书的调解协议，一概界定为以双方当事人签收民事调解书为生效条件，是对现行民事诉讼法的司法审查权的不当误读，未得其立法实质，也是对民事调解私法自治的违背。因诉讼调解的自治性与契约性，司法介入审查应当适度，即原则上仅应作合法性与合理性审查，如审查其是否违背法律、行政法规的强制性规定，是否违背公序良俗，是否违背国家利益、社会公共利益及他人合法权益，内容是否明确及具有可执行性等。

（二）立法上“二分法”与调解自治原则的协调

诉讼调解协议同时具有实体法意义和程序法意义上的契约性。在实体法意义上，诉讼调解协议达成后具有普通民事合同的性质，双方当事人均

---

① 潘剑锋、刘哲玮：《论法院调解与纠纷解决之关系——从构建和谐社会的角度展开》，载《比较法研究》2010年第4期。

应受其约束，且应依诚实信用原则如约履行。在程序法意义上，诉讼调解协议还赋予了当事人申请法院强制执行的法律效力，而排除了当事人的上诉权和反悔权。

我国《民事诉讼法》对诉讼调解协议生效采“二分法”，即需要制作调解书和不需要制作调解书的情况，明确规定“四种除外情形”之外的诉讼调解协议均应由法院制作调解书，且以调解书的送达作为调解协议生效的条件。诉讼调解的本质是当事人对其自身权利的自由处置，是私法自治和契约性的体现，只要不违反法律强制性规定和违背公序良俗，原则上都应予以认定。而在“四种除外情形”之外，立法规定调解协议以当事人签收调解书为生效条件，与调解自治原则存在如何协调的问题。此为立法制度设计需要进行完善的地方。立法初衷是在当前我国民众法律素养、法律意识等均有待于进一步提升的情况下，通过以制作调解书的方式行使司法对于诉讼调解的审查权，以确保诉讼调解不违反法律强制性规定，从而提高调解的效率。初衷是好的，但是事物总有其两面，其不足之处即易引发当事人无正当理由的反悔，助长诉讼不诚信行为。对此，不同阶段的司法解释曾经试图在立法的框架内予以修正，但毕竟司法解释不能超越上位法再行立法，其修正效果一般。其中，《2003 年简易程序规定》在调解协议的生效条件对立法进行了较大程度的突破，规定在“双方当事人同意该调解协议经双方签名或者捺印之日起发生法律效力”，并赋予其申请法院强制执行的能力；应当说这是立法上的修正，强调了意思自治，赋予当事人对司法调解协议生效条件的选择权。但是，遗憾的是该规定在随后的民事诉讼立法及其司法解释中并未得到吸收。

我国《民事诉讼法》第 99 条赋予了诉讼调解当事人的反悔权，即：调解书送达前一方反悔的，法院应当及时判决。反悔权的规定使得诉讼调解协议的司法审查权遭遇了挑战，即使法院审查后出具的调解书，当事人仍是可以拒收而使其不产生法律效力；与诚实信用基本原则也有所冲突。调解协议以调解书的签收为生效条件，给了参与诉讼调解的当事人一种预期，即使达成了调解协议仍然可以反悔，不签收调解书调解协议自然就无法生效。此易导致诉讼不诚信行为，也违背了诉讼调解的程序法意义上契约性质。

五、建议设想：构建“自治与审查”平衡下的调解协议生效制度

（一）司法实践引入“当事人协商调解协议生效条件”的参考

在立法采用诉讼调解协议生效条件“两分法”，赋予当事人反悔权的情况下，为避免当事人反悔造成的调解协议效力争议，司法实践中有法官探索了“当事人协商确定调解协议生效条件”方式。该做法有效地规范了诉讼调解行为，维护了诉讼诚信，取得了良好的效果。

下面以现行诉讼调解常用模式为例说明：

根据笔者工作经历，并对相关法院调解情况进行调查，法院主持下的诉讼调解笔录会简单记录双方调解协商的过程，接着记载双方的调解协议内容，在调解笔录中会注明“本案在审理过程中，经本院主持调解，双方当事人达成如下调解协议：一、……；二、……；三、……”（或者更多协议内容）。紧接着通常在调解笔录最后还会专门加上以下内容：“上述协议符合有关法律规定，本院予以确认，并将根据本协议制作调解书。当事人拒绝签收调解书的，不影响上述调解协议的效力。一方当事人不履行上述调解协议，另一方当事人可持调解书向人民法院申请强制执行。”最后落款处为“原告、被告，审判人员、书记员，日期”。在调解笔录之外会再附调解协议一份，不再记录双方调解协商过程，只载明双方当事人信息，以及调解协议内容，即：“调解协议 当事人：原告；被告；本案在审理过程中，经本院主持调解，双方当事人达成如下调解协议：一、……；二、……；三、……（或者更多协议内容）。上述协议符合有关法律规定，本院予以确认，并将根据本协议制作调解书。当事人拒绝签收调解书的，不影响上述调解协议的效力。一方当事人不履行上述调解协议，另一方当事人可持调解书向人民法院申请强制执行。落款处：原告、被告，审判人员、书记员，日期。”

法院在组织当事人调解时或者在审查当事人达成的调解协议效力时，通常都会以将其记入调解笔录的方式进行司法审查，类似于日本、法国等国家的登记式审查，通过调解笔录（附调解协议）的方式将当事人之间达成的和解协议转换成法院审查下的调解协议，赋予了其诉讼法意义的效

力。为了应对调解协议达成后当事人可能出现的反悔行为，人民法院在制作调解笔录及所附的调解协议时，在调解笔录及调解书最后均加上了“上述协议符合有关法律规定，本院予以确认，并将根据本协议制作调解书。当事人拒绝签收调解书的，不影响上述调解协议的效力。一方当事人不履行上述调解协议，另一方当事人可持调解书向人民法院申请强制执行”这一段内容，希望通过这种方式制约当事人的反悔权。但是，在司法实践中，还是有诸多当事人无视该段内容拒绝签收调解书并否认调解协议的效力，导致人民法院在当事人之间“前后受敌”。为什么有了上述这段内容，还会让人民法院在是否赋予调解书记载的调解协议是否具有强制执行力上左右为难呢？究其本质原因还是反悔权的存在。反悔一方当事人认为法院附加的上述内容违背《民事诉讼法》的规定，故对其不予认可。

在这种背景下，有法官经过摸索发现了当事人自行协商确定调解协议生效条件的方式，笔者称之为“当事人协商确定调解协议生效条件”。具体而言，引入由当事人协商确定调解协议生效条件就是指，在调解协议中专列一条“本调解协议自双方当事人签字或者盖章后即生效，调解书签收与否不影响调解协议的效力”，或者“本调解协议将申请法院制作调解书，调解协议自双方当事人签收调解书后生效”，将其作为上述调解协议内容的：“一、；二、；三、；……”中的一条。基于调解自治原理，只要当事人自主作出在调解协议中引入上述生效条件的决定，原则上应当予以准许和尊重。当然，法院还是应当行使必要的司法审查权，以确保调解的合法性。可以在调解笔录最后加上一段话：“经审核，以上调解协议不违反法律、行政法规的强制性规定，本院对其法律效力依法予以确认。”

（二）适度司法审查与尊重调解自治平衡

诉讼调解协议为实体法与程序法竞合之“场”，相应地诉讼调解协议生效制度既体现了调解的自治性，也蕴含着司法的审查性。那么，构建诉讼调解协议的生效制度，即应在调解自治与司法审查双重视角下进行设计，以取得两者之间的协调与平衡。

在民事诉讼中，调解机制最大限度地体现了当事人的程序主体地位与主导作用，意思自治是其核心要义，即使当事人调解协议的内容超越了诉讼请求的范围，只要不违反法律的禁止性规定，人民法院原则上都应当予以准许。① 更不用说当事人之间就诉请范围内的事项达成的调解协议了，通常来说只要不违反法律规定和公序良俗，其效力应当是自签字时起即生效，除非当事人就调解协议的生效条件另行约定。调解是双方当事人意思一致的结果，实质上是民事主体对于权利义务一种自由的处分，本质上是契约。诉讼外的调解是一种民事合同自无争议，诉讼中的调解本质是具有申请法院强制执行效力的民事合同，即使有法院参与下的调解，但实际上法院对于当事人之间通过自由协商和意思自治达成调解协议而形成的民事权利义务的分配状态并不能产生根本性的影响，真正的调解协议还是当事人自愿协商的结果。只要调解协议在内容上不违反法律、行政法规的强制性规定，程序上遵循合法和自愿原则，就应当维持其作为民事合同而具有的拘束力及确定力。② 既然是自然人之间的契约，就应当适用合同法对合同效力的规定，调解协议只要不违反法律规定，即为有效合同，就要予以认可。我国《合同法》规定，合同自双方当事人通过缔约过程而达成意思一致时即告成立，依法成立的合同，自成立时生效。法律、行政法规规定应当办理批准、登记等手续生效的，依其规定，如附生效条件的合同，自条件成就时生效；质押合同，自质押物实际交付时生效等。

基于保障诉讼调解合法性的目的，适度的司法审查应为必要。只是应当把握司法审查的度，特别是在立法上更应做好制度设计，以避免司法权不当地扩张。司法审查不得违背诉讼调解的自治性和契约性，即不能不当扩大理解司法审查的内涵。司法审查本身应当保证审判权和处分权的协同运行。有学者提出，既然法院调解的基本原则是自愿合法，那么应当明确处分权在法院调解中的支配性地位，并通过相关制度保证这一地位不受审判权的侵扰。③ 法官对达成的诉讼调解协议进行司法审查，应当避免控制标准的严苛性而严重干扰当事人的意思自治和契约内容。在克制对于诉讼调解的司法审查扩张方面，西方国家作了有益探索并有较为成熟的经验。

---

① 赵钢：《法院确认超诉请范围的调解协议之法理基础》，载《法学评论》2007年第5期。

② 潘剑锋：《论司法确认》，载《中国法学》2011年第3期。

③ 潘剑锋、刘哲玮：《论法院调解与纠纷解决之关系——从构建和谐社会的角度展开》，载《比较法研究》2010年第4期。

日本民事诉讼法学界及审判实践早在20世纪初形成共识，裁判和解依双方当事人合意且陈述合意内容即宣告成立，制作笔录并非和解的成立要件，只是未记入笔录的不具有确定判决的效力。①《法国民事诉讼法》规定，如果当事人经过和解达成了协议，法官应当将协议内容记载于笔录。以笔录作为调解协议的见证确认，笔录经由法官及各方当事人签字后即生效（法国新《民事诉讼法典》第130条）。②《德国民事诉讼法》也作了类似规定，依据《德意志联邦共和国民事诉讼法》第794条的规定，和解协议达成后，要在法院的案卷上进行登记，一经登记即产生与判决同等的效力。在司法实践中，我国法院也在采用登入笔录式的方式进行司法审查，将登记入调解笔录这种方式通过立法上加以确认既有理论上的支撑，也有实践的证成。

基于“自治与审查”的视角，我国在立法上可考虑确立诉讼调解协议登记生效制度，有条件地制约当事人诉讼调解的反悔权，将诉讼调解协议生效的“两分法”确定为“统一法”；另外，引入当事人协商确定调解协议生效制度，赋予当事人在登记生效制外另行协商确定调解协议生效的制度。

相应的立法条文建议表述为（按现行《民事诉讼法》条文顺序排列）：

第97条（诉讼调解协议登记生效制度） 调解达成协议，应当记入笔录，由双方当事人签名或者盖章后，即具有法律效力。

审判人员、书记员在笔录上签字确认。

调解协议生效后一方拒不履行的，另一方可以根据调解协议申请强制执行。

第98条（调解书申请制度） 调解达成协议，在记入笔录后，经当事人申请，人民法院可以另行制作调解书。

调解协议生效后一方拒不履行的，另一方可以持调解书申请强制执行。

第99条（当事人自行协商确定调解协议生效制度） 当事人可以在

① ［日］中村宗雄、中村英郎：《诉讼法学方法论——中村民事诉讼理论精要》，陈刚、段文波译，中国法制出版社2009年版，第115页。

② 罗结珍译：《法国新民事诉讼法典》（上册），法律出版社2008年版，第211~212页。

调解笔录中自行协商调解协议的生效条件。

自行协商调解协议记入笔录后经双方当事人签名或盖章后生效的，依照本法第97条、第99条规定处理。

自行协商调解协议以调解书的签收为生效条件的，双方当事人应另行申请人民法院制作调解书，调解书经双方当事人签收后，即具有法律效力。

第100条（调解不成或者调解后反悔的处理）　调解未达成协议的，人民法院应当及时判决。

当事人自行协商调解协议以调解书的签收为生效条件，一方拒绝签收调解书的，人民法院应当及时判决。

结　语

诉讼调解协议为实体法与程序法竞合之“场”，诉讼调解协议生效制度设计既应体现调解的自治性，也要蕴含司法的审查性。诉讼调解协议本质上是当事人意思自治的契约，具有民事合同的性质。基于保障诉讼调解协议合法性的目的，司法审查也实属必要，但应保持适度与克制。我国立法规定了司法对诉讼调解的审查权，但其基本内涵常被误读。立法上的“二分法”及反悔权的规定与诉讼调解自治性原则存在协调问题，此也为立法上应予以完善之处。构建诉讼调解协议的生效制度，即应在调解的自治性与司法的审查性双重视角下进行设计，以取得两者之间的协调与平衡。在立法修订前，司法实践中可以根据诉讼调解的自治性与契约性，引入当事人协商确定调解协议生效条件的方式，法院在履行必要的合法性审查后应确认其效力。在未来立法上，可考虑确立诉讼调解协议登记生效制度，有条件地废除当事人诉讼调解的反悔权，将诉讼调解协议生效的“两分法”确定为“统一法”；另外，引入当事人协商确定调解协议生效制度，赋予当事人在登记生效制外另行协商确定调解协议生效的制度。判

未注册商标在先使用抗辩的司法适用[*]

凌宗亮[**]

2013年8月30日修正的《商标法》第59条第3款（以下称为在先使用抗辩条款）规定："商标注册人申请商标注册前，他人已经在同一种商品或者类似商品上先于商标注册人使用与注册商标相同或者近似并有一定影响的商标的，注册商标专用权人无权禁止该使用人在原使用范围内继续使用该商标，但可以要求其附加适当区别标识。"由此，《商标法》确立了未注册商标在先使用抗辩制度，① 使得我国商标法在商标注册与商标使用之间实现了新平衡。自修正的《商标法》正式实施以来，在先使用抗辩条款成为被控侵权人不侵权抗辩的重要理由，也为理论和司法实践正确适用该条款提供了大量素

* 本文系上海市社科项目《商标恶意抢注法律规制研究》（项目号C－6601－17－022）的阶段性成果。

** 华东政法大学博士研究生，上海知识产权法院法官。

① 关于《商标法》第59条第3款的称谓，理论及实践大体上可以分为两类：一是称为商标先用权；二是称为商标在先使用抗辩。本文认为仅仅就该条款的规定看，并无意赋予未注册商标在先使用人某种权利，而仅是赋予了在先使用人对抗在后注册商标权人的抗辩权，是对注册商标权的一种权利限制，故该条款应称为未注册商标在先使用抗辩。

材和案例。① 虽然现有理论和实践对于在先使用抗辩适用条件的认识正趋于一致，但对于在先使用抗辩条款和恶意抢注条款的适用关系、先于注册商标使用以及原有范围等问题的具体认定仍存在一定的争议，有待进一步的研究和分析，本文主要从未注册商标保护体系化的视角下审视在先使用抗辩的适用前提和适用条件，以期为在先使用抗辩条款在每一个案件中得到准确适用提供裨益。

一、在先使用未注册商标的法律保护体系

我国商标法实行注册取得制度，但商标的生命在于使用，因此，如何实现注册商标专用权人和未注册商标使用人之间的利益平衡，一直是商标法追求的目标和不断完善的方向。2013 年修正的《商标法》并非首次确立了在先使用未注册商标的法律保护制度，而是在 2001 年《商标法》的基础上对未注册商标的保护加以完善。可以说，2013 年修正后的《商标法》和《反不正当竞争法》等共同构筑了相对完善的未注册商标法律保护体系。

首先，未注册驰名商标的法律保护。《商标法》第 13 条第 2 款规定："就相同或者类似商品申请注册的商标是复制、摹仿或者翻译他人未在中国注册的驰名商标，容易导致混淆的，不予注册并禁止使用。"《最高人民法院关于审理商标权民事纠纷案件适用法律若干问题的解释》第 2 条规定："依据商标法第十三条第一款的规定，复制、摹仿、翻译他人未在中国注册的驰名商标或其主要部分，在相同或者类似商品上作为商标使用，容易导致混淆的，应当承担停止侵害的民事法律责任。"因此，未注册商标使用人使用的商标如果达到了为相关公众所熟知的程度，其可以通过申请认定未注册驰名商标的方式，要求他人停止侵权，并禁止他人在相同或类似商品上注册相同或近似的商标。在原告内蒙古蒙牛乳业（集团）股份有限公司诉被告董建军、被告安阳市白雪公主乳业有限公司商标侵权及不正当竞争纠纷案中，法院即对原告的未注册驰名商标进行了保护，认为：

① 笔者于 2017 年 12 月 2 日，在中国裁判文书网以在先使用为主题搜索 2014 年 5 月 1 日以来的民事判决，共检索出 727 份民事判决。在中国知网以在先使用为主题检索 2014 年 5 月 1 日以来发表的学术论文，共检索出 131 篇文献。

原告的“酸酸乳”商标，事实上已经达到了为相关公众广为知晓的程度，并享有了较高的声誉，虽然其商标注册申请尚未被国家工商行政管理总局商标局核准，但已符合《商标法》第 14 条规定的驰名商标的认定条件，应当被认定为驰名商标。被告生产、销售“酸酸乳”乳酸菌饮料的行为构成对原告的不正当竞争并侵犯了原告对“酸酸乳”这一商标所享有的商标权。①

其次，已经使用并有一定影响的未注册商标的法律保护。除了《商标法》第 59 条第 3 款规定的在先使用抗辩条款外，其第 32 条还规定：“申请商标注册不得损害他人现有的在先权利，也不得以不正当手段抢先注册他人已经使用并有一定影响的商标。”对于他人擅自使用与有一定影响的未注册商标相同或近似标识的行为，未注册商标使用人还可以通过《反不正当竞争法》关于知名商品特有名称、包装、装潢的规定寻求救济。2017 年 11 月 4 日修订的《反不正当竞争法》第 6 条第（1）项亦规定：“经营者不得实施下列混淆行为，引人误认为是他人商品或者与他人存在特定联系：（一）擅自使用与他人有一定影响的商品名称、包装、装潢等相同或者近似的标识；……”在上诉人上海故事丝绸发展有限公司、上海紫绮服饰有限公司与被上诉人上海兵利服饰有限公司擅自使用知名商品特有名称纠纷一案中，法院认定上诉人主张的“上海故事”在商标准予注册决定作出前构成知名商品特有名称，被上诉人擅自使用的行为构成不正当竞争。②

最后，普通未注册商标亦可以受到一定程度的保护。《商标法》第 15 条规定：“未经授权，代理人或者代表人以自己的名义将被代理人或者被代表人的商标进行注册，被代理人或者被代表人提出异议的，不予注册并禁止使用。就同一种商品或者类似商品申请注册的商标与他人在先使用的未注册商标相同或者近似，申请人与该他人具有前款规定以外的合同、业务往来关系或者其他关系而明知该他人商标存在，该他人提出异议的，不予注册。”因此，对于普通的未注册商标，其使用人仍可以禁止与其有一定关系的人擅自注册或者使用相关未注册商标。

---

① 参见内蒙古自治区呼和浩特市人民法院（2006）呼民四初字第 12 号民事判决书；内蒙古自治区高级人民法院（2006）内民三终字第 7 号民事判决书。

② 参见上海知识产权法院（2017）沪 73 民终 273 号民事判决书。

二、未注册商标在先使用抗辩的适用前提

(一) 在先使用抗辩条款是否适用于恶意抢注的争议

在未注册商标法律保护的体系化视角下，实践中亟需解决和统一的问题在于《商标法》第59条第3款的在先使用抗辩条款和第13条第2款以及第32条关于恶意抢注条款之间的关系，即在先使用抗辩条款的适用对于在后商标注册人的主观状态有无要求。如果在后商标注册人恶意抢注在先驰名商标或有一定影响的商标，但在先使用人未依据行政程序撤销或者宣告在后的注册商标无效，此时商标注册人针对在先使用人提起侵权诉讼，应当如何适用法律？在先使用人是否可以基于商标权人恶意抢注的事实进行抗辩，或者依据《商标法》第7条关于“申请注册和使用商标，应当遵循诚实信用原则”的规定进行抗辩，还是必须依据在先使用条款进行抗辩？

有观点认为，《商标法》第59条第3款的适用，应当是不需要考虑在后商标注册人的主观状态的，这样更加有利于司法实践中对商标恶意抢注行为的制止。即便商标注册人属于恶意抢注在先商标，但毕竟经过了商标授权程序，其商标仍旧处于有效的状态。而如果在商标侵权民事案件中直接适用第32条的话，相当于直接通过民事诉讼程序确认了商标无效。而商标的无效依照法律规定本应通过商标无效宣告程序，甚至在后的行政诉讼程序予以确定，这样就等同于剥夺了在后商标注册人的诉讼权利，实为不妥。① 在原告谭斯月与被告北京尚丹妮美发中心侵害商标权纠纷案中，原告的配偶曾于2010年10月至2011年2月在被告处工作，2012年原告申请尚丹妮商标并被核准后，起诉被告要求被告停止使用尚丹妮标识并赔偿损失。被告在审理中同时提出了在先使用以及原告恶意抢注的抗辩。法院最终适用《商标法》第59条第3款的规定，支持了被告在先使用抗辩的主张，驳回了原告的侵权诉讼请求。同时，法院认为，被告对尚丹尼商标的使用不得超出涉案范围，原告亦可以要求被告在使用涉案商标时适当附加

---

① 赵刚：《法官详解首起商标先用权抗辩成功案件》，载 http：//news. zhichanli. cn/article/99. html，最后访问时期：2017年12月2日。

区别标识以区别服务来源。[①] 有的案件在被告提出原告系恶意抢注抗辩或者已经提出商标无效申请的情况下，虽然在案件审理中并没有对原告取得的注册商标是否恶意抢注进行分析，但在法律适用时同时适用《商标法》第7条第1款和第59条第3款或者《商标法》第32条和第59条第3款的规定。[②] 其中隐含的观点在于即使原告的注册商标涉及恶意抢注，被告在民事诉讼中也必须通过在先使用抗辩维护自身的合法权益，对于恶意抢注的抗辩主张并未在判决中予以分析和回应。

也有观点认为，按照体系解释的方法，更倾向于采用善意说。即在后商标注册人主观上应为善意。因为立法者仅对注册商标违反新《商标法》第32条抢注在先使用并有一定影响的商标作了允许抗辩的规定，但对注册商标违反《商标法》13条侵犯驰名商标权利、违反《商标法》第15条侵犯被代理人或被代表人利益，均未作允许抗辩的规定，似乎可以推论立法者在《商标法》第59条第3款规定的内容与第13条、第15条、第32条均有所不同，前者商标注册人系善意，后者商标注册人系恶意。[③]

（二）在先使用抗辩的适用要求商标注册人为善意

虽然在先使用抗辩条款的规定表面上没有对在后商标注册人的主观状态作出规定，但从未注册商标保护的体系化视角看，在先使用抗辩条款中在后商标注册人的主观状态应为善意。

首先，商标在先使用抗辩条款的立法目的或价值并不是为了解决商标恶意抢注的问题，而是旨在平衡善意的在先使用人和善意的在后商标注册人之间的利益，进一步完善对未注册商标的保护。有观点认为：“未注册商标经商标所有人长期使用而逐渐形成了一定的商誉与知名度，然而他人却在没有任何投入的情况下就可以抢注其商标并获得商标的排他专用权，从而凸显了注册主义的缺陷。为避免注册主义的弊端，防止他人抢先注册具有一定影响力的未注册商标，于是商标先用权规则就成了其缺陷的补救

---

① 参见北京市朝阳区人民法院（2014）朝民初字第25490号民事判决书。

② 参见上海市浦东新区人民法院（2014）浦民三（知）初字第68号民事判决书；北京知识产权法院（2014）京知民终字第00134号民事判决书。

③ 蒋利玮：《新商标法59条3款的理解和适用》，载《电子知识产权》2013年第13期。

措施。"① 但笔者认为，如果仅仅是为了解决商标恶意抢注问题，即使没有规定在先使用抗辩条款，《商标法》第13条、第15条、第32条有关恶意抢注的规定就足以解决商标恶意抢注的问题。例如，对于未注册驰名商标，在先使用人不仅可以禁止他人注册，即在行政程序中阻止他人抢注自己在先使用的商标；即使抢注人最终获得注册商标，在先使用人也可以在民事诉讼中要求其停止使用；对于已经使用并有一定影响的未注册商标或者代理人、代表人等抢注的普通未注册商标，虽然《商标法》仅仅规定相关使用人可以在行政程序中禁止他人注册，并没有明确是否有权禁止他人使用已经注册的商标，但是，根据《商标法》第7条第1款有关"申请注册和使用商标，应当遵循诚实信用原则"的规定，笔者认为，如果在后商标注册人起诉要求在先使用人停止使用，在先使用人可以主张注册商标专用权人的起诉有违诚实信用原则，以此对抗恶意抢注人的侵权主张。有观点更是指出："《商标法》第32条的规定不仅适用于商标注册行为，而且适用于民事保护，即以不正当手段抢注他人在先商标的，其注册商标不仅不受民事保护，而且直接构成民事侵权行为。"②

最高人民法院在《关于充分发挥知识产权审判职能作用推动社会主义文化大发展大繁荣和促进经济自主协调发展若干问题的意见》中，亦明确：注册商标专用权人的注册商标属于复制、摹仿或者翻译他人未在中国注册的驰名商标、抢注被代理人或者被代表人的商标或者以不正当手段抢注他人已经使用并有一定影响的商标，被诉侵权的在先商标使用人以此为由提出抗辩的，应当予以支持。因此，即使没有在先使用抗辩条款，现有的法律规定也能够规制恶意抢注的行为。但是对于在先使用人和在后注册商标专用权人均为善意时，注册商标专用权人能否禁止在先使用人停止使用，在《商标法》增加在先使用抗辩条款前，法律上并未规定，实践中也存在争议。在上海市浦东新区人民法院审理的汪鹏诉上海汉妮迪餐饮管理有限公司商标侵权纠纷一案中，被告以在先使用商标为由进行抗辩，得到法院支持。法院判决认为，被告的行为不构成侵权的两个重要理由：一是原告的商标于2004年11月申请注册，并于2007年3月核准注册，晚于被

---

① 董冬：《商标侵权抗辩的先用权规则》，载《中华商标》2016年第10期。

② 王艳芳：《论新商标法的民事适用》，载《知识产权》2013年第11期。

告使用“许留山”商标的时间；二是原告在第29类商品和服务项目上注册“许留山”商标前后从未使用过该商标，消费者对该商标没有任何认知度，因此更不会使消费者对原、被告的商标产生混淆。[①] 但在原告王军与被告张仁才侵害商标权纠纷案中，法院则认为，虽然被告张仁才使用“正宗杜家鸡专卖”的招牌在时间上早于原告获得“杜家鸡”注册商标专用权，但根据我国《商标法》保护商标注册人商标专用权的规定和维护市场统一秩序的立法精神，被告在先、善意使用并不足以成为侵犯他人注册商标专用权的抗辩事由。[②] 因此，为了统一对上述问题的认识，《商标法》在2013年修正时增加了在先使用抗辩条款，从而明确了在先使用人可以在原有范围内继续使用相关商标，不构成对在后注册商标的侵害。

其次，基于诚实信用原则的恶意抢注抗辩或者权利滥用抗辩已经独立于在先使用抗辩在案件中得到适用。在再审申请人深圳歌力思服饰股份有限公司、再审申请人王碎永及一审被告杭州银泰世纪百货有限公司侵害商标权纠纷再审案件中，最高人民法院认为：“深圳歌力思服饰股份有限公司地处广东省深圳市，王碎永曾长期在广东省广州市经营皮具商行，作为地域接近、经营范围关联程度较高的商品经营者，王碎永对在先使用的‘歌力思’字号及商标完全不了解的可能性较低。在上述情形之下，王碎永仍于2009年在与服装商品关联性较强的手提包、钱包等商品上申请注册与深圳歌力思服饰股份有限公司在先使用的企业字号以及在先于服装商品上注册的‘歌力思’商标的文字构成完全相同的商标，其行为难谓正当。据此，王碎永以非善意取得的商标权对歌力思公司的正当使用行为提起的侵权之诉，构成权利滥用，其与此有关的诉讼请求不应得到法律的支持。”[③] 该案亦是最高人民法院公布的指导性案例，在裁判要点中最高人民法院指出：当事人违反诚实信用原则，损害他人合法权益，扰乱市场正当竞争秩序，恶意取得、行使商标权并主张他人侵权的，人民法院应当以构成权利滥用为由，判决对其诉讼请求不予支持。在再审申请人宁波广天赛克思液压有限公司与被申请人邵文军侵害商标权纠纷案中，最高人民法院

---

① 参见上海市浦东新区人民法院（2008）浦民三（知）初字第51号民事判决书。

② 参见湖北省武汉市江岸区人民法院（2010）岸知民初字第70号民事判决书。

③ 参见最高人民法院（2014）民提字第24号民事判决书。

亦指出，以违反诚实信用原则恶意取得的注册商标专用权，对他人的正当使用行为提起的侵害商标权之诉，不应得到法律的支持和保护。① 如果说在上述案件之前，对于民事诉讼中能否对注册商标存在恶意抢注等违反诚实信用原则的事实进行审查，司法实践尚存争议的话，② “歌力思”案被确认为最高人民法院指导案例之后，在先使用人对于在后恶意抢注商标者完全可以依据诚实信用原则以商标注册人构成权利滥用为由进行抗辩，无需援引在先使用抗辩条款。

再次，如果在先使用抗辩条款不要求在后注册商标专用权人为善意，那么，司法适用的结果可能会有违逻辑且不符合公平价值。例如在先使用的未注册驰名商标权人，其本可以依据《商标法》第 13 条的规定，要求在后的商标注册人停止使用注册商标；但依据《商标法》第 59 条第 3 款的在先使用抗辩条款，其却仅可以在原有范围内继续使用，而且还必须依据在后注册商标专用权人要求附加区别性标识，这与《商标法》第 13 条和第 59 条所形成的规范体系不相协调。事实上，不问在后商标注册人主观上是否存在恶意，一概适用在先使用抗辩条款，不仅不会遏制商标抢注，反而是对恶意抢注商标的纵容和鼓励。因为商标抢注人不仅无需停止使用，还可以限制在先使用人的使用范围，并要求在先使用人附加区别性标识，这明显有违商标法诚实信用的基本原则，导致裁判结果有违公平。在前述尚丹妮商标侵权案中，原告主张的尚丹妮商标明显系抢注被告在先使用并有一定影响的商标，但法院没有对被告恶意抢注的抗辩进行审查和判断，而是直接适用在先使用抗辩条款。虽然结果亦是驳回恶意抢注者的诉讼请求，但在先使用人的权益却存在极大的区别。如果法院以原告行使注

---

① 参见最高人民法院（2014）民提字第 168 号民事判决书。

② 在很多涉及恶意抢注的案件中，法院要么选择不予回应，要么认为是否恶意抢注涉及行政授权程序，当事人应当通过商标无效或撤销程序解决，不应在民事诉讼中予以解决。例如法院认为：“如被告认为原告以不正当手段恶意抢注涉案注册商标侵害其在先权利，被告对涉案注册商标的效力有异议的，可以请求商标评审委员会宣告涉案注册商标无效。因人民法院不能在侵犯注册商标专用权纠纷的民事侵权案件中直接认定涉案注册商标是否有效，故对被告关于涉案注册商标效力的异议，本院不应审查。”参见广州知识产权法院（2015）粤知法商民终字第 101 号民事判决书。

册商标有违诚实信用原则，驳回原告的诉请，在先使用人继续使用便不会受原有范围或附加区别性标识的限制；但直接适用在先使用抗辩，则极大限制了在先使用人的使用范围。

因此，恶意抢注抗辩和在先使用抗辩系不同的抗辩制度，适用的语境和结果均存在较大的不同，实践中应当对二者进行区分。将在先使用抗辩的适用限于在先使用人和商标注册人均为善意的情况。如果在后商标注册人主观上是恶意，即系恶意抢注他人在先使用并有一定影响的商标，在先使用人可以直接基于《商标法》关于诚实信用原则的规定，提出恶意抢注抗辩，从而无需受到在先使用抗辩“原有范围”以及“附加区别性标识”的限制。

三、未注册商标在先使用抗辩条款的适用条件

司法实践中，一般认为在先使用抗辩应当符合在商标申请日前已经使用、具有一定影响且在原有范围内使用，鉴于“有一定影响”的认定主要是个案中的事实认定，笔者主要就其他两个条件认定过程中比较有争议问题进行分析。即如果商标注册人在申请商标前也进行了使用，在先使用人是否必须先于商标注册人实际使用商标以及如何认定“原有范围”。

（一）在先使用人的使用时间是否必须先于商标注册人

实践中，有的商标注册人在申请商标注册前便已经实际使用商标，对此，要成立在先使用抗辩，在先使用人实际使用商标的时间是否必须先于商标注册人实际使用商标的时间？多数观点认为，在先使用人的使用行为原则上应当早于注册商标的申请日，但是，如果商标注册人在申请日之前已经具有实际使用行为的，在先使用人的使用行为还应早于商标注册人的实际使用时间。考虑到先用权抗辩制度的设定是为了弥补注册原则的缺陷，平衡商标注册人与在先使用人之间的利益，因此，如果商标注册人在申请日之前也具有实际使用行为，并在事实上使注册商标在申请日之前即发挥了识别功能的，主张先用权抗辩的一方当事人即使仍仅在原有范围内使用，亦无法避免市场混淆的后果，从而丧失了主张不侵权抗辩和继续使

用的正当性基础。[①] 但也有观点认为，要求其使用时间必须同时符合两个“先于”条件，对于在先使用时间只先于注册商标专用权人商标注册申请日的善意先使用者而言，就可能过于严苛。比如，商标注册申请人虽然在类似性范围内使用竞争性商标的时间早于商标在先使用抗辩人，但由于地域阻隔、商标注册申请人商标知名度小等原因，商标在先使用人无从知晓商标注册申请人已经使用竞争性商标的事实，并且因此扩大了营业规模，拥有了自己稳定的交易圈，使用的商标也获得了一定知名度，此种情况下允许注册商标专用权人对其行使停止侵害请求权和损害赔偿请求权，显然不符合商标在先使用抗辩制度设立的趣旨。[②] 在上诉人北京中创东方教育科技有限公司与被上诉人北京市海淀区启航考试培训学校等侵害商标权纠纷中，北京知识产权法院认为：“在《商标法》第五十九条第三款的适用中，虽然从字面含义上，在先使用行为应早于商标注册人对商标的使用行为，但是因该要求的实质是要通过这个要件排除在先使用人具有恶意的情形，故在把握这个要件时应把在先使用是否出于善意作为重要的考量因素，而不应拘泥于条款本身关于时间点先后的字面用语。具体而言，并非只要商标注册人早于在先使用人对商标进行了使用便当然认定先用抗辩不成立。如商标注册人虽存在在先使用行为，但在先使用人对此并不知晓，且亦无其他证据证明在先使用人存在明知或应知商标注册人对注册商标的“申请意图”却仍在同一种或类似商品或服务上使用相同或相近似的商标等其他恶意情形的，即不能仅因商标注册人具有在先使用行为而否认先用抗辩的成立。”[③] 笔者认为，成立在先使用抗辩并不要求在先使用人实际使用商标的时间必须先于商标注册人实际使用时间。但是，在先使用人如果明知或应知商标注册人在商标申请注册前已经实际使用相关商标，仍然基

---

① 佟姝：《商标先用权抗辩制度若果问题研究——以最高人民法院公布的部分典型案例为研究范本》，载《法律适用》2016年第9期。此外，还可参见曹新明：《商标先用权研究——兼论我国〈商标法〉第三修正案》，载《法治研究》2014年第9期。姚建军：《判断商标在先使用应满足的法律条件》，载《人民法院报》2017年4月27日第7版。李燕蓉：《如何保护在先使用的未注册商标》，载《中国知识产权报》2015年4月24日第16版。

② 李扬：《商标在先使用抗辩研究》，载《知识产权》2016年第10期。

③ 参见北京知识产权法院（2015）京知民终字第588号民事判决书。

于不正当竞争目的在相同或类似商品上使用与其相同或近似的商标，那么，在先使用人无权主张在先使用抗辩。

首先，仅从《商标法》第59条第3款的规定看，无法得出在先使用人必须先于商标注册人实际使用相关商标。《商标法》第59条第3款规定的时间点仅包括“商标注册人申请商标注册前”，并没有要求必须先于商标注册人实际使用前。否则，《商标法》第59条第3款应当直接规定：“商标注册人实际使用拟申请注册商标前”。或者说，在先使用抗辩条款主要调整的是在先使用未注册商标与注册商标善意共存的问题，主要针对商标注册人在申请商标注册前未实际使用商标的情况，并无意调整或涵盖商标注册人申请注册商标前也实际使用商标的情况。

其次，如果商标注册人在申请注册商标前也实际使用了相关商标，实际上涉及两个未注册商标之间的冲突问题。具体可以分为以下两种情况：一是商标注册人使用商标先于在先使用人实际使用，但在先使用人实际使用时，商标注册人使用的商标并不具有一定影响；二是商标注册人使用商标先于在先使用人实际使用，且在先使用人实际使用时，商标注册人使用的商标已经具有一定影响。对于上述情况应当如何处理，并不应该简单的以使用时间的先后判断在先使用人是否有权继续使用。正如上文所述，即使没有《商标法》第59条第3款规定的在先使用条款，已有的法律规定也可以解决上述问题。一方面，我国《商标法》《反不正当竞争法》对未注册商标的保护均有一定的门槛，也就是未注册商标必须具有一定的影响力，除代理人或代表人等有特殊关系的人抢注商标外，只有具有一定影响的未注册商标才可能受到保护。因此，对于上述第一种情况，即使商标注册人先于在先使用人使用相关商标，由于尚不具有一定影响，其无权禁止他人（代理人或代表人除外）注册或使用相关商标。也就是说，在先使用人虽然使用时间晚于商标注册人，但其使用行为是正当的。即使商标注册人事后取得了注册商标，也不能因此使得原本正当的使用行为成为侵权行为，这也是在先使用抗辩条款的价值或目的所在；另一方面，具有一定影响的未注册商标的排他力并不是绝对的，其仅有权禁止他人基于不正当竞争目的而擅自使用的行为。如果他人主观上并不知道商标注册人已经实际使用且取得一定影响，商标注册人无权禁止他人使用。例如，《最高人民法院关于审理不正当竞争民事案件应用法律若干问题的解释》第1条第2

款即规定："在不同地域范围内使用相同或近似的知名商品特有的名称、包装、装潢，在后使用者能够证明其善意使用的，不构成反不正当竞争法第五条第二项规定的不正当竞争行为。因后来的经营活动进入相同地域范围而使其商品来源足以产生混淆，在先使用者请求责令在后使用者附加足以区别商品来源的其他标识的，人民法院应当予以支持。"因此，对于上文提及的第二种情况，即使商标注册人使用的商标在在先使用人使用时已经具有一定影响，商标注册人也仅有权禁止恶意的使用人擅自使用其已经具有一定影响的商标，善意的在先使用人仍有权继续使用，至多承担附加区别性标识的义务。综上，对于商标注册人在申请商标注册前即已实际使用商标的情形，不应简单地比较在先使用人和商标注册人实际使用商标的时间先后，而是应判断在先使用人使用商标时是否存在搭便车等不正当竞争目的，主观上是否明知或应知商标注册人已经实际使用相关商标并具有一定影响。

《日本商标法》第32条即规定："在他人商标注册申请前，在日本国内不是出于不正当竞争的目的，而在该商标注册申请的指定商品或指定服务或与其类似商品或类似服务上使用该商标或与其近似商标的结果，在该商标申请注册之际，已使消费者广为知晓该商标表示与其业务相关的商品或服务时，其使用者当在继续于其商品或服务上使用该商标的场合，则拥有在其商品或服务上使用该商标的权利。该业务的承继者也同样如此。"美国司法实践早在1913年便明确在商标注册人和在先使用人均实际使用商标时，应着重考察在先使用人的主观状态。在Hanover Milling Co. 诉 Metcalf案中，被告辩称自己在被起诉前不知道原告已经使用了涉案商标，虽然与原告同为面粉生产公司，但自身产品并未染指原告的销售区域。美国联邦最高法院终审认为，如果两个使用人在两个距离遥远的地区独立善意地使用相同或近似的商标，建立起各自的商誉，那么这两个使用人分别是各自所在区域的在先使用人。随后在"REX"药品商标侵权纠纷案中，法院进一步指出，虽然原告作为全国范围内的在先使用人在逐步扩展销售业务的过程中其销售区域与被告的销售区域发生部分重叠，但是被告在最初使用涉案商标时并不知道原告的存在。因此，被告是其所在销售地区的商标先用人，其善意的在先使用行为不应被禁止。[①]

（二）“原有范围”认定中的利益平衡

在先使用人应在原来的商品或服务上使用相关商标，不得扩大到类似的商品或服务，对此，理论和司法实践争议不大。争议主要集中在经营规模、经营地域范围和使用主体等方面。

1. 关于经营地域范围和经营规模

有的人认为，在先使用人使用的范围仅限于原来使用的商品和服务，不得扩大到类似的商品和商标上，也不能超出原来的特定地区；但也有人认为，商标在先使用人可以扩大生产规模、扩大经营地域，如果商标注册人限制在先使用人的生产规模则构成商标权的滥用。[②] 在原告蒋玉友与被告南京夫子庙饮食有限公司等侵害商标权纠纷案中，被告在贡院 12 号及升州路 30 号两地店铺均使用涉案商标，法院认为，被告只能在原址即贡院 12 号继续使用“蒋有记”商标，且不能改变实际使用的标识和扩大经营区域和规模。对于在升州路 30 号的使用行为，因超出了原有的经营区域，不符合先用权抗辩的条件，构成侵害商标权行为。[③] 但在上诉人北京中创东方教育科技有限公司与被上诉人北京市海淀区启航考试培训学校等侵害商标权纠纷案中，法院认为，如果在先使用人只能在一定规模范围内使用，超出范围将可能构成侵权，则对于经营者来说，该商标不仅不可能为其带来更多的市场价值，反而需要增加成本以确保其经营规模控制在一定范围内以避免侵权风险，这一结果很可能会使得相当部分的经营者难有继续使用其商标的动机。[④] 笔者认为，在界定原有范围时要合理平衡在先使用人和商标注册人之间的利益，既要为在先使用人预留发展空间，也不应过分

① 吕凌锐：《论商标先用权制度之“在先使用”》，载《石河子大学学报（哲学社会科学版）》2016 年第 3 期。

② 参见杜颖：《在先使用的未注册商标保护论纲——简评〈商标法〉第三次修订》，载《法学家》2009 年第 3 期。

③ 参见江苏省高级人民法院（2013）苏知民终字第 37 号民事判决书。在“小肥羊”商标侵权案件中，法院同样认为，被告只能在原来的经营地址上继续使用，不得超出该范围许可或转让给他人使用。参见广东省高级人民法院（2014）粤高法民三终字第 27 号民事判决书。

④ 参见北京知识产权法院（2015）京知民终字第 588 号民事判决书。

地侵害商标注册人的专有权利，不对商标注册制度造成过度的冲击。

因此，第一，在先使用人的使用范围宜界定为原有的地域范围，不得超出原有的地域范围开设分公司、子公司进行生产经营活动。地域范围原则上可以根据在先使用人申请工商登记的主管机构的级别进行限定。例如，在先使用人在省级工商行政部门注册登记，那么，其可以在该省范围内继续使用相关标志；如果是在市级工商行政部门登记，那么其只能在该市范围内继续使用相关标志。当然，如果实际的生产经营范围已经超出了登记主管部门的地域，则以实际经营的地域范围为准。至于在先使用人的生产规模，笔者认为不宜作过多的限制，只要在原有的地域范围内，在先使用人可以扩大生产规模。否则，不利于在先使用人的正常发展。"对于经营规模，我们认为不应作量化的限制，不应限制在先使用人仅在原有的经营规模范围内使用商标。例如，注册商标申请前，在先使用人每年的产量为1000件商品，我们不能限制其在商标注册后也只能生产1000件商品。这与市场经济条件下企业正常的生存权和发展权相矛盾，也与先用权制度的精神和宗旨不符。因为在继续使用原有商标和企业发展壮大之间，先用权人宁愿选择后者。因此，对原有范围的理解应当从质的规定性出发，只要先用权人是在原有的业务范围内或行业范围内使用商标，即使生产规模扩大、产量增加也属于原有范围。"① 我国台湾地区"商标法"在修订时也将原"商标法"规定的"原产销规模"限制予以删除，台湾地区智慧财产法院的解释是：若善意先使用者因此不得继续发展其业务，不惟不当限制人民工作及生存权，恐亦不符诚实信用原则。②

第二，在原有的地域范围内，在先使用人，特别是对于服务商标而言，是否可以开设分公司、分店？笔者认为，应当区分在先使用人和商标注册人的生产经营活动是否位于同一地域。如果在先使用人和商标注册人的经营地域不同，笔者认为应允许在先使用人在其经营地域内开设分店或分公司，因为这在有利于在先使用人发展壮大的同时，却不会给商标注册人造成过多的不利影响，因为商标注册人在该经营地域原本也没有经营活

---

① 芮文彪、凌宗亮：《新商标法视角下商标注册与使用的新平衡》，载《人民司法·应用》2015年第3期。

② 参见我国台湾地区智慧财产法院2009年度刑智上易字第40号判决书。

动，商标注册人不会因为在先使用人的扩张而受到实质性影响。但是如果在先使用人和商标注册人位于同一地域，那么，原则上在先使用人不宜在原经营地址之外再开始分店或分公司。例如，在上文提及的“蒋玉友”商标侵权案中，法院之所以限制被告只能在原址经营，应该也是考虑到原、被告双方均在南京市经营的事实。否则，如果允许被告在南京市另行开始分店，考虑到特定地域的市场需求是有限的，在先使用人的扩张无疑将对注册商标专用权的利益造成实质性损害。

第三，在先使用人的经营范围是否可以扩张到互联网？“互联网没有国界，任何在互联网中使用商标的行为，都意味着在全国乃至全世界使用其商标，完全覆盖注册商标专用权人排他权的范围。如果允许这种在互联网领域使用商标的行为进行在先使用抗辩，必将彻底冲击商标权注册主义制度，对注册商标专用权人市场造成毁灭性的打击。”① 笔者认为，对原有范围的限定主要针对生产或提供服务的行为，而不针对销售行为。即主要限制商品或服务的源头，而不是限制商品或服务后续流通。只要商品的生产或服务的提供属于原有范围，例如在原来的地域范围内或者在原经营地址，至于生产出的商品如何在市场上流通，是只在原来的地域销售，还是超出原有的地域范围，甚至在互联网中销售，均不属于原有范围应当限制的范畴，而且客观上商品如何流通也无法进行有效的限制。特别是随着互联网日益成为人们生活的一部分，如果限制某个餐饮店不能通过当前日益流行的网络外卖提供服务，该在先使用人的经营必将受到严重影响，在先使用抗辩对其也失去意义，其宁可“改头换面”，也要主动拥抱互联网，毕竟网络的高效性、便捷性对于生产经营活动是极大的促进。

2. 关于在先使用的主体范围

第一，在先使用人仅限于其本人和商标注册人申请商标注册前其已经对外许可的许可使用人。注册商标申请日之后，在先使用人不得再行对外许可或进行特许经营。在原告林明恺与被告武汉爱迪理想空间家具有限公司等侵害商标权纠纷案中，一审法院认为，案外人富运公司至少在2001年开始持续地在其生产单家具、对外经营活动中使用涉案商标，取得大量荣誉，在全国家具行业具有一定的知名度和影响力，享有继续使用的合法民

---

① 李扬：《商标在先使用抗辩研究》，载《知识产权》2016年第10期。

事权益。被告通过与在先使用人签订《区域特许经营合同》的方式获得授权后，在宣传中使用涉案商标没有侵犯原告的注册商标专用权。二审法院认为，享有在先权利的主体应当是在先使用人本人及在先已获授权许可的被许可使用人。本案中，被告获得授权许可的时间明显晚于涉案注册商标的申请日，不属于在先使用人本人或在先已获授权许可的被许可使用人范围。遂撤销一审判决，判令被告停止侵权并赔偿损失。①

第二，在先使用人"本人"发生分立、合并或者注销的，其业务的继受者可以在原有范围继续使用，但不包括与在先使用人具有关联关系的企业或者亲属。在原告南通远程船务有限公司诉上海博格西尼发展有限公司等侵害商标专用权纠纷案中，一、二审法院均认为，博格西尼发展公司作为博格西尼服饰公司的继受者有权主张商标先用权抗辩。② 但是在具体案件中，法院应当审查被告是否系在先使用人业务的承继者，还是另行许可或转让，后者不属于原有范围的继续使用。在原告贵州西湖实业有限公司与被告林若媛侵害商标权纠纷案中，一审法院认为，被告提供的证据证明西湖眼镜店系其父亲林振华于1980年开办，经过多年的经营，在贵阳市取得了一定的市场知名度，之后该品牌分别由林振华的女儿林若媛、林若萍等人各自开设自己的西湖眼镜店或公司继续经营，故被告的使用行为未侵犯原告的商标权。二审法院认为，本案中首先将"西湖"字号用于眼镜行业的主体是贵阳西湖实业总公司眼镜行，被告所经营的云岩林记眼镜行与贵阳西湖实业总公司眼镜行系两个不同的民事主体，被告的使用行为不构成在先使用，应承担停止侵权的民事责任。③ 第三，原则上，商标注册人在商标申请前基于使用许可或者特许经营等对外授权的被许可使用人不属于有权主张在先使用抗辩的主体。"至于注册商标专用权人在提出商标注册申请前，商标注册人已经许可他人使用其商标，注册商标专用权人获得商标注册后，其被许可人能否援引商标在先使用抗辩，则是一个合同解释

① 参见湖北省高级人民法院（2016）鄂民终58号民事判决书。

② 参见上海市浦东新区人民法院（2016）沪0115民初45436号民事判决书；上海知识产权法院（2017）沪73民终65号民事判决书。

③ 参见贵州省高级人民法院（2014）黔高民三终字第34号民事判决书。

的问题。但在日本，也有被许可人成功进行在先使用抗辩的案例。”① 但笔者认为，在先使用抗辩主要针对市场上存在不同使用人的情况，即相同或近似的商标存在不同的来源指向，进而产生权利冲突的状态。但在商标注册人的商标存在在先许可的情况下，被许可人对商标的使用同样视为系商标注册人的使用，被许可人并没有在商标注册人之外建立独立的商标识别性，进而不存在在先使用抗辩适用的前提。在此种情况下，在先被许可人不停止使用的话，商标注册人可以追究其违约或侵权责任。在原告南宁新华书店有限公司与被告中国新华书店协会确认不侵害商标权纠纷案中，二审法院认为，南宁市新华书店公司主张权利的商标最早是新华书店总店在20世纪30年代作为店招开始使用，南宁市新华书店公司的前身作为新华书店总店下属单位而获得使用，在毛体“新华书店”注册为商标后，其也是基于中新协的会员身份而被授权许可使用，毛体“新华书店”从来不是南宁市新华书店公司或其前身南宁新华书店独立完全所有的非注册商标。南宁市新华书店公司作为涉案商标的被授权使用人，对一直以来自己被授权许可使用的商标主张在先使用权，该主张与商标在先使用权制度的立法目的和权利性质不符，不能认定为善意的权利主张，不符合我国商标法规定的在先使用权的适用前提。②

四、商标在先使用人的附加区别性标识义务

商标在先使用抗辩成立的，在先使用人可以在原有范围内继续使用相关商标，但商标权人可以要求其附加适当区别标识。因此，附加区别性标识是在先使用人负有的法律义务。附加区别性标识的义务在具体案件中具体如何最终体现，是否必须提出明确的诉讼请求，实践中存在着不同的做法。

有的案件中，尽管原告没有提出要求被告附加区别性标识的诉讼请求，法院在认定被告在先使用抗辩成立的情况下，在判决理由部分提出被告应当在继续使用过程中附加区别性标识，以便与原告提供的商品或服务

---

① ［日］田村善之：《商标法概说（第2版）》，日本弘文堂2000年版，第85页。转引自李扬：《商标在先使用抗辩研究》，载《知识产权》2016年第10期。

② 参见广西壮族自治区高级人民法院（2016）桂民三终字第58号民事判决书。

相区分。在原告林明恺与被告武汉爱迪理想空间家具有限公司（以下简称武汉爱迪）、武汉居然之家家居市场有限公司武昌分公司侵害商标权及不正当竞争纠纷中，法院认为，武汉爱迪通过与案外人富运公司签订《区域特许经营合同》的方式获得授权后，其在宣传手册、名片、台历、店面招牌、店面宣传架上使用的“I&D”与“理想空間”结合的标识没有侵犯林明恺的注册商标专用权。同理，武汉爱迪在销售合同、交款凭证、楼层示意图处单独使用的“理想空间”，也是对其家具产品品牌名称的标注行为，在该品牌名称在林明恺取得涉案两个注册商标前就已实际使用并取得一定市场知名度的情况下，也不构成对林明恺涉案两个注册商标专用权的侵犯，武汉爱迪经案外人富运公司授权，可以在其原使用范围内继续使用“理想空间”标识，但应在使用中附加适当区别标识。① 有的案件中，尽管原告没有提出附加区别性标识的诉讼请求，法院在认定在先使用抗辩成立的情况下，仍然在判决主文部分判令被告应当附加区别性标识。在前述涉及启航商标侵权案件中，法院在认定中创公司无权禁止启航考试学校在涉案商标申请注册后，仍在考研培训领域突出使用“启航考研”，但可以要求启航考试学校对“启航考研”附加适当标识。故判决启航考试学校、启航公司应对经营活动中商标意义上使用“启航考研”附加适当区别标识。②

还有的案件，在认定在先使用抗辩成立的情况下，直接驳回原告的诉讼请求，在原告没有附加区别性标识诉讼请求的情况下，在本院认为部分和裁判主文部分均不对附加区别性标识进行分析。北京康美达科贸有限公司、张艳琴与毕节市汇江蚕桑开发有限责任公司侵害商标权纠纷中，法院认为，汇江公司使用“汇江”商标在前，张艳琴注册在后，且汇江公司一直在原使用范围内合理使用，并未扩大使用范围，故汇江公司的合理使用未对康美达公司、张艳琴的“汇江 HUIJIANG”注册商标构成侵权。康美达公司、张艳琴主张汇江公司承担商标侵权法律责任的理由不能成立，其诉讼请求不予支持。据此，一审法院判决：驳回北京康美达科贸有限公司、张艳琴的诉讼请求。③

---

① 参见湖北省高级人民法院（2016）鄂民终第58号民事判决书。

② 参见北京知识产权法院（2015）京知民终字第588号民事判决书。

③ 参见贵州省高级人民法院（2014）黔高民三终字第27号民事判决书。

在涉商标在先使用抗辩的案件中，原告的诉讼起初都是以被告的使用行为构成商标侵权为由，进而请求法院判令被告停止侵权、消除影响且赔偿损失。在实践中很少有案件的诉讼请求一开始便是要求被告附加区别性标识。因此，根据民事诉讼“不告不理”的原则，如果原告没有提出要求被告附加区别性标识的诉讼请求，在法院认定在先使用抗辩成立的情况下，可以在裁判理由部分明确被告虽然不构成侵权，但仍负有附加区别性标识的义务，不宜直接在判决主文中判令被告附加区别性标识。

当然，为了避免诉累，最大限度的在一个案件中解决纠纷，在案件审理中，法官可以向当事人进行释明，即：如果被告在先使用抗辩成立，原告关于商标侵权的诉讼请求得不到支持的情况下，是否主张要求被告附加区别性标识？如果被告在案件中一并主张附加区别性标识，那么，在法院认定在先使用抗辩不成立时，可以判令被告在经营活动中附加区别性标识。否则，应驳回原告的诉讼请求。如果法院已经在案件中判令被告应当附加区别性标识，被告在判决生效后不履行判决，原告是否可以另案主张被告构成商标侵权？笔者认为，附加区别性标识是商标在先使用人负有的义务，即商标在先使用人在原有范围内继续使用不承担侵权责任是负有条件的。如果被告在法院明确其负有附加区别性标识的义务，并要求被告附加区别性标识的情况下，不履行附加区别性标识的义务，那么在先使用人继续使用的条件便不具备，或者说在先使用人违反了应负有的义务，构成商标侵权，应当承担由此产生的法律责任，在先使用人无权继续使用相关商标。判

清算义务人连带清偿责任之辨析

林静宜*

《中华人民共和国民法总则》（以下简称《民法总则》）第70条规定了法人清算义务人的主体范围、清算义务及未及时履行清算义务的民事责任，该规定系清算义务人的概念首次在我国的法律中被明确提出，此前《最高人民法院关于适用〈中华人民共和国公司法〉若干问题的规定（二）》［以下简称《公司法司法解释(二)》］第18条中提起了清算义务人的民事责任，但未将该主体定义为清算义务人。《民法总则》第70条的规定反映出我国立法者对清算责任制度的高度重视，该制度设计对我国加强供给侧结构性改革，清退“僵尸企业”，促进国民经济转型升级具有重要意义。本文将对司法实务中涉及清算义务人的连带清偿责任的主体范围、法理基础、构成要件及证明责任分配逐一论述，提出破题方案，以期对司法实践提供参考。

一、清算义务人的主体范围界定

《民法总则》第70条第2款将法人的清算义务人规

* 江苏省苏州市相城区人民法院法官助理、华东政法大学硕士研究生。

定为“法人的董事、理事等执行机构或决策机构的成员”,《公司法司法解释(二)》第18条将公司的清算义务人规定为“有限责任公司的股东、股份有限公司的董事和控股股东”。从字面上理解，两法的规定不一致，笔者认为，应遵照《民法总则》的条文规定，并结合《公司法司法解释(二)》，将清算义务人的主体界定为法人的董事、理事、控股股东等执行机构或决策机构的成员，而将公司法人中未作为执行机构或决策机构成员的股东（以下简称小股东）排除在外。下文将从法律制定、法律解释及法律适用三个层面进行阐述。

从法律制定层面,《民法总则》是立法者结合我国30多年民事法律实践而制定的，在民法典中起统领性作用。法人制度是民事法律的一项基本制度。《民法总则》第70条借鉴公司法及其司法解释的规定，首次明确规定清算义务人制度并将其适用于全体法人。近年来，在商事制度改革的推动下，我国商业发展迅猛，法人治理也愈加规范。《公司法司法解释(二)》自2008年起施行，面对不断创新的公司法律问题，必然存在滞后性与法律空白。《民法总则》关于清算义务人的规定，不仅是立法者依据科学原则，从商事制度与法人治理的实际情况出发而制定的，更是为了合理分配出资者与管理者的权利和义务，实现权责一致，强化董事、理事等法人决策者及执行者责任体系的立法导向。

从法律解释层面,《民法总则》第70条第2款的前段“法人的董事、理事等执行机构或决策机构的成员为清算义务人”系一般性规定，后段“法律、行政法规另有规定的，依照其规定”系准用性规定，即为《公司法》及其司法解释留出了适用路径。《民法总则》系民事基本法，其位阶决定了其规定具有概括性、抽象性的特点，因此，需要法律解释化概括为特定、变抽象为具体。从体系解释角度而言,《民法总则》与《公司法》及其司法解释关于清算义务人的规定都是法人清算制度整体的一部分，要正确了解和适用该制度规范，必须将两项规定联系起来理解，方能融会贯通。

从法律适用层面，我国公司治理发展至今，已经从股东兼任董事、监事的单层结构演变为股东会、董事会、监事会并存且分工明晰的双层结构。公司的董事（会）负责公司经营管理，股东承担出资义务，从职能分工上说，让执行机构、决策机构成员承担公司清算义务，即“依法成立清算组织依据职权处理法人全部财产”[①]更为妥当，而公司股东若同时担任执行机构、决策机构成员，则理应成为清算义务人。对小股东来说，他们不掌控公司的经营管理权，也不具备清算的条件，故要求他们在没有及时对公司进行清算时对公司债务承担连带清偿责任，有失公允。[②]从道德风险角度而言，小股东一般都是外部人，如控股股东等内部人不履行清算义务，其也是受害人，可能产生控股股东或实际控制人故意造成公司主要财产、文件、账册灭失致无法清算，基于连带清偿责任制度，将公司债务风险转嫁给小股东，甚至是与第三人恶意串通、虚构债权获取非法利益的情形[③]，这种道德风险的存在明显违背了清算义务人的连带清偿责任制度的设立初衷。

综上，笔者认为，清算义务人的主体范围应限定在“法人的董事、理事等执行机构或决策机构的成员”，对有限责任公司与股份有限公司的清算义务人不再加以区分。同时，笔者建议在《公司法》中对清算义务人进行明确规定，再对《公司法司法解释（二）》的相关规定进行修改，以消除与《民法总则》规定的不一致，形成从民事基本法到商事特别法及具体法律解释的层次分明、结构完整的立法体系。

二、清算义务人连带清偿责任之定性

《公司法司法解释（二）》第18条第2款规定：“有限责任公司的股东、股份有限公司的董事和控股股东因怠于履行义务，导致公司主要财产、账册、重要文件等灭失，无法进行清算，债权人主张其对公司债务承担连带清偿责任的，人民法院应依法予以支持”，此为清算义务人的连带清偿责任。该责任的法理基础对其主体范围、构成要件及司法中举证责任

---

① 张新宝：《中华人民共和国民法总则释义》，中国人民大学出版社2017年版，第132页。

② 虽然《公司法司法解释（二）》第7条赋予公司股东向法院提起强制清算申请的权利，但该权利亦同时赋予债权人，债权人可以通过该规定直接救济自身权利。

③ 高永周：《清算义务人承担连带清偿责任的法理逻辑》，载《中南大学学报（社会科学版）》2014年第5期。

的分配均有决定性影响，而理论界与实务界对清算义务人的连带清偿责任的定性存在不少分歧，这也导致了司法实践裁判尺度的差异。主流观点认为，清算义务人滥用公司法人独立地位和股东有限责任侵害债权人利益，应适用公司人格否认理论，[①] 此亦为最高人民法院适用观点。笔者认为，针对《民法总则》的相关规定，还可引入信义义务理论来定性清算义务人的连带清偿责任，该理论与公司人格否认理论均可归为侵权责任理论。信义义务理论的适用既有利于维护现有的法律制度体系，亦符合基本的法理逻辑，可以更好平衡债权人与股东之间的利益关系，实现股东之间的权责统一。

（一）公司人格否认理论

公司人格否认理论源自于英美法系中的衡平法，是在股东滥用公司独立人格和股东有限责任制度的情形下，为维护债权人的合法权益和社会公共利益，针对特定事实，否认公司独立人格，要求股东对公司债务承担连带清偿责任。[②] 公司人格否认理论被引进我国法律制度体系已有十余年，《公司法》第 20 条中规定了该制度，但未明确具体适用标准。本文就最高人民法院发布的两个案件中有关清算义务人的连带清偿责任适用公司人格否认理论作为法理基础的观点展开论述。

2012 年 9 月 18 日，最高人民法院发布第 9 号指导性案例上海存亮贸易有限公司诉蒋某、王某等买卖合同纠纷案（以下简称 9 号指导案例），[③] 该案明确其适用《公司法》第 20 条第 3 款（公司人格否认条款）和《公司法司法解释（二）》第 18 条第 2 款作为判决依据，但未就该案被告股东的连带清偿责任的定性理论依据进行阐明。（2016）最高法民再 37 号上海丰瑞投资咨询有限公司与上海汽车工业销售有限公司、扬州市机电设备总

① 参见彭晓辉：《有限责任公司股东待遇履行清算义务的法律后果与责任性质》，载《人民司法》2009 年第 4 期。

② 王军：《中国公司法》，高等教育出版社 2015 年版，第 51～53 页。

③ 《最高人民法院关于发布第三批指导性案例的通知》（法〔2012〕227 号），“指导案例 9 号：上海存亮贸易有限公司诉蒋某、王某等买卖合同纠纷案”，最高人民法院审判委员会通过，2012 年 9 月 18 日发布。

公司企业借贷纠纷申请再审（丰瑞再审案）一案中，最高人民法院在判决理由中明确《公司法司法解释（二）》第18条第2款适用的法理基础为法人人格否定理论与侵害债权理论。① 两个案例相隔4年，最高人民法院针对清算义务人的连带清偿责任的理论有所发展，但本质依然是适用公司人格否认理论。

笔者认为，最高人民法院之所以在审判实务中不断丰富清算义务人连带清偿责任制度的法理基础，是因为若仅仅适用公司人格否认理论，在具体案件论证时，仍值得商榷。首先，适用该理论要求行为人主观上有滥用法人独立地位、严重损害债权人利益的过错，但清算义务人怠于履行义务通常表现为不作为，当对小股东仅仅存在怠于履行义务的不作为行为而没有其他侵害行为时，是否即可认定其主观上存在过错？其次，公司人格否认制度是针对具体法律关系中股东行为对债权人利益造成损害时设计的，而公司解散后未及时清算目前是一个较为普遍的现象，如一概适用公司人格否认理论对清算义务人的连带清偿责任定性，则有扩大公司人格否认理论适用范围、加重清算义务人责任之嫌；② 再次，若众多公司债权人都适用该制度要求公司股东对其债权承担连带清偿责任，这实际上与突破了公司独立人格的破产清算程序无异，是对整个法人制度的严重背离；最后，清算义务人连带清偿责任的法理基础应当在公司人格否认理论的基础上加以补充完善。

（二）信义义务理论

《民法总则》对法人清算制度的全面确立，为我国国民经济转型升级期间将面临的大量企业退出市场，提供了法律监管模式；而制度的实施需要丰富和坚实理论基础支撑，所以，引入信义义务理论充实法人清算制度的法理基础，将为今后该制度在实务中落地开花提供充足保障。信义义务

---

① 最高人民法院（2016）最高法民再37号上海丰瑞投资咨询有限公司与上海汽车工业销售有限公司、扬州市机电设备总公司企业借贷纠纷申诉、申请一案，2016年12月14日发布。

② 李晴池：《公司清算义务人民事责任辨析——兼评最高人民法院指导案例9号》，载《北大法律评论》2014年第1辑。

是源自于英美法系信托法中受托人对委托人应当承担的责任，是指当事人之间基于信义关系产生的义务。[①] 公司法上的信义义务最初源自对董事的要求，随着公司治理与法律的发展，其义务主体已扩展至董事、监事、经理等公司管理层人员、控股股东及实际控制人。[②]《公司法》第148条规定了董事、监事、高级管理人员的信义义务，第20条第1款和第2款规定了股东对公司及其他股东的信义义务。由违反信义义务而产生的民事责任主要是指信义义务的主体违反注意义务和忠实义务而给公司造成损失时，应当承担相应的赔偿责任。

有学者认为，从信义义务理论角度分析，清算义务人应该符合两项特征：一是对公司负诚信义务，二是对公司具有法律上的控制权。[③] 具体而言，清算义务人的信义义务根源于其对公司的控制力而并非出资，其因掌控公司的主要财物、账册等而负有依法组织清算，保护债权人利益的义务。[④]从该角度而言，股东若仅为出资者而未控制公司，则不应成为清算义务人；而股东、董事若控制了公司，则应当成为清算义务人。这一标准契合了《民法总则》第70条中对清算义务人主体范围的规定。

具体而言，清算义务人对公司负有的信义义务应细化为忠实义务，即遵守公司章程，为正当目的诚信履行职责，最大限度实现和保护公司利益。[⑤] 在公司运营情况良好时，董事、高管等执行机构或决策机构成员仅对公司及股东负有信义义务；而当公司解散，偿付能力下降，甚至可能资不抵债时，其对公司、股东及债权人均负有信义义务。[⑥] 因为，当公司的全部资产无法清算查明或是资不抵债时，公司的所有剩余资产均应分配给

---

① 威廉姆·T·爱伦：《公司法和公司治理初论：当代中国公司法中新增勤勉信义义务的前景和问题展望》，黄婕、许世夺译，载《法律适用》2006年第3期。

② 刘凯：《控制股东的信义义务及违信责任》，载《政法论坛》2009年第2期。

③④ 李建伟：《公司清算义务人基本问题研究》，载《北方法学》2010年第2期。

⑤ 最高人民法院民事审判第二庭：《最高人民法院关于公司法解释（三）、清算纪要理解与使用（注释版）》，人民法院出版社2016年版，第376～377页。

⑥ Norman Veasey & Christine T. Di Guglielmo, What Happened in Delaware Corporate Law and Governance from 1992 – 2004? A Retrospective on Some Key Developments, 153 U. Pa. L. Rev. (2005)

债权人，董事、高管等执行机构或决策机构成员所操纵实际上是债权人的资产。若此时，债权人无法得到清偿是因为清算义务人怠于履行清算义务，致使公司主要财产、账册、重要文件等灭失，无法进行清算，那么，清算义务人的不作为违背了对公司及股东的信义义务，进而违背了对债权人的信义义务，应承担相应赔偿责任，此即清算义务人连带清偿责任的逻辑基础。

综上，笔者认为，清算义务人连带清偿责任的法理基础应在法人人格否定理论上，引入信义义务理论，这样不仅为清算义务人主体范围界定提供了更坚实的法理基础，也对该责任的构成要件、举证责任分配等的进一步厘析奠定了基础。

三、清算义务人连带清偿责任之构成要件

笔者在中国裁判文书网上检索了最高人民法院、北京、上海、江苏、福建及广东等省高级人民法院及中级人民法院的相关判例20余例，[①] 将各地司法实践中清算义务人连带清偿责任的构成要件归纳如下：（1）清算义务人怠于履行清算义务；（2）公司主要财产、文件、账册灭失致无法清算；（3）公司债权人利益受损；（4）清算义务人怠于履行清算义务与公司债权人利益受损之间存在法律上的因果关系；[②]（5）清算义务人怠于履行清算义务与公司主要财产、文件、账册灭失致无法清算存在法律上的因果关系；[③]（6）清算义务人主观上存在不作为的过错。[④] 下文就较为关键的上述第（5）与第（6）项构成要件进行论述。

---

① 参见中国裁判文书网，载 http：//wenshu. court. gov. cn/，最后访问日期：2018 年 11 月 6 日。

② 参见褚红军：《公司诉讼原理与实务》，人民法院出版社 2007 年版，第 314～316 页。

③ 参见高民尚：《公司主要财产、账册等灭失无法清算时清算义务人连带责任的认定》，载《人民法院报》2013 年 6 月 5 日第 7 版；参见：宁波市中级人民法院（2015）浙甬商终字第 943 号张能秀与顾海冬、胡浩杰等清算责任纠纷一案，2015 年 12 月 7 日发布。

④ 最高人民法院（2016）最高法民再 37 号上海丰瑞投资咨询有限公司与上海汽车工业销售有限公司、扬州市机电设备总公司企业借贷纠纷申诉、申请一案，2016 年 12 月 14 日发布。

（一）清算义务人怠于履行清算义务与公司主要财产、文件、账册灭失致无法清算存在法律上的因果关系

最高人民法院的9号指导案例认定“拓恒公司的三名股东怠于履行清算义务与拓恒公司的财产、账册灭失之间具有因果联系”，进而判决该三名股东对拓恒公司的债务承担连带清偿责任。① 2013年最高人民法院也发文明确该因果关系为连带清偿责任的构成要件，如股东能够证明公司主要财产、文件、账册灭失导致公司无法清算系公司控股股东和实际控制人行为所致，与其行为无关时，该股东可不承担对公司债务的连带清偿责任。② 江苏省高级人民法院与福建省高级人民法院亦与最高人民法院秉持相同观点。③ 由上述指导案例及文章观点可见，清算义务人怠于履行清算义务与公司主要财产、文件、账册灭失致无法清算存在法律上的因果关系是成立连带清偿责任的关键构成要件，也是司法实践应牢牢把握的审理重点。

审查该要件是否成立时，应注意以下几点：其一，该因果关系的法理基础为“信义义务理论”及公司“资本维持原则”。清算义务人所负清算义务即为其对债务人的信义义务，包括组织清算的义务、保管公司财产、账册及重要文件的义务以及维持公司资本的义务。其中，确定和维持公司的资本，对于奠定公司基本偿债能力、保障债权人利益与交易安全，具有重要价值。公司财产、账册的存续，是确定和维持公司资本的主要途径。其二，该因果关系属于关键构成要件的论证逻辑为：公司解散时，应先行对债权人进行清偿，清算义务人应在公司解散之日起15日内成立清算组，

① 《最高人民法院关于发布第三批指导性案例的通知》（法〔2012〕227号），“指导案例9号：上海存亮贸易有限公司诉蒋某、王某等买卖合同纠纷案”，最高人民法院审判委员会通过，2012年9月18日发布。

② 高民尚：《公司主要财产、账册等灭失无法清算时清算义务人连带责任的认定》，载《人民法院报》2013年6月5日第7版。

③ 参见江苏省高级人民法院（2014）苏审二商申字第107号南通市崇川兴强织布厂与赵雪琴、赵雪萍股东损害公司债权人利益责任纠纷再审复查与审判监督一案，2014年10月27日发布；福建省高级人民法院（2016）闽民终365号厦门鹭升物流有限公司与何进宝、高蓉娟清算责任纠纷一案，2016年12月18日发布。

并委托会计师事务所等对公司的资产、负债等进行全面审计，若公司资可抵债，则应进入正常的清算程序，若公司资不抵债，则应进入破产清算程序。但是，若公司的财物、账册灭失，审计将无法进行，公司资产将无法查清，债权人将无法通过清算程序获得实现债权的最后保障。此时，债权人（外部人）及股东等清算义务人（外部人）之间的利益将产生冲突，只有当该冲突是由清算义务人怠于履行清算义务导致时（即该因果关系成立），法律保护的天平才会向债权人倾斜，清算义务人才应对公司债务承担连带清偿责任。其三，将该因果关系列为构成要件，与《公司法司法解释（二）》第18条第2款的立法本意相符，而且该构成要件的论证过程，也公司小股东提供了免除承担连带清偿责任的合法路径。①

值得关注的是，该构成要件中还有一个次级要件，即公司应达到“无法清算”的程度，否则，根据《公司法司法解释（二）》第18条第1款的规定，清算义务人仅在公司财产减少的范围内对公司债务承担补充赔偿责任，而不是承担连带清偿责任。②

（二）清算义务人主观上存在不作为的过错

最高人民法院在丰瑞再审案中，将清算义务人主观上存在不作为的过错作为其承担连带清偿责任的构成要件，并从上汽公司在2000年对上汽扬州公司申请强制执行的案件中已尽其所能清偿上汽扬州公司的责任资产的角度，论证上汽公司作为清算义务人主观上没有怠于履行清算义务的过错，进而佐证上汽公司不应承担连带清偿责任。

笔者认为，最高人民法院提出这一主观构成要件的法理基础为“信义义务理论”。根据本文第二部分的分析，清算义务人未及时履行清算义务，是违反了其对法人及出资人的信义义务，违反该义务而对法人或债权人等造成损害的民事责任可归为侵权责任。一般侵权责任的构成要件为损害、因果关系与过错（部分观点还增加违法性为要件），过错是对行为人主观心理状态的评价，分为故意和过失。在商事交易日益发达的现代，法官在认定当事人过错时，实际上更多是在进行价值的判断与利益的权衡。③ 最

①② 参见冯果：《公司法要论》，武汉大学出版社2003年版，第247~248页。

③ 程啸：《侵权责任法》，法律出版社2015年版，第264页。

高人民法院在完善清算义务人连带清偿责任制度中，通过论证清算义务人主观上是否存在不作为的过错这一构成要件，引入“信义义务理论”，符合“督促清算义务人依法组织清算，规范法人退出机制，保护债权人的应有利益”① 的制度设计初衷，这可以说是最高人民法院在审判实务中为实现立法者本意、平衡有限责任公司股东权责的积极探索。

从审判实践角度，清算义务人是否存在过错，多以客观事实为基础进行推定。法院在审查这一构成要件时，应查明公司在解散事由产生之前，是否存在股东内部纠纷，是否曾因某位（些）股东的行为导致公司财物、账册等遗失，其他股东是否就公司财物、账册的遗失提起诉讼或报警处理，以及相关生效法律文书认定的事实情况，综合判断清算义务人对“公司无法清算”是否存在过错。②

四、清算义务人连带清偿责任的证明责任分配

实务中，根据一般性“谁主张、谁举证”的证明责任制度，应先由债权人就清算义务人怠于履行义务而应对公司债务承担连带清偿责任承担行为意义上的证明责任，其后，如存在真伪不明的待证事实，再由法院就此分配结果意义上的证明责任。清算义务人的连带清偿责任的构成要件包括（1）清算义务人怠于履行义务；（2）公司主要财产、文件、账册灭失致无法清算；（3）前两者之间存在法律上的因果关系；（4）债权人利益受损；（5）清算义务人怠于履行义务与公司债权人利益受损之间存在法律上的因果关系。下文就较为复杂的第（2）项与第（3）项的证明责任分配进行探讨。

（一）主要财产、文件、账册灭失致无法清算的证明责任分配

最高人民法院认为，“无法清算”是指由于清算义务人怠于履行及时

---

① 宋晓明、张勇健、刘敏：《最高人民法院关于适用〈中华人民共和国公司法〉若干问题的规定（二）》的理解与适用，载《人民司法》2008 年第 11 期。

② 参见广东省深圳市中级人民法院（2017）粤 03 民终 14490 号山东省金曼克电气集团股份有限公司与深圳勃格变压器有限公司股东损害公司债权人利益责任纠纷一案，2018 年 5 月 2 日发布。

启动清算程序进行清算的义务，以及怠于履行妥善保管公司财产、账册、重要文件等义务，导致公司清算所必须的财产、账册、重要文件等灭失而无法清算，如公司清算义务人、主要责任人员下落不明，或公司重要会计账簿、交易文件等灭失，无法查明公司资产负债情况等。① 根据法学界通说，债务人“无法清算”这一待证事实属于真实的消极事实，而主张消极事实存在的当事人不承担相应的证明责任，主张消极事实不存在的当事人应承担证明责任。

具体而言，当债权人起诉清算义务人与公司，要求其对债务承担连带清偿责任时，债权人需初步证明其债权经法院强制执行后未获清偿，且清算义务人怠于履行清算义务。需要注意的是，最高人民法院明确，启动清算程序不是要求清算义务人承担连带清偿责任的前提。② 之后，清算义务人应举证证明公司财产、账册、重要文件等存在，公司可以清算，此为行为意义上的证明责任；若清算义务人未能完成该证明责任，则法院可直接认定债务人“无法清算”这一事实，无需进一步分配结果意义上的证明责任。在债权人起诉清算义务人承担连带清偿责任的案件中，直接通过证明责任分配来完成对债务人“无法清算”这一事实的认定，既可以减少当事人讼累，避免耗费启动清算程序的时间和人力成本，同时，也可促使清算义务人积极保管公司财物、账册以便在诉讼中进行举证，避免承担不利的诉讼后果。

笔者认为，除了上述“消极事实”的证明责任分配路径，将“无法清算”的证明责任分配给清算义务人的另一理论基础为，股东有限责任与清算义务之关联性。股东有限责任是现代公司制度的基石，但是该有限责任不是无条件的，而是必须建立在股东与公司行为规范、公司人格独立以及

---

① 高民尚：《公司主要财产、账册等灭失无法清算时清算义务人连带责任的认定》，载《人民法院报》2013年6月5日第7版。

② 高民尚：《公司主要财产、账册等灭失无法清算时清算义务人连带责任的认定》，载《人民法院报》2013年6月5日第7版。参见《最高人民法院关于发布第三批指导性案例的通知》（法〔2012〕227号），“指导案例9号：上海存亮贸易有限公司诉蒋某、王某等买卖合同纠纷案”，最高人民法院审判委员会通过，2012年9月18日发布。

公司拥有独立财产的基础上。公司解散后，股东等清算义务人应依法履行清算义务，证明公司拥有独立人格及独立财产，以此继续得到有限责任制度的保护；否则，股东承担有限责任的基础将被打破，其作为清算义务人就应对公司债务承担连带清偿责任。

（二）清算义务人怠于履行义务与公司主要财产、文件、账册灭失致使无法清算存在法律上的因果关系的证明责任分配

1. 主流观点

实务中，大多数法院倾向于直接认定该因果关系，即只要清算义务人怠于履行义务及公司主要财产、文件、账册灭失致使无法清算这两个要件已经得到证实，就推定两者之间存在因果关系。最高人民法院的9号指导案例中运用了该裁判逻辑，福建省高级人民法院、广东省高级人民法院、北京市第一中级人民法院等法院亦持相同观点。① 该逻辑的主要法理依据为“信义义务理论”。维持公司资本是股东、董事、高管等（清算义务人主体）对公司及债权人（当公司出现解散事由或资本抵债时）的信义义务，而怠于履行清算义务，是违背信义义务的行为。当公司出现解散事由时，若清算义务人既未积极履行清算义务，也不能证明公司客观上的资产负债情况，亦不能证明公司财产、账册灭失致无法清算与其怠于履行清算义务无关，则应推定该因果关系成立。上述司法观点，实际上免除了债权

① 参见《最高人民法院关于发布第三批指导性案例的通知》（法〔2012〕227号），“指导案例9号：上海存亮贸易有限公司诉蒋某、王某等买卖合同纠纷案”，最高人民法院审判委员会通过，2012年9月18日发布、参见福建省高级人民法院（2016）闽民终365号民事判决书；参见广东省高级人民法院（2017）粤民申3079号深圳市物业发展（集团）股份有限公司、深圳市合泰亨投资有限公司股东损害公司债权人利益责任纠纷再审审查与审判监督一案，2017年11月28日发布；参见北京市第一中级人民法院（2015）一中民（商）终字第2997号中科实业集团（控股）有限公司与上海文盛投资管理有限公司等清算责任纠纷一案，2015年8月26日发布。

人对该要件的证明责任,[①] 同时，也对债务人股东、董事等施加更多的约束，促使其及时履行作为清算义务人的责任，以合法获得有限责任的保护。这无疑也是立法者旨在规范公司股东、董事行为，维护经济社会秩序的初衷。

在这样的裁判逻辑下，清算义务人要推翻该因果关系的认定是比较困难的。清算义务人若要排除自身责任，就需要提供充分证据证明债务人无法清算并非由其怠于履行义务造成，比如，债务人无法清算的情况在债务人解散事由发生前已经存在。需要注意的是，实务界普遍认为，清算义务人仅仅举证债务人在解散事由发生前已存在因无可供执行的财产而中止执行的案件，并不能达到证明该因果关系不存在的效果：一是因为个别执行案件的覆盖面有限，仅凭上述情况不足以完全排除被告公司财产隐逸他处的可能;[②] 二是因为即使债务人在发生解散事由时实际上已资不抵债，但清算义务人未能提供债务人发生解散事由时的资产负债表等财务账册予以证明，故不能免除其清算义务，清算义务人必须履行清算义务后方能获得有限责任制度的保护。有鉴于此，对于小股东来说，其作为法定的清算义务人之一，会面临权利与义务、能力与责任不对等的风险。

2. 实务新探索

然而，在近几年的实务中，个别法院开始在案件中对该因果关系的认定采取不同的方式。例如，宁波市中级人民法院认为，公司被吊销营业执照前，公司账册在就已经不属于两被告保管，且公司主要财产在此之前已由法院统一处置并分配给债权人，所以两被告怠于履行清算义务的行为与

---

① 北京市第一中级人民法院（2015）一中民（商）终字第2997号中科实业集团（控股）有限公司与上海文盛投资管理有限公司等清算责任纠纷一案，2015年8月26日发布，该案判决书论述：“作为正常注册的公司，均应具备清算条件，实业公司存在怠于清算情形，且生效裁定已确认科技公司无法进行清算，故可认定实业公司怠于清算与科技公司主要财产、账册、重要文件等灭失，无法进行清算之间存在因果关系，投资公司就此无需进一步举证。”

② 陈旭：《怠于清算股东清偿责任之诉中消极事实主张的查明》，载《人民司法（案例）》2013年第20期；参见北京市第二中级人民法院（2018）京02民终8705号民事判决书，2018年9月28日发布。

公司无法清算之间并不存在因果关系，两被告无需承担连带清偿责任。① 深圳市中级人民法院以债权人的举证未能证明债务人账册遗失系股东怠于履行清算义务所致为由，驳回了债权人要求股东作为清算义务人对公司债务承担连带清偿责任的诉讼请求②。此类案件中，相关法院不再直接推定因果关系成立，而是将该要件的举证责任明确分配给债权人即原告，或者说在某种程度上降低了对清算义务人在否认该要件成立时的举证责任要求。其实，最高人民法院曾发表过类似观点，即如果有限责任公司的中小股东不掌握公司的主要财产、账册，没有能力决定清算程序的启动，那么，若其能证明其已及时向公司提出了依法清算申请或者能够证明公司无法清算系公司控股股东和实际控制人行为所致，与其行为无关的，则该股东无需对公司债务承担连带清偿责任。③

3. 观点融合及裁判思路启示

笔者认为，上述主流裁判观点，理论依据充足、操作实效显著，值得继续推广；而部分法院针对个案情况，在证明责任分配上作出的调整，能引发我们对现行清算义务人连带清偿责任的法律规定的思考。笔者认为，在《公司法》及其司法解释尚未修订的情况下，审判实践中可以借助区分有限责任公司控股股东与小股东的举证责任，来初步完善对现行法律规定的适用。就控股股东而言，其实际上应具有履行清算义务（在法定期间内成立清算组开始清算）的条件，故其应从实体上证明公司财物、账册灭失的原因与其怠于履行清算义务无关，单从程序上（申请强制清算）举证，不能成为切断该因果关系的有效途径。就小股东而言，在其仍负有清算义务的情况下，可以通过向公司申请清算、向法院申请公司强制清算或者事前在公司章程中约定公司财产、账册等的控制人等，来履行义务并确保自身得到股东有限责任制度的保护，以尽可能达到公司内部治理与外部纠纷之间、控股股东与小股东之间的实体公正。

---

① 浙江省宁波市中级人民法院（2015）浙甬商终字第943号张能秀与顾海冬、胡浩杰等清算责任纠纷一案，2015年12月7日发布。

② 广东省深圳市中级人民法院（2017）粤03民终14490号民事判决书。

③ 高民尚：《公司主要财产、账册等灭失无法清算时清算义务人连带责任的认定》，载《人民法院报》2013年6月5日第7版。

五、结语

公司法律制度是通过对公司、股东、债权人、公司管理者等不同冲突权利主体之间的有关权利义务进行配置，确立行为准则、法律后果等。清算义务人承担连带清偿责任的法律制度的设立，其意图已由最高人民法院阐明："清算义务人在对借解散逃废债务（后果是承担上述清算义务人民事责任）和依法清算了解公司债务（享受有限责任庇护）进行利益权衡的基础上自行作出对其有利的抉择"，"旨在强化清算义务人依法清算的法律责任，建立一个健康、有序的法人退出机制。"① 笔者建议，在通过法律制度"倒逼"公司股东、董事等清算义务人积极履行义务，保护债权人利益，让法人合法平稳退出市场的同时，立法者还应更注重该制度中各方的利益平衡，引入信义义务理论对清算义务人的主体范围、连带清偿责任的性质等进行深入完善，最高人民法院也可适时出台指导案例对该责任的构成要件、证明责任分配进一步明确，以期对该制度中涉及的利益相关者的责任进行类型化和层次化的界定，实现权责平衡，降低制度实施中的社会成本，取得双赢。② 判

① 宋晓明、张勇健、刘敏：《最高人民法院关于适用〈中华人民共和国公司法〉若干问题的规定（二）》的理解与适用，载《人民司法》2008年第11期。

② 梁上上：《论公司正义》，载《现代法学》2017年第1期。

菊与刀：欧洲人权法院适用“推定同等”司法原则的演变

——以阿旺提斯案为基点的考察

范继增*

一、前言

2014年末，欧盟法院在第2/13号意见中宣布欧盟委员会与欧洲理事会签订的《欧盟加入欧洲人权公约协议草案》违反现有欧盟宪法秩序。尽管《欧洲联盟条约》（以下简称《欧盟条约》）第6条第2款明确将“欧盟加入欧洲人权公约”作为宪法性义务，但是欧盟法院在2/13号意见中明确表明欧盟法自治性原则意味着欧盟法院不接受任何会改变欧盟宪法秩序的国际协定和决定。① 欧盟2/13号意见的直接后果是宣布了欧盟加入

* 四川大学法学院特聘副研究员。作者要特别感谢比萨圣安娜大学 Giuseppe Martinico 副教授，西南政法大学张继红副教授，中国社会科学院国际法研究所郝鲁怡副研究员和《判解研究》匿名评审老师的意见和建议。基金来源：2018年四川大学中央高校基本科研经费“全球化背景下国际司法对话与人类命运共同体研究”。

① Daniel Halberstam, "'It's Autonomy, Stupid!' A Modest Defence of Opinion 2/13 on EU Accession to the ECHR, and the Way Forward", 16 German Law Journal, 2015.

《欧洲人权公约》（以下简称人权公约）的“死亡”。[①] 时任欧洲人权法院院长斯皮尔曼毫无情面地将2/13号意见描绘为“出乎意料的巨大失望”。[②] 显然，欧盟第2/13号意见对欧洲多层级基本权利保障机制的平衡带来了不确定性的影响。甚至，摩尔金教授猜测人权法院会改变博斯普鲁斯案确立的“推定同等”原则。[③] 然而，欧洲人权法院（以下简称人权法院）在阿旺提斯案中继续适用了“推定同等”司法原则。[④] 欧盟法院也在阿兰伊奥希案中礼尚往来，依据人权法院对《欧洲人权公约》第3条的解释，以被遣送人可能遭受个人人权侵犯风险为由，要求奥地利当局暂缓执行欧盟统一逮捕令（European Arrest Warrant）。[⑤] 两个欧洲法院似乎都致力于缓解2/13号意见带来的司法冲突。

依据《欧盟基本权利宪章》（以下简称基本权利宪章）第52条第3款的规定，欧盟法院需保证基本权利宪章中的实体权利定义和范围不低于人权公约确立的标准。此外，《欧盟条约》第6条第3款明确将《欧洲人权公约》视为欧盟法一般原则组成部分。但是，两个法院功能和履行职权的目的有着明显的差异。欧盟法院首要目的是维护欧盟一体化和欧盟机制有效运作，而欧洲人权法院则重点审查缔约国是否有效履行了保障人权的国际法义务。[⑥] 目的差异和解释方法的不同导致了两个法院在结社自由与经

---

① Graham Bultler, “A Political Decision Disguised as a Legal Argument? Opinion 2/13 and European Union Accession to the European Convention on Human Rights”, 31 Utrecht Journal of International and European Law, 2015.

② European Court of Human Rights, 2014 Annual Report, p. 6.

③ John Morjin, After Opinion 2/13: how to move on in Strasbourg and Brussels, Eutopia Law, available at https://eutopialaw.com/2015/01/05/after-opinion-213-how-to-move-on-in-strasbourg-and-brussels/. Last visit 08-07-2018.

④ Avontis vs. Latvia, appl no. 17502/07, Judgment 26 May 2006.

⑤ Case C-404/15 & C-659/15 PPU, judgment 5 April 2016, paras 86 - 91.

⑥ Human Rights? Strasbourg vs. Luxembourg, UK Human Rights Blog, available at https://ukhumanrightsblog.com/2011/09/09/human-rights-strasbourg-or-luxembourg/. Last visit in 09-07-2018; Daniel Sarmiento, A Court that Dare Not Speak its Name: Human Rights at Court of Justice, EJIL: Talk!, 8 May 2018, available at https://www.ejiltalk.org/a-court-that-dare-not-speak-its-name-human-rights-at-the-court-of-justice/. Last visit in 09-07-2018. “在早期，建立欧盟法院的目的并非是保障人权，而现今欧盟法院是欧洲版图的领导者”。

济权利、司法权利、反对歧视和难民权保障领域形成了鲜明的差异。① 这会导致了缔约国和欧盟公民对服从何种权威的困惑。由于人权公约被标榜为维护“欧洲的公共秩序”宪法文件和“保障欧洲人权最低标准”的工具，因此，欧盟民众会质疑与欧洲人权公约或者人权法院判例相冲突的欧盟法院判决合法性。

由于欧盟不是《欧洲人权公约》的缔约方，所以博斯普鲁斯案建立的“推定同等”原则成为调解两个欧洲法律体系矛盾的途径之一。② 欧盟初审法院（General Court of European Union）法官斯皮尔曼和欧盟法院院长赖纳尔茨公开承认欧盟法官在审议案件过程中需关注并且遵守人权法院判例设定的基本权利最低标准，③ 但是这并不意味着人权法院会无条件地推定欧盟立法和成员国实施欧盟法符合人权公约的保障标准。人权法院在阿旺提斯案中进一步阐释了“推定同等”司法原则的实体性和程序性的内容，同时也暗示欧盟立法机构需修改《布鲁塞尔规章 I》。

由于本文比较研究的节点是 2/13 意见，因此，笔者以阿旺提斯案的判决为出发点展示欧洲人权法院如何在审查拉脱维亚最高法院适用《布鲁塞尔规章 I》的过程中适用“推定平等”原则。第二部分将从比较视角探讨

---

① Aidan O' Neill QC., Confusing the Protection of Human Rights in Europe, Strasbourg vs. Luxembourg, Part 1, Eutopia Law, available at https://eutopialaw.com/2011/09/05/confusing-the-protection-of-human-rights-in-europe-strasbourg-v-luxembourg-part-1/. Last visit 12-07-2018; Amy Ludlow, "The Rights to Strike: A Jurisprudential Gulf between the CJEU and ECtHR", in Human Rights Law in Europe: The Influence. Overlaps and Contradictions of the EU and ECHR, London: Routledge, 2014; Laurence Wilkinson, Luxembourg v Strasbourg: A Human Rights Turf War?, The Freedom Blog, available at https://freedomofthought.blogactiv.eu/2017/04/21/luxembourg-v-strasbourg-a-human-rights-turf-war/. Last Visit 12-07-2018.

② Stelios Andreadakis, "Problems and Challenges of the EU' s Accession to the ECHR: Empirical Findings with a View to the Future", in Fundamental Rights in the EU: A Matter for Two Courts, Oxford: Hart Publishing, 2015, p. 55.

③ Dean Spielmann, The Judicial Dialogue between the European Court of Justice and the European Court of Human Rights Or how to remain good neighbours after Opinion 2/13, Brussels, 27 March 2017; Koen Lenaerts, The ECHR and the CJEU: Creating Synergies in the Field of Fundamental Rights Protection. Solemn hearing for the opening of the Judicial Year, 26 January 2018.

2/13号意见前欧洲人权法院适用"推定同等"司法原则的方法和逻辑，并从典型案例分析"同等推定"司法原则的演变。第三部分将对比人权法院在2/13号意见前后适用"推定同等"原则和针对欧盟法实施间接司法审查力度的变化。

二、阿旺提斯案判决中的"推定平等"司法原则的适用逻辑

尽管莫雷教授预测人权法院在欧盟第2/13号意见后会放弃适用"推定平等"原则，强化依据人权公约标准审查欧盟成员国履行欧盟法行为的合约性，① 但是人权法院在阿旺提斯案中延续了"推定同等"原则，也是人权法院在首次在"互信"原则框架下公开展示适用"推定同等"原则的逻辑和方法。②

(一) 阿旺提斯案的案件事实与拉脱维亚法院的判决

拉脱维亚籍公民阿旺提斯在1999年以个人的名义向塞浦路斯的FH公司借款，但未能在已公证的还款截止日前履行还款义务。随后，FH公司向位于塞浦路斯的法院提起了民事诉讼。由于被告人在塞浦路斯没有住所，因此，只能通过外交途径将写有开庭时间的传票由拉脱维亚的相关机构送达至被告居住地。尽管传票回执上附有收信人的签名，但是该签名人不是阿旺提斯本人。阿旺提斯也否认收到过塞浦路斯法院开庭审判传票。直到FH公司在拉脱维亚提起申请执行判决的诉讼后，阿旺提斯才知道塞浦路斯法院已作出了判决。。

面对FH公司向拉脱维亚法院提出的请求，债务人阿旺提斯对塞浦路斯法院的判决并无异议，但是认为执行塞浦路斯法院的判决将违反《布鲁塞尔规章I》第34条第2款和《拉脱维亚民事诉讼法》第637条第2款所规定的申请国必须提供相关的判决文书。《布鲁塞尔规章I》第34条第2款规定适用条件成为本案争议的焦点。该条款规定"缺席审判的被告必须

① Nuala Mole, "Can *Bosphorus* be Maintained?", 16 ERA Forum, 2015, p. 480.

② Stian Oby Johansen, EU law and ECHR: The *Bosphorus* presumption is still alive and kicking - the case of Avotins vs. Latvia, *EU Law Analysis*, available at http: //eulawanalysis. blogspot. com/2016/05/eu - law - and - echr - bosphorus - presumption. html. Last visit 13 - 07 - 2018.

获得告知其审判程序的文件或者其他相同的文件，以便其有足够的时间准备辩护”。第 34 条第 2 款中的但非条款对被申请国拒绝承认其他欧盟国家的民事判决作出了限制：只有在被告人针对申请国法院的判决提起诉讼的前提下，被申请国法院确定被申请人辩护权无法得到有效保障的条件下才拥有拒绝执行申请国法院判决的权力。欧盟法院在 ASML 案判决中指出第 34 条第 2 款并不阻碍被申请国执行被告人缺席的民事判决，而是赋予被申请国保护缺席被告针对败诉判决提出救济的权利。①

2006 年里加地区法院仅依据本国《民事诉讼法》第 637 条第 2 款支持了阿旺提斯先生提出的请求，拒绝执行拉脱维亚的民事判决。此后，FH 公司在补充了相关资料后向拉脱维亚最高法院提起了上诉。最高法院依据《布鲁塞尔规章 I》第 36 条“在任何情况下，接受国都不能审查申请国的判决”决定推翻下级法院裁决，执行塞浦路斯法院的判决。

（二）阿旺提斯和拉脱维亚政府在人权法院前的争议与主张

阿旺提斯依据《欧洲人权公约》第 34 条将拉脱维亚和塞浦路斯作为共同被告诉至人权法院。人权法院审判庭认为以超过诉讼时效无法受理阿旺提斯诉塞浦路斯的案件。同时，审判庭认为拉脱维亚最高法院适用《布鲁塞尔规章 I》第 36 条不违反公约义务。阿旺提斯不满审判庭的决定，依据《欧洲人权公约》第 43 条向人权法院大审判庭（Grand Chamber）提出重审请求并获批准。

大审判庭的主要任务是考虑是否延用博斯普鲁斯案确立的“推定同等”的司法原则。人权法院在博斯普鲁斯案中指出缔约国不得以违反人权公约的方式实施欧盟法。由于欧盟不是人权公约的缔约方，因此，人权法院无权直接管辖欧盟事务，也无法在同为公约缔约国的欧盟成员国政府缺乏自由裁量的情况下宣布欧盟法违反人权公约。但是，基于“欧洲人权公约是整个欧洲公共利益的宪法法典”② 的既有法理判决，人权法院有义务维护公约在整个欧洲范围内的权威性。考虑到欧盟法院助裁官雅各布斯在个人意见中指出，《欧盟条约》第 6 条和相关的欧盟法院判决已承认《欧洲人权公约》已经内化为欧盟法的一部分并且论证了欧盟规章对财产权的

---

① Case C －283/05［2006］ECR I－12075，paras 20－21.

② Loizidou vs. Turkey，appl no. 15318/89，judgment 18 December 1996，para. 48.

限制符合人权公约后,[①] 人权法院据此认为欧盟规章制定者和欧盟法院已经合理地考虑了人权公约的内容，继而推定欧盟规章符合人权公约的保障标准。但是，人权法院认为倘若欧盟法在人权保障领域具有明显的不足，缔约国依旧需要承担公约责任。

阿旺提斯认为拉脱维亚最高法院依据《布鲁塞尔规章 I》第 36 条承认塞浦路斯法院判决违反了《欧洲人权公约》第 6 条第 1 款保障的公平审判权。申诉人首先认为《布鲁塞尔规章 I》第 34 条和第 35 条赋予了接受国法院在特定事项发生时不予承认申请国法院判决的自由裁量权。其次，申请人向人权法院指出拉脱维亚法院未能依据《欧盟机构运行条约》第 267 条向欧盟法院询问塞浦路斯法院未能在合理时间内通知被告人答辩程序的事实是否违反《布鲁塞尔规章 I》第 34 条规定的被申请国拒绝承认判决的理由，进而导致申诉人无法了解获得救济渠道的途径。

拉脱维亚政府则认为《布鲁塞尔规章 I》没有给予成员国自由裁量的权利。拉脱维亚政府又认为本国最高法院未能对相关问题向欧盟法院提出预先裁决的申请不应成为人权法院拒绝适用“推定同等”司法原则的理由。依据欧盟法院在 *CILFIT* 案的裁决，当欧盟法条款内容明确且不会产生异议时，成员国法院有权拒绝诉讼人请求将该条款交由欧盟法院作出解释。[②] 再次，拉脱维亚政府指出欧盟已将公平审判权作为欧盟法的一部分，《布鲁塞尔规章 I》已经建立了尊重该权利的司法制度。但是，由于欧盟一体化是欧盟宪法的最主要目的，所以维护互信原则运行可以成为合理限制公平审判权的理由。

拉脱维亚政府的答辩仅是概括性地阐释公平审判权已被纳入到欧盟法体系中，无法有效地证明拉脱维亚最高法院的判决符合人权公约设立的保障标准。无论拉脱维亚的最高法院还是该国政府都未能在本案中有效证明维护欧盟市场一体化对个人公平审判权的限制具有合理性和合比例性，亦没有援引相关的人权法院判决证明其符合公约的标准。因此，仅以*CILFIT* 案确立的“明确清晰”标准作为拉脱维亚最高法院未能启动预先裁决的理

---

① Case C－84/95 [1996] ECR I－3972, para. 53.

② Case C－283/81 [1982] ECR I－3480.

由并不具有说服力。实际上，除了审查特定的欧盟法案是否有效之外①，预先裁决制度的核心功能在于维护欧盟法院的集中性释法的权威，维护个人的公平审判权仅处于次要地位。② 诉讼参与人无权在成员国法院拒绝启动预先裁决程序的情况下转而向欧盟法院提出司法救济。相反，以权利保障为导向的人权法院将欧盟预先裁决程序视为《欧洲人权公约》第6条框架下维护公平审判权的程序性工具。人权法院在达哈比③和斯基巴尼④案的判决中要求缔约国法院在拒绝当事人要求向欧盟法院提出预先裁决的请求时必须要给予充分的理由。其次，拉脱维亚最高法院在庭审过程中并未直接回答阿旺提斯先生提出的事由是否构成阻碍执行民事判决的条件；拉脱维亚最高法院在判决中没有告知当事人在辩护权受到损害的条件下是否对已生效的判决享有上诉的权利和提出上诉的途径。显然，在未能回答相关问题的条件下，拉脱维亚最高法院决定执行塞浦路斯法院的判决损害了阿旺提斯的司法救济权。

（三）欧洲人权法院适用“推定同等”原则的理由和标准

欧洲人权法院采取了迂回的方式审查了拉脱维亚最高法院依据《布鲁塞尔规章I》执行域外判决的合约性。人权法院开宗明义地指出“任何败诉一方都必须享有针对违反程序性权利的事项进行上诉的权利”⑤ 是公平审判权的核心内容。

由于欧盟尚未加入欧洲人权公约，因此，人权法院不能直接依据人权公约标准审查《布鲁塞尔规章I》的合约性，转而策略性地沿用了博斯普鲁斯案模式，审查欧盟基本权利保障体系是否与公约标准具有同等性。《里斯本条约》生效后的《欧盟基本权利宪章》第52条第3款规定，“与

① Case C-461/03 [2005] ECR I-10504, paras. 19-25. 欧盟法院在*Gaston* 案的预先裁决中指出案件当事人请求成员国法院向欧盟法院提交针对特定的欧盟法案的合法性进行审查时，成员国法院不能依据*CILFIT* 案确定的“明确清晰”原则拒绝。相反，成员国适用欧盟法的终审法院具有向欧盟法院提交此申请的强制性义务。

② Clelia Lacchi, “Multilevel Judicial Protection in the EU and Preliminary Reference”, 53 Common Market Law Review, 2016, pp. 688~689.

③ Dhahbi vs. Italy, appl no. 17120/09, judgment 8 April 2014.

④ Schipani vs. Italy, appl no. 38369/09, judgment 21 July 2015.

⑤ Avontis vs. Latvia, appl no. 17502/07, Judgment 26 May 2006, para. 96.

欧洲人权公约内容相同的宪章权利的定义和范围必须与人权公约保持一致”成为人权法院适用“推定同等”原则的合法性前提。

依据博斯普鲁斯案的法理内容，适用“推定同等”原则的前提条件之一是成员国法院在履行欧盟法义务的过程中不具有自由裁量的余地。依据欧盟法院的已有判决，《布鲁塞尔规章 I》符合该前提条件。欧盟法院在贸易代理集团案中已经明确指出成员国法院在《布鲁塞尔规章 I》第 34 条第 2 款在*ASML* 案判决规定的条件外不具有任何程度的自由裁量空间。①

人权法院在博斯普鲁斯案中确定适用“推定同等”的另一个前提条件是达到人权法院认可的程序性保障标准。在阿旺提斯案中，拉脱维亚最高法院在适用《布鲁塞尔规章 I》第 34 条第 2 款时未向欧盟法院提出解释该条款的预先裁决申请。依据先前人权法院判决，缔约国未能向受到侵犯的个人提供司法救济渠道会导致违反公约的义务。因此，人权法院需要审查拉脱维亚法院在适用《布鲁塞尔规章 I》第 34 条第 2 款时未能向欧盟法院申请预先裁决是否违反公约规定。

人权法院认为针对缔约国适用欧盟法行为的司法审查不能导致其在欧盟法框架内义务范围的扩张，但是必须符合人权公约的最低标准。因此，人权法院在公约第 6 条框架下建立了“双层”司法审查结构：（1）在个人针对缔约国法院适用欧盟法的判决无司法救济程序的条件下，缔约国法院在拒绝当事人请求其向欧盟法院申请预先裁决时必须告知其理由；（2）人权法院会依据具体的情景对缔约国法院拒绝提交预先裁决的行为依照人权公约进行司法审查。当诉讼标的不涉及基本权利保障或欧盟法院已作出相关判决时，人权法院可以直接赞同缔约国或者欧盟法院的决定。但是，当缔约国法院在适用欧盟法时未能向欧盟法院申请预先裁决影响个人的基本权利时，人权法院会依据个案的特定背景进行司法审查。因此，在本案中，拉脱维亚法院未能向欧盟法院依据《欧盟机构运行条约》第 267 条提交预先裁决申请并不直接导致违反公约规定。由于阿旺提斯未在诉讼程序中主动要求拉脱维亚最高法院向欧盟法院申请预先裁决程序，所以人权法院认定本案与前述的斯奇巴尼案的背景有着明显的不同。当事人未能在国内诉讼中作出相关的请求是导致其权利受到损害的直接原因。进而，人权

① Case C－619/10, judgment 6 September 2012.

法院需要审查欧盟法的规定是否具有程序上或者实质上的“明显缺陷”。

（四）人权法院在阿旺提斯案中对“明显缺陷”标准的界定

尽管欧盟不是《欧洲人权公约》的缔约方，但是人权法院仍然可以在具体的案件审查欧盟法是否达到了人权公约的保障标准，公约缔约国成为风险的承担者。在博斯普鲁斯案判决中，人权法院将“推定同等”原则定义为欧盟法与人权公约体系在保障基本权利领域具有相当的标准。然而，人权法院公开指出当欧盟法体系在保障基本权利具有“明显缺陷”时，将不再适用“推定同等”的司法原则。但是，在欧盟2/13号意见公布前的部分案件判决，由于欧盟不是欧洲人权公约的缔约方，因此，人权法院通常不会直接宣布欧盟法的人权保障具有“明显缺陷”，而是通过直接解释欧盟法的途径适用人权公约。虽然这种司法模式有助于保障个人的权利，但是却伤害了欧盟法自治性。

在M. S. S案中，人权法院强调欧盟成员国必须在执行互信义务中遵守公约标准。这就意味着人权法院依旧会有限地或者严格地审查欧盟成员国在履行互信义务过程中是否符合人权公约的标准。人权法院在M. S. S案的判决中规定，在执行《都柏林规章II》时，缔约国有义务警惕其管辖下的个人在接受遣送国的现实风险。显然，人权法院的判决不同于欧盟法院在N. S案和欧盟第2/13号意见中将履行互信义务的欧盟成员国间的审查义务范围局限于少数的有证据证明的“系统性缺陷”案件，忽视了个人现实性的风险。欧盟法阻碍或者拒绝欧盟成员国履行此公约审查义务意味着欧盟人权保障标准的“明显缺陷”。

实际上，阿旺提斯案的关键点在于人权法院是否应该推定《布鲁塞尔规章I》所建立的互信原则与人权公约具有同等的人权保障标准。① 具体而言就是人权法院在本案中的核心任务就是审查《布鲁塞尔规章I》建立的成员国承认民事判决的制度是否符合欧洲人权公约第6条。即便在《布鲁塞尔规章I》中成员国法院不享有自由裁量空间，但是人权法院认为在申诉人的权利未能得到有效实施的情况下，拉脱维亚法院依旧担负审查申请

① Paul Craigl, “An Olive Branch from Strasbourg? Interpreting the European Court of Human Rights' Resurrection of *Bosphorus* and Reaction to *Opinion 2/13* in the *Avotins* Case”, 13 European Constitutional Law Review, 2017, p. 559.

人是否有权针对塞浦路斯的缺席判决提出上诉的职责。未能履行该审查义务可能会阻碍人权法院适用"同等推定"司法原则。格拉斯和克劳门蒂科认为本案不仅是人权法院首次阐明"明显缺陷"的内容，也险些成为首个欧盟成员国法院在缺乏自由裁量权的情况下败诉的案例。① 但是，为了避免直接与欧盟法发生冲突，人权法院将本案的特定情节作为考量缔约国是否违反公约义务的决定性因素。人权法院在审查了塞浦路斯的司法体系后指出申请人阿旺提斯依旧有机会到该国法院提起上诉，所以拉脱维亚法院承认塞浦路斯判决效力不会导致申请人丧失司法救济的途径。其次，阿旺提斯作为一名投资贷款人，理应熟悉贷款地的民事诉讼制度。人权法院认定阿旺提斯自身的不作为和懈怠是其权利遭到损害的根本原因，所以拉脱维亚法院在此情形下依据《布鲁塞尔规章I》作出的判决不构成"明显缺陷"。

尽管人权法院通过批评拉脱维亚法院的方式极力避免与欧盟法冲突，但实则表达了人权法院对《布鲁塞尔规章I》规定的不满。在判决中，人权法院并未实质审查《布鲁塞尔规章I》第34条第2款是否允许成员国法院在特定范围内享有拒绝执行其他成员国民事判决的权利。相反，基于已有的欧盟法院判决以及《布鲁塞尔规章I》前言中的第16和第17段的规定，人权法院赞同拉脱维亚最高法院作出的承认和执行其他欧盟成员国的民事判决的决定。判决说理的进路体现人权法院审查欧盟法的司法策略。赞同欧盟成员国在《布鲁塞尔规章I》框架下不享有自由裁量余地的用意是证明本案符合适用"同等推定"司法原则的前提条件。人权法院有意忽视了《布鲁塞尔规章I》前言第19段所规定诉讼权利受到侵害的被告应享有上诉的权利，却公开批评拉脱维亚最高法院未能审查塞浦路斯法律体系是否为申请人提供了针对原判决上诉的救济途径。这与欧盟法在安全、司法合作和自由领域确立的互信原则相违背。依据欧盟立法和已有的判决，除在少数特定情况下，各成员国在履行上述领域的合作事项时应普遍推定其他欧盟成员国已达到履行欧盟法规定的义务和能力，不得对其他成员国

---

① Lize R. Glas & Jasper Krommendijk, "From Opinion 2/13 to *Avotins*: Recent Development in the Relationship between the Luxembourg and Strasbourg Court", 16 Human Rights Law Review, 2017, p. 585.

保障基本权利的水平启动司法审查。显然，人权法院在阿旺提斯案的判决意见继续挑战着欧盟法“互信”的基础。

拉脱维亚最高法院未能审查和告知申请人塞浦路斯是否存在相应的救济途径险些构成“明显缺陷”。若非人权法院认定程序性的瑕疵对个人权利的影响必须要结合当事人的特定情况予以考虑且塞浦路斯法律体系赋予了缺席审判被告人上诉的权利，那么拉脱维亚必然会成为本案的败诉方。鉴于欧盟规章已经要求成员国赋予未能履行完整辩护权的被告针对不利判决结果的享有上诉权，人权法院认定《布鲁塞尔规章 I》符合人权公约的要求。但是，人权法院对拉脱维亚法院的批评实则是向欧盟立法者表明，《布鲁塞尔规章 I》中关于承认和执行其他欧盟成员国的民事判决的规定存在着立法瑕疵。接受国法院应有义务在承认域外的民事判决后向缺席审判的被告告知其在申请国启动上诉程序的方式和途径。这是人权法院对缔约国法院承认和执行域外判决的基本要求。倘若域外司法制度没有或者实质性阻碍个人行使相关的司法救济权，即使欧盟规章要求成员国法院继续相互承认欧盟成员国判决，缔约国履行欧盟法的行为依旧会导致违反公约义务的法律后果。

三、人权法院在欧盟 2/13 号意见前适用“推定同等”原则的演变

诚如上文所讲，欧洲人权法院适用“同等推定”司法原则的主要原因是其无权直接审查欧盟行为的合约性。此外，基于维护欧盟及其成员国顺利的执行联合国安理会决议的政治性考量，人权法院通过司法谦抑的方式减低了针对缔约国履行欧盟法义务的合约性审查基准。① 但是，这不意味着人权法院会拒绝受理一些涉及欧盟的诉讼。人权法院在洛伊济度案中将人权公约标榜为“整个欧洲公共秩序的宪法性文件”，因此，人权法院依旧会通过审查缔约国实施欧盟法的方式，间接审查欧盟立法的合约性。在

---

① Vassilis P. Tzevelekos, When elephants fight it is the grass that suffers: ‘hegemonic struggle’ in Europe and the side - effects for international law, in Human Rights Law in Europe: The Influence, Overlaps and Contradictions of the EU and ECHR, London: Routledge, 2014, p. 11.

马修斯案的判决中，人权法院警告欧盟成员国不得以执行欧盟一级立法为理由违反公约义务。① 尽管人权法院的判决具有事实上遵循先例的特点，② 但是这不会阻碍人权法院通过判决的方式改变博斯普鲁斯案设定的“推定同等”的审查力度。从司法实践角度分析，从博斯普鲁斯案到欧盟第2/13号意见发布前，人权法院仅在四个案件判决中适用了“推定同等”原则。但是，人权法院自从20世纪50年代就开始处理涉及欧盟法的诉讼。因此，本节内容以博斯普鲁斯案作为分界点，研究人权法院司法推理和审查方法的变化。

（一）人权法院在博斯普鲁斯案判决前针对缔约国履行国际组织义务的审查标准

从20世纪50年代起，欧洲人权法院就努力调和缔约国遵守人权公约义务和履行其他国际法义务的矛盾。早期，为了避免给缔约国在国际合作和欧洲一体化领域增加负担，欧洲人权委员会通常为缔约国在履行国际条约过程中提供免于司法审查的特权。③ 在“法国民主工会联盟诉欧盟”案中，欧洲人权委员会直接以欧洲共同体不是欧洲人权公约缔约方为由驳回了诉讼请求。④

为了维护人权法院是全欧洲基本权利保障者的地位，人权法院从20世纪90年代开始依据《欧洲人权公约》第1条规定的管辖权范围，指出缔约国履行其加入的国际组织义务不能成为豁免履行人权公约义务的理由。⑤

---

① Matthews vs. UK, appl no. 24833/94, judgment 18 February 1999. 在本案中，人权法院认为英国在执行欧盟一级立法的过程中享有自由裁量的空间，因而人权法院在英国自由裁量的空间内判决英国违反公约的义务。

② Yonantan Lupu & Erik Voeten, The Role of the Precedent at the European Court of Human Rights: A Network Analysis of Case Citations, available at http: //opensiuc. lib. siu. edu/cgi/viewcontent. cgi? article = 1016&context = pnconfs_ 2010, p. 3. Last Visit 16 - 07 - 2018.

③ X vs. Germany, appl no. 235/56, judgment 10 June 1958.

④ C. F. D. T vs. France, appl no. 8030/77, decision 10 July 1978.

⑤ *See* Eleanor Spaventa, Fundamental Rights in European Union, in European Union Law, 2nd edition, Oxford: Oxford University Press, 2017, pp. 252 ~ 253.

在 M & Co. 案的判决中，人权法院在继续承认其无权审查欧盟的行为后，立刻将执行欧盟法的缔约国作为审查对象。① 人权法院指出缔约国将其部分主权转移至欧盟不能成为自动豁免人权公约义务的缘由。这就在诉讼程序上为人权法院审查缔约国履行欧盟法义务提供了司法基础。

在部分案件中，由于缔约国在履行欧盟规章义务过程中不具有自由裁量空间，人权法院无法直接公开审查欧盟法的合约性，因此只能策略性的要求缔约国以符合公约规定的方式履行国际义务。由于欧盟成员国皆是《欧洲人权公约》缔约国，并且欧盟法院判决中承认《欧洲人权公约》在欧盟法秩序中有“特殊意义”,② 人权法院推定欧盟法与公约的要求保持一致。然而，当人权法院发现缔约国在履行欧盟法义务过程中享有边际裁量空间时，人权法院不会直接适用“推定同等”原则免除对缔约国的实质性审查。在康多尼案中，人权法院认为尽管法国议会通过“复制——粘贴”的方式将欧盟指令转化为国内立法，但是法国政府在履行欧盟义务过程中享有相当的边际裁量空间。因此，欧洲人权法院有权在边际裁量范围内对法国履行欧盟法义务的行为进行合约性审查。③ 在马修斯案的判决中，因为欧盟法院无权在欧盟法秩序下审查欧盟一级立法的合法性且英国在欧盟一级立法下享有特定的自由裁量空间，所以人权法院认定欧盟司法秩序无法提供与人权公约相同的程序性保障标准。因此，从上述判例分析，当缔约国履行欧盟法义务时，人权法院并非无条件地适用“推定同等”的司法原则。在审查过程中，人权法院将从缔约国是否在欧盟法框架下享有自由裁量权入手，初步确定其是否享有实质性司法审查权；从缔约国法院是否有必要履行预先裁决申请和欧盟法院是否享有司法审查权为标准判断欧盟法保障基本权利的标准是否符合公约的规定。

（二）人权法院博斯普鲁斯案适用“同等推定”原则的法理基础

人权法院需要在维护自身运行的有效性和支持缔约国履行其他国际组织义务的矛盾中进行权衡。幸运的是，人权法院是在欧盟法院作出博斯普

---

① M & Co. vs. Germany, appl no. 13258/87, judgment 9 January 1990.

② Anthony Arnull, The European Union and Its Court of Justice, Oxford: Oxford University Press, 2nd edition, 2006, pp. 339 ~ 340.

③ Cantoni vs. France, appl no. 17862/91, judgment 11 November 1996.

鲁斯案后对该案件进行裁决。这就为以辅助性原则为导向的欧洲人权法院承认欧盟法与人权公约保障标准相一致提供了可能，也有助于在欧洲多层级基本权利保障下平衡人权法院的监督权和维护欧盟法自治性的冲突。① 人权法院希望欧盟法院在审理涉及人权公约权利的案件中公开考虑和回应已有的人权法院的判决。

在博斯普鲁斯案中，执行联合国安理会决议的 990/93 号欧盟规章没有给予成员国履行欧盟法义务的任何边际裁量空间。这迫使爱尔兰政府必须完全依据欧盟法没收南斯拉夫公司所租赁的飞机。依据《欧盟机构运行条约》第 267 条的规定，欧盟法院拥有审查欧盟二级立法合法性的专属权力，爱尔兰无法依据其他法律否定欧盟法的效力。因此，爱尔兰最高法院向欧盟法院提出依据欧盟法没收当事人飞机的行为是否具有合法性的预先裁决申请。欧盟法院并没有严格依照比例原则的要求审查没收当事人的财产与恢复前南斯拉夫地区之间的关联性，也未能审查执行联合国安理会决议的欧盟规章的合法性，而是形式化地将执行安理会决议的作为限制个人财产权正当理由。欧盟法院在博斯普鲁斯案的裁定思路改变了其在 Centro-Com 案确立的以保障经济自由为核心，严格审查成员国执行安理会决议的模式。②

依据 M&Co. 案确立的缔约国向国际组织让渡主权不能成为豁免公约义务的决定，欧洲人权法院对博斯普鲁斯案有管辖权。依据 M&Co. 案的判决，人权法院需要审查爱尔兰是否在履行欧盟法过程中享有自由裁量的空间、爱尔兰法院是否向欧盟法院提交了预先裁决的申请和欧盟法院是否审查了欧盟规章的合法性。尽管博斯普鲁斯案的原告坚持认为爱尔兰最高法院在适用预先裁决结果过程中具有自由裁量空间，但人权法院依旧认为，“在欧盟法或者爱尔兰国内立法框架下，爱尔兰当局在执行欧盟规章的过程中不具有自由裁量余地，其行为完全是履行欧盟规章明确规定的义

① Marisa Iglesias Vilas, “Subsidiarity, Margin of Appreciation and International Adjudication of within a Cooperative Conception of Human Rights”, 15 International Journal of Constitutional Law, 2017, p. 402.

② Case C – 124/95 [1997] ECR I – 81.

务”。[①] 由于爱尔兰最高法院在本案中已经向欧盟法院提出了预先裁决的申请，因此，人权法院认可爱尔兰政府已经完成公约要求的程序性保障义务，转而继续考虑如何在欧盟成员国缺乏自由裁量空间的情况下处理欧盟法与欧洲人权公约的关系。

与欧盟法院审查模式相似，人权法院仅对欧盟法限制个人财产权的合比例性进行了形式化的审查，指出“维护国际合作的重要性要高于公约权利之保障”,[②] 进而推定欧盟保障基本权利的能力符合人权公约的要求。[③] 在司法审查过程中，欧盟委员会第三方意见、助裁官雅各布斯的意见和欧盟法规范起到了关键的作用。即使当时的《欧盟基本权利宪章》不具有正式的法律约束力，但是欧盟法院在判决中普遍将其转化为欧盟法一般原则，从而赋予宪章权利事实性的约束力。[④] 考虑到当时的《欧共体条约》第 6 条第 2 款将《欧洲人权公约》明确列为欧盟法一般原则，《欧盟基本权利宪章》不仅移植了所有公约权利,[⑤] 而且在第 52 条第 3 款中明确指出源于公约内容的宪章权利的定义和范围不得低于公约标准，该条第 7 款明确要求欧盟法官在解释宪章的过程中需考虑相关人权法院的判决。这些规范甚至导致两个欧洲法院的法官推定欧盟法院受人权法院判决的约束。[⑥] 另一方面，欧盟委员会认为人权法院实质性审查缔约国实施欧盟法的行为

---

① Bosphorus vs. Ireland, appl no. 45036/98, judgment 30 June 2005, para. 150.

② Bosphorus vs. Ireland, appl no. 45036/98, judgment 30 June 2005, para. 156.

③ Frank Shorkopf, “The European Court of Human Rights’ Judgments in the Case of *Bosphorus Hava Yollari Turizm vs. Ireland* ”, 6 German Law Journal, 2005, pp. 1262 ~ 1263.

④ Case C – 36/02 [2004] ECR I – 9641.

⑤ Paul Lemmens, “The Relations between the Charter of Fundamental Rights of the European Union and European Convention on Human Rights: Substantive Aspect”, 8 Maastricht Journal of European and Comparative Law, 2001, p. 50.

⑥ George Nicolaou, The Strasbourg View on the Charter of Fundamental Rights, College of Europe, Research Paper No. 3/2013, p. 7; Koen Lenaert & Eddy de Smijter, “The Charter and Role of the European Courts”, 8 Maastricht Journal of European and Comparative Law, 2001, p. 99. 现任欧盟法院院长莱纳尔特曾经指出“由于人权法院的判决已经成为确立公约保障标准的重要部分，因此有理由相信欧盟法院的判决要受到人权法院案例的约束”。

将破坏欧盟法的统一性和有效性。但是，欧盟委员会并未以欧盟不是人权公约的缔约方为由拒绝接受人权法院的管辖，而是指出由于欧盟在公约体系内不具有答辩权，所以人权法院审查欧盟行为将会导致不公平的法律后果。欧盟法院建议人权法院考虑欧盟一体化结构的特殊性和欧盟法已建立的高规格的人权保障标准，从而推定欧盟法符合人权公约设立的标准。① 欧盟助裁官雅各布斯的个人意见是说服人权法院的关键。“尽管欧盟尚不是欧洲人权公约的缔约方，也不会在欧盟和人权公约不修改各自法律情况下成为缔约方，欧洲人权公约不能约束欧盟，但是从现实目的视角分析，欧洲人权公约是欧盟法的一部分，成员国法院和欧盟法院在处理相关欧盟法问题时都可以适用欧洲人权公约”。② 雅各布斯的论述清晰地解释了《欧盟条约》第6条第3款规范含义：在国际法领域中，欧盟拒绝受欧洲人权法院的管辖；在欧盟法领域中，欧盟机构和成员国有义务遵守欧洲人权公约的规范。③ 为了证明公共利益对财产权限制的正当性和财产权不属于绝对权利，雅各布斯援引了人权法院在 Agosi 案④和加拿大航空案⑤的判决。这也符合欧盟法院在霍尔案⑥中建立的援引人权公约文献证明欧盟法与欧洲人权公约具有相同保障标准的判决模式。人权法院在博斯普鲁斯案中采纳了欧盟委员会和爱尔兰政府的意见，给予了执行联合国安理会决议的 欧盟规章在保障基本权利领域与公约标准“推定平等”的地位。

然而，人权法院在博斯普鲁斯案中适用“推定同等”原则饱受国际人权组织的质疑。在 Senator Line 诉欧盟 15 国案中，国际法学家委员会（International Commission of Jurists）质疑人权法院适用“同等推定”原则的正当性：“很难相信（人权法院）会因为某个缔约国人权保障标准高，而拒

---

① Bosphorus vs. Ireland, appl no. 45036/98, judgment 30 June 2005, paras 123 – 124.

② Case C – 84/95 [1995] ECR I – 3972, para. 53.

③ Bruno de Witte, The Use of ECHR and Convention of Case Law by the Court of Justice, in Human Rights Protection in European Legal Order: The Interaction between the European and National Court, The Hague: Intersentia, 2010, p. 24.

④ Agosi vs. UK, appl no. 9118/80, judgment 24 October 1986.

⑤ Air Canada vs. UK, appl no. 18465/91, judgment 5 May 1995.

⑥ Case C – 44/79 [1979] ECR I – 3729.

绝对该国管辖下的个人申诉启动进行司法审查。”① 实际上，博斯普鲁斯案的判决也映射出人权法院针对缔约国履约行为的管辖权的局限性。

在博斯普鲁斯案中，人权法院认为当欧盟法具有“明显缺陷”时，“推定同等”司法原则将不再适用。令人遗憾的是人权法院未能在本案中明确指出“明显缺陷”的标准和内容②，但是欧盟委员会在第三方意见中允许欧洲人权法院可以在个案中认定具有普遍效力的欧盟规定未达到公约标准时对其进行合约性审查。显然，人权法院接受了欧盟委员会的建议，抽象地将“功能失效”视为欧盟法作为“明显缺陷”的标准。③ 但是，考虑到欧盟法院和人权法院功能的差异，两个欧洲法院无法在解释公约权利中完全保持一致。欧盟法院的首要责任是保障欧盟法治的统一性和欧盟法秩序，而人权法院的首要功能是保障民主社会下的公民权利。所以，人权法院指出“‘同等’的含义就是相似性，要求欧盟法院同人权法院建立‘完全相同’（的保障标准）将与国际合作的利益相悖”。④ 但是，人权法院依旧具有主导性。由于人权公约是一部“活法典”，⑤ 因此，人权法院以“寻找国际趋势”⑥ 和“比较法”⑦ 的动态方式解释权利将会导致权利内容

---

① Cfr Cathryn Castello, “the *Bosphorus* Ruling of the European Court of Human Rights: Fundamental Rights and Blurred Boundaries in Europe”, 6 Human Rights Law Review, 2006, p. 105.

② Kathrin Kuhnert, “Bosphorus——Double Standard in European Human Rights Protection?”, 2 Utrecht Law Review, 2006, pp. 185 ~ 186. 库什内特认为在缺乏具体个案审查的条件下，人权法院给予欧盟“推定同等”的基本权利保障标准是不恰当的，也是模糊的。人权法院应该恢复个案审查的模式。

③ Bosphorus vs. Ireland, appl no. 45036/98, judgment 30 June 2005, para 166.

④ Bosphorus vs. Ireland, appl no. 45036/98, judgment 30 June 2005, para 155.

⑤ Tyrer vs. UK, appl no. 5856/72, judgment 25 April 1978; George Letsas, The ECHR as a living instrument: Its meaning and legitimacy, in Constituting Europe: The European Court of Human Rights in a National, European and Global Context, Cambridge: Cambridge University Press, 2013, pp. 108 ~ 109.

⑥ John L. Murray, “The Influence of the European Convention on Human Rights on Community Law”, 33 Fordham International Law Journal, 2011, p. 1406.

⑦ Sabine Gless & Jeannine Martin, “The Comparative Methods in European Courts: A Comparison between the CJEU and ECHR”, 1 Bergen Journal of Criminal Law and Criminal Justice, 2015, pp. 42 ~ 44.

和概念的变化。进而，即便人权法院推定给予特定的欧盟法与人权公约具有相同的保障标准，但是既有的判决依然可能随着情势的变化发生改变。人权法院在博斯普鲁斯案中告诫欧盟“任何推定欧盟法与人权公约具有相同保障标准的结论都是暂时的。当已有的基本权利保障标准变化后，人权法院将再次审查‘推定同等’标准的可适用性”。①

在博斯普鲁斯案中，少数法官依旧质疑人权法院给予欧盟法与人权公约具有“推定同等”地位的正当性。欧盟法预先裁决程序设置的主要目的是保障成员国法院正确和统一适用欧盟法，而人权法院的功能是审查缔约国是否履行公约义务。两者具有明显的不同。这个观点仅反映了两个法院的功能的差异，忽视了在预先裁决的过程中《欧盟基本权利宪章》第 53 条的作用。即便两个欧洲法院采取不同的法理方式保障基本权利，但是彼此思考不同法律秩序的特征和阅读已有的判决成为两个法院避免冲突的司法技术。

另一方面，以莱斯为代表的少数法官要求人权法院必须在判决中明确界定“明显缺陷”的标准。他建议人权法院应该依据自身的职权和地位从程序性标准审查欧盟法是否具有保障基本权利的“明显缺陷”：（1）欧盟法院缺乏相应的职权；（2）欧盟法院通过解释法律的方式限制个人寻求法庭救济；（3）欧盟法院在适用和解释公约的过程中有明显的错误。前两点建议源于人权法院在以往涉及欧盟法的判决中建立的标准，而第三点建议源于人权法院在涅米兹案②中对欧盟法院在霍艾斯特案③中错误解释人权公约第 8 条的不满。④

托比亚斯·洛克指出欧洲人权法院通常要求申诉人负有证明欧盟法具

---

① Bosphorus vs. Ireland, appl no. 45036/98, judgment 30 June 2005, para 155.

② Nietmiet vs. Germany, appl no. 13710/88, judgment 16 December 1992.

③ Joined Cases C－46/87 and 222/88 [1989] ECR I－2859.

④ 范继增：《竞合性、融合性和修饰性：欧盟法院援引欧洲人权法院判决的动机、方法和功能》，载《浙大法律评论》（第四卷），浙江大学出版社 2017 年版，第 154 页。

有“明显缺陷”的责任。[1] 尽管柏万案的被告方不是欧盟，但是人权法院在审理过程中将证明国际组织保障劳工权具有“明显缺陷”证明责任分配至申请人。[2] 在加斯帕里尼的案件中，人权法院再次采取了“谁主张，谁举证”的做法，要求申请人证明北约内部设置的劳动争议解决机制与欧洲人权公约相比具有“明显缺陷”。[3]

（三）人权法院在博斯普鲁斯案后适用“推定同等”原则的法理模式

在博斯普鲁斯案判决后，前人权法院院长维尔德哈珀指出人权法院不会无条件给予欧盟法与人权公约具有“推定同等”的标准。[4] 从博斯普鲁斯案后到欧盟法院公布2/13号意见前，人权法院仅在四个案件中适用“推定同等”司法原则，而在M.S.S案和米苏案[5]中，人权法院却拒绝适用该原则。

尽管案件基数少，但是适用“推定同等”原则的方法和演变过程较为清晰。在马耶讷农业公司诉法国案判决中，[6] 人权法院审查了法国政府执行欧共体规章处罚超出配额的商业公司产奶量的行为是否侵犯了欧洲人权公约所保障的财产权。尽管法国法院依照欧盟的要求执行规章，但是法国最高行政法院在本案中并未向欧盟法院申请预先裁决。人权法院在司法审查后认为法国在执行欧共体规章的规程中无自由裁量余地；另一方面，人

① Tobias Lock, “Beyond *Bosphorus*: The European Court of Human Rights' Case Law on the Responsibility of Member States of International Organization under the European Convention on Human Rights”, 10 Human Rights Law Review, 2010, p. 541.

② Boivin vs. 34 Member States of the Council of Europe, appl no. 73250/01, Admissibility Decision of 9 September 2008.

③ Gasparini vs. Italy & Belgium, appl no. 10750/03, Admissibility Decision of 12 May 2009.

④ Luzius Wildhaber, The Coordination of the Protection of Fundamental Rights in European, Address by the President of the European Court of Human Rights, Geneva, 8 September 2005.

⑤ Michaud vs. France, appl no. 12323/11, final decision 6 March 2013.

⑥ Coopérative des Agriculteurs de Mayenne vs France, appl no. 16931/04, Admissibility Decision of 10 October 2006.

权法院依据财产权性质认为公共利益和社会政策是合理限制财产权的基础。面对申诉人提出的行政法院未向欧盟法院申请预先裁决是否构成违反人权公约第6条并构成“明显缺陷”的疑问，人权法院在未作任何实质性审查的情况下，仅简单依据财产权的公共属性原理，直接决定欧盟法与人权公约具有相似保障人权的标准。

人权法院在比赫案中运用了相同的弱性司法审查模式后认定欧盟法符合人权公约确立的权利保障标准。① 人权法院在本案中只是简单地援引了马那讷案的判决，证明财产权不是绝对性权利和欧盟限制财产权的适当性，但是没有实质性审查欧盟规章限制个人财产权是否符合比例原则。当WTO上诉裁决机构判决欧盟禁止进口美国牛肉违反WTO规定后，比赫公司向欧盟法院提起行政赔偿诉讼，但未获欧盟法院的支持。② 人权法院简单地以欧盟法与欧洲人权公约具有同等的保障标准为理由认定欧盟限制法人获得赔偿的行为不违反公约保障的财产权。权利“功能——性质”理论或许可以解释欧洲人权法院判决的逻辑。尽管在摩纳哥公主案中欧洲人权法院宣称“一切权利都是平等和不可分割的”，③ 但是相比于生命、尊严和人身自由，财产权在自由民主的意识形态下属于“弱性权利”。④ 人权法院在相关的案件审理中仅形式性要求缔约国政府负有证明限制财产权“合理性”的举证义务，并且给予缔约国较大的边际裁量空间。⑤ 此外，由于欧盟法院已经通过裁决认定WTO协议以及裁决机构的决定在欧盟法秩序内

---

① Biret vs. 15 States of European Union, appl no. 13762/04, Admissibility Decision of 9 December 2008.

② Case C－93/02 P［2003］ECR I－10497.

③ Von Hannover vs. Germany, appl no. 59320/00, judgment 24 June 2004; Jean－Paul Costa, “The Relationship between the European Court of Human Rights and National Court”, European Human Rights Law Review, 2011, pp. 273－274.

④ Andrew Legg, The Margin of Appreciation in International Human Rights Law: Deference and Proportionality, Oxford: Oxford University Press, 2012, p. 215.

⑤ Immobiliare Saffi vs. Italy, appl no. 22274/93, judgment 28 July 1999; James and Others vs. UK, appl no. 8793/79, judgment 21 Februry 1986；范继增：《欧洲人权法院适用边际裁量的方法与逻辑》，载《东南法学》2016年第2期，东南大学出版社，第103页。

不具有直接效力，① 因此作为地域性的人权法院不具有改变欧盟法确定的贸易秩序的权限。因此，人权法院在涉及财产权的案件中通常给予欧盟较大的自由裁量空间。

相比于人权法院对财产权利限制采取较为宽松的态度案件，人权法院在“柯克尔渔业公司诉荷兰”案中依照公约的判决实质性审查了欧盟法诉讼制度。② 原告认为欧盟法院禁止当事人针对欧盟助裁官意见的回应违反了公约第6条和人权法院已有的判决。③ 是否给予个人回应助裁意见的权利和在司法体系中助裁官的功能和作用有密切的联系。法国和比利时政府通常以助裁官地位中立为由拒绝给予当事人回应权。④ 在克莱斯案中，尽管人权法院拒绝认定助裁官的独立性和中立性是其免受质询的充分条件，但是缔约国否认拒绝赋予当事人回应助裁官的权利将违反人权公约第6条。⑤ 欧盟法院早在艾美莎糖果案中就依据欧盟法特殊性拒绝承认当事人有权回应欧盟法院助裁官的意见。⑥ 面对英国法院在卡巴案中提出的是否应给予当事人回应欧盟助裁官的权利时，欧盟法院和本案的助裁官哈拉博拒绝遵守人权法院有利于申请人的判决。⑦ 为了避免与欧盟法院发生冲突，人权法院在艾美莎糖果案中以不符合受案范围为由策略性地拒绝了当事人的诉讼请求。⑧ 然而，柯尔克渔业公司案与艾美莎糖果案在案件标的中有明显的区别，后者涉及税收制度的合理性，而前者争议的核心是欧盟法院拒绝个人回应发挥重要作用的助裁意见是否违反了欧洲人权公约所保障的

---

① Jan Klabbers, Straddling the Fence: The EU and International Law, in The Oxford Handbook of European Union Law, Oxford: Oxford University Press, 2015, pp. 66 ~ 67.

② Kokkelversserij vs. Netherlands, appl no. 13645/05, Inadmissibility Decision of 20 January 2009.

③ Vermeulen vs. Belgium, appl no. 19075/91, judgment 20 February 1996.

④ Nico Krisch, Beyond Constitutionalism: The Pluralist Structure of Postnational Law, Oxford: Oxford University Press, 2010, pp. 122 ~ 123.

⑤ Kress vs. France, appl no. 39594/98, judgment 7 June 2001.

⑥ Case C – 17/98 [2000] ECR I – 675.

⑦ Case C – 466/00 [2002] ECR I – 447; Eleanor Spenventa, “A Very Fearful Court? The Protection of Fundamental Rights in the European Union after Opinion 2/13”, 22 Maastricht Journal of European and Comparative Law, 2015, pp. 38 ~ 39.

⑧ Emesa Sugar vs. Netherlands, appl no. 62023/00, judgment 13 January 2005.

公平审判权。虽然人权法院在判决中预先指出欧盟法在保障诉讼权利领域没有“明显缺陷”，但是人权法院却依据公约标准实质性审查了《欧盟程序规则》设定的重审程序。即便欧盟拒绝诉讼人对助裁意见作出回应，但是诉讼人依旧有权依据《欧盟程序规则》第61条建议法院重新审理案件。由于欧盟法院认为当事人建议重审的要求不满足必要性的条件，因此，人权法院认定个人不具有回应助裁官的权利不构成侵犯公约保障的公平审判权。

人权法院在波弗泽案的判决中从法律程序的视角论证了《布鲁塞尔规章Ⅱ》规定的成员国间执行监护判决符合公约的标准。① 申诉人波弗泽认为奥地利法院不顾女儿与自己的情感，仅依据《布鲁塞尔规章Ⅱ》第11条和第42条执行意大利法院的判决，将其女儿送回意大利并由其分居丈夫承担监护权的判决违反了《欧洲人权公约》第8条规定的保障家庭私生活的权利。尽管奥地利最高法院向欧盟法院申请了预先裁决，但是欧盟法院仅确定奥地利法院在执行欧盟规章过程中不享有自由裁量的余地，没有回答执行该判决是否会损害申请人《欧洲人权公约》第8条保障的家庭权。② 波弗泽因此认为《布鲁塞尔规章Ⅱ》的相关条款对个人权利的保障具有“明显缺陷”，进而要求人权法院拒绝适用“推定同等”司法原则。但是，保障互信原则的实施是维护欧盟一体化的关键，过分强调以公约标准保障个人的基本权利可能会消除互信机制的有效运行。人权法院在判决中回避欧盟一体化与保障基本权利间的矛盾，而仅从法律程序的视角审查欧盟法院的预先裁决结果是否构成“明显缺陷”。由于执行欧盟法院预先裁决不会剥夺波弗泽在意大利法院申请上诉的权利，也不会阻碍当事人依据《欧洲人权公约》第13条申请人权法院司法救济的权利，所以人权法院在本案中继续适用了“同等推定”的司法原则。尽管人权法院在本案中没有具体解释“明显缺陷”的确定标准，但是人权法院已经告诫“缔约国在执行欧盟法规定互信原则和相互承认的义务时必须维护基本权利的最低标准”。③ 阿扎尔霍斯特批评人权法院的判决将司法审查的责任推脱至缔约国

---

① Povse vs. Austria, appl no. 3890/11, judgment 18 June 2013.

② Case C－211/10 PPU [2010] ECR I－6728.

③ Povse vs. Austria, appl no. 3890/11, judgment 18 June 2013, para. 21.

法院，甚至导致人权法院无法使用“明显缺陷”标准，① 但是该判决意见也是对欧盟立法者和欧盟法院必须要尊重公约标准的告诫。

因此，尽管人权法院在部分案件的判决中偏离了博斯普鲁斯案确立的“推定同等”司法原则的适用标准，但是总体上适用前提条件和方法相对较为清晰，对“明显缺陷”的内容也随着判例的发展趋向明确。

首先，人权法院适用“推定同等”司法原则的前提是确定缔约国在履行欧盟法义务的过程中没有自由裁量的空间。反之，存在自由裁量空间时，人权法院会依据公约对缔约国进行实质性的司法审查。人权法院在早期的判决中没有阐释判断缔约国在履行欧盟义务中享有自由裁量空间的方式。这也是人权法院普遍要求缔约国法院在履行欧盟法时必须向欧盟法院申请预先裁决的原因。但在 M. S. S 案中，人权法院不仅要求《都柏林规章Ⅱ》与人权公约设立的标准保持一致，而且代为欧盟法院解释了《都柏林规章Ⅱ》第 3 条第 1 款和第 2 款的方式证明成员国法院在履行欧盟法义务过程中享有边际裁量的空间，从而依据公约第 3 条审查比利时政府遣返难民是否违反公约义务。②

其次，人权法院通常将缔约国法院申请预先裁决程序与否作为其是否适用“推定同等”的前提。法国行政法院在米苏案中拒绝向欧盟法院申请预先裁决成为人权法院无法适用“推定同等”原则的主要原因。在法律性质上，欧盟指令为法国当局实施欧盟法提供了自由裁量的空间。成员国法院未启动预先裁决程序导致欧盟法院无法审查法国实施欧盟法措施的合法性。③ 然而，人权法院在马那讷农业公司案和米苏案区别对待似乎导致了适用“推定同等”原则缺乏连续性。但是，欧盟法院在 CILFIT 案确立的

① Monique Hazelhorst, “The ECtHR’s Decision in Povse: Guidance for the Future of the Abolition of Exequatur for Civil Judgment in the European Union”, Nederlands International Privaatrecht, no. 1, 2014, p. 29.

② M. S. S vs. Belgium & Greece, appl no. 30696, judgment 21 January 2011. , para. 339.

③ MICHAUD v. FRANCE: A step forward into Bosphorus doctrine, or a step backward into “subjective” foreseeability, Strasbourg Observer, available at https://strasbourgobservers.com/2012/12/21/michaud-v-france-a-step-forward-into-the-bosphorus-doctrine-or-a-step-backward-into-subjective-foreseeability/. Last visit 20-07-2018.

"条款明确"原则可以成为人权法院免除缔约国在履行欧盟法义务过程中免除申请预先裁决义务的条件:"适用的欧盟条款内容明确,且不会产生针对其条款内容的合理怀疑时,成员国法院不必向欧盟法院提交预先裁决申请。"①

从柯克尔渔业公司案和波弗泽案开始,人权法院逐渐对缔约国履行欧盟义务进行更为严格的实质性审查。即便人权法院不明确提及欧盟法存在"明显缺陷",但是在塔拉克海尔案②的判决中公开反对欧盟法院将《都柏林规章II》中的互信原则例外情形仅限于遣送目的国人权保障制度存在"重大性缺陷"的情况,从而要求缔约国必须在个案中具体审查遣送目的国难民保障立法和现实状况,防止被遣送人遭遇现实的风险。③

四、欧洲人权法院在2/13号意见前后针对欧盟适用"推定同等"原则的变化

阿旺提斯案的判决表明人权法院会继续适用"推定同等"原则,也证明了笔者在2/13号意见发布之后预测两个法院会依赖对话而非对抗的方式解决两个欧洲法院的冲突。④

相比于博斯普鲁斯案,人权法院在阿旺提斯案中适用"推定同等"原则的理由和前提发生了明显的变化。人权法院在最近的判决中批评了欧盟2/13号意见将互信原则作为不受域外法院审查的自治权力。然而,批评中却充满了温柔和理解。首先,相比于人权法院单方面在M.S.S案中以文义解释决定成员国在《都柏林规章Ⅱ》第3条第1款下享有自由裁量的余地,人权法院在本案中通过援引欧盟法院判决的方式确定《布鲁塞尔规章Ⅰ》第34条第2款未给予欧盟成员国在相互承认民事判决中边际裁量的空间。这种释法模式无疑是回应欧盟法院在2/13号意见中不断地强调欧盟法官是解释欧盟法的最高权威。在M.S.S案中,人权法院优先解释《都柏林

---

① Case C-281/81 [1982] ECR I-3415, para. 16.

② Tarakhel vs. Swizerland appl no. 29217/12, judgment 4 Novermber 2014.

③ Tarakhel vs. Swizerland appl no. 29217/12, judgment 4 Novermber 2014, para. 67.

④ 范继增:《多元结构下欧洲基本权利保障体系:欧盟法与欧洲人权公约间交互性影响》,载《厦门大学法律评论》(第二十七辑),厦门大学出版社2016年版,第152页。

规章Ⅱ》迫使欧盟法院在N.S案中的让步。这也是欧盟法院为了维护自身权威公布2/13号意见的导火索。

其次，尽管人权法院在2/13号意见前的米苏案起开始要求缔约国在履行欧盟法的义务中应该向欧盟法院申请预先裁决，但是人权法院在阿旺提斯案的判决中将预先裁决申请排除在必要的程序之外，转而倚重于已有的欧盟法院判决证明成员国法院不履行预先裁决的正当性。这种论证模式实际建构了两个欧洲法院在欧洲多元法律体系下的司法分权。欧盟法院负责审查成员国拒绝履行提交预先裁决的正当性，而人权法院则负有审查欧盟成员国法院不履行预先裁决是否违反了公约保障个人的公平审判权。司法分权不代表彼此相互独立和不存在交集。相反，人权法院会维护欧盟法院的权威。由于只有欧盟机构具有起诉成员国的资格，因此欧盟法院无权依据个人诉讼直接审查成员国是否违反《欧盟机构运行条约》第267条的规定。人权法院转而可以依据《欧洲人权公约》第35条弥补欧盟法体系保障个人司法救济权的缺陷。当人权法院发现成员国的决定已违反相关的欧盟法院的判例时，即可以判定该缔约国违反了公约义务。

人权法院依旧在阿旺提斯案的判决中向欧盟法院秀出了自己的肌肉。人权法院指出拉脱维亚法院未能告知申诉人在塞浦路斯享有司法救济的方式可能会导致违反公约义务。但是，人权法院同时却又策略性地指出，拉脱维亚法院的缺陷在本案中并非是违反公约的决定因素。有趣的是，在类似的情况下，人权法院在波弗泽案中并未批评奥地利法院未能通知申诉人有权在意大利法院提起上诉。尽管人权法院表面批评的对象是拉脱维亚法院，但是实质上其“意在欧盟”。[①]《布鲁塞尔规章Ⅰ》并未施加被申请国法院告知败诉人如何在申请国启动司法救济的义务。实现人权法院的要求意味着成员国法院必须审查申请国法院的司法体系和制度。虽然这不会威胁摧毁互信原则存在的基础，但是会导致成员国法院间相互审查。

尽管在阿旺提斯案的判决中人权法院继续沿用了“推定同等”原则，但是它并不希望在2/13号意见后失去塑造欧洲基本权利秩序的权威。因此，在阿旺提斯案判决的尾声，人权法院露出了锋利的尖刀。在特定情况

① Giacomo Biagioni, Avotins v Latvia: The Uneasy Balance between Mutual Recognition of Judgments and Protection of Fundamental Rights, 1 European Papers, 2016, p. 579.

下缔约国让渡主权不能成为豁免其公约责任的理由："如果申请人的公约权利受到了严重和实质性的明显损害，并且无法受到欧盟法的保护，那么缔约国无权以履行欧盟法的理由完全拒绝人权法院的合约性审查。"①

但是，人权法院与欧盟法院功能差异依旧是产生矛盾的根源，单凭"推定同等"原则无法完全调和两者间的冲突。"推定同等"原则是多元法律体系下司法政治的产物。从博斯普鲁斯案到阿旺提斯案，人权法院适用"推定同等"原则的动机从鼓励欧盟法院在判决中考虑人权公约条款和欧洲人权法院的判决，演变为审查具体审查欧盟法是否符合公约的保障标准，并且提出改革意见。然而，当欧盟法院坚持欧盟法的自治性，并且回到欧盟第2/13号意见的基本立场，不愿遵照人权法院提出的改革意见时，人权法院和欧盟法院将面临着新一轮的对抗。由于欧盟成员国皆是人权公约的缔约国，进而整个欧洲宪法秩序也面临着挑战和冲击。

五、结论：辅助性将成为欧洲人权法院适用"推定同等"原则的基础

欧盟法院公布2/13号意见主要意图是向欧洲人权法院表明欧盟法秩序的特殊性和自治性。欧盟第2/13号意见突出了欧盟法禁止成员国相互审查与公约要求相冲突的宪法性障碍。在M. S. S和塔克海尔案中，人权法院代替欧盟法院决定成员国在履行欧盟法过程中具有自由裁量空间，破坏了欧盟法的自治性。即使目前的《都柏林规章Ⅲ》明确承认人权法院判决在欧盟法体系内的权威性，欧盟法院希望自身成为欧盟法框架下适用和解释人权法院判例的权威，人权法院仅承担辅助性的审查义务。

人权法院在阿旺提斯案适用"推定同等"原则的方式显然是支持欧盟法院的观点。《欧洲人权公约第15号议定书》明确将辅助性原则写入立法文本中，明确缔约国法院是优先适用人权公约的司法机构，人权法院会依据缔约国法院适用公约条款的情况、案件背景以及考虑与已有人权法院判决的情况决定其享有边际裁量的空间。但是，第15号议定书不能保证欧盟法院与欧洲人权法院在权衡维护互信原则和保障基本权利过程中达成高度一致。倘若发生不可调和的司法冲突，人权法院具有超越欧盟法自治性的

① Avotins vs. Latvia, appl no. 17502/07, Judgment 26 May 2006 , para. 116.

保障人权的道德力量来影响欧盟立法甚至欧盟法院，从而打破已有的多层级基本权利保障的平衡。

司法对话的方式是两个欧洲法院解决问题的最佳途径。欧洲人权法院在阿旺提斯案中通过援引欧盟法院判决确定成员国是否在履行欧盟法义务过程中享有自由裁量空间是对欧盟第2/13号意见友善回应。援引欧盟法院的判决以确定《布鲁塞尔规章Ⅰ》第34条第2款没有赋予成员国执行欧盟法边际裁量空间和成员国法院未能依照《欧盟机构运行条约》第267条规定向欧盟法院提交预先裁决的申请符合欧盟法秩序。显然，人权法院采取援引欧盟法院既有判决的模式解释欧盟法的范围是阿旺提斯案中人权法院对欧盟法的尊重，也抑制了自身解释欧盟法的任意性。但是，斯皮尔曼法官指出，辅助性原则不意味着"无条件地赞同缔约国的做法",① 而是人权法院对缔约国适用人权公约和法院判决的司法审查。② 因此，人权法院依旧担负着维护欧洲基本权利保障最低标准的任务。欧盟法院也无法在2/13号意见中否认人权法院的职权范围。在阿旺提斯案中，人权法院坚持这一主张，并且告知欧盟及其成员国在欧盟法未能达到人权公约标准时将不再适用"推定同等"原则。即便成员国在履行欧盟法过程中不具有自由裁量的空间，人权法院也不会豁免缔约国的公约责任。这是人权法院自成立起对欧盟最为严厉和明确的警告。

无论是欧盟法院第2/13号意见还是阿旺提斯案的判决都仅是两个欧洲法院互动的片段。欧盟法院在2017年的阿兰依奥西案中按照人权法院在M. S. S和塔克海尔案确立的"个人现实危险"标准中，中止成员国履行欧盟统一逮捕令的程序。欧盟法院显然是依照人权法院的法理改变了其在N. S案判决中将中止履行互信原则的条件仅限于"系统性缺陷"。

---

① Mouvment Raelien Suisse vs. Swizerland, appl no. 16354/06, judgment 13 July 2012. 少数法官在本案中指出："与辅助性原则相关的边际裁量是有价值的调整缔约国和人权法院互动性的工具，这不意味着人权法院的法官将会无条件地赞同缔约国的决定。"

② Dean Spielmann, "Whiter the Margin of Appreciation?", 67 Current Legal Problem, 2014, p. 53; Dean Spielmann, "Allowing the Rights Margin: The European Court of Human Rights and The National Margin of Appreciation Doctrine: Waiver or Subsidiarity of the European Review?", 14 Cambridge Yearbook of European Legal Studies, 2012, p. 417.

欧盟2/13号意见的意图是抵制建立司法结构隶属关系，但是无法避免欧盟法院依旧受制于人权法院的权威的事实。人权法院依旧有权通过审查缔约国的途径间接审查欧盟法的合约性，这导致形式上不相互隶属的法院机构间具有实质性的等级关系。① 人权法院的辅助性角色要求其必须在公约目的内行使合约性审查权，不能代替欧盟法院行使解释欧盟法的权限。人权法院仅在阿旺提斯案中折射出了适用“推定同等”原则的新趋势：人权法院会更温柔地依靠欧盟法院判决确定欧盟法规范的内容，但是却更加严格地依据人权公约和人权法院的判决严格来审查欧盟法保障基本权利的标准。

---

① Xavier Groussot, Nina - Louisa Arold Lorenz & Gunnar Thor Peturson, The Paradox of Human Rights Protection in Europe: Two Courts, One Goal?, in Shifting Centers of Gravity in Human Rights Protection: Rethinking relations between the ECHR, EU and national legal orders, London: Routledge, 2016, p. 25.

——编辑后语——

2018年已匆匆走过，作为“编纂民法典”工作的攻坚年份，有许多重要事件值得回顾总结。在2018年，民法典各分编草案提交全国人大常委会审议，立法机关回答了诸如人格权是否独立成编、是否设立债法总则等民法典体例问题，立法机关和理论界对于民法典的讨论开始集中于各编的具体制度，逐步对民法典草案进行细化完善。与集万千目光于一身的民法典不同，司法实践和理论研究一直在默默地砥砺前行，通过个案的法律适用和理论研究推进法治进程，这也是本刊历来关注和提倡的重心。

本辑的焦点笔谈栏目源自一次国际研讨会。围绕民法基本原则这一会议主题，作者们对民法中的几个重要基本原则进行了考察和评论。《情事变更原则的中国法演进与适用》结合情事变更原则在司法实践中的法律适用，在回顾其发展历程的基础上，明晰了情势变更原则的构成要件和法律效果，同时区隔了情势变更与周边问题。在中国政法大学的刘保玉教授和梁远高博士合作撰写的《诚信原则在中国法中的规范与适用》一文中，作者采用全景视角对诚信原则在中国实证法中的表现进行考察，随之结合诚信原则在司法实践中的适用，论证了诚信原则的功用和弊端，有助于法官在个案中的准确适用。福建师范大学林旭霞教授的《中国民法中的禁止权利滥用——理论与实务》同样是兼从理论和实务角度对禁止权利滥用原则进行论述。作者首先对禁止权利滥用原则进行了学理界定，进而逐个罗列实践中违反该原则的表现形式，并对其法律后果进行分析，提出禁止权利滥用应与绿色原则相配合，以起到保障民事主体正当行使民事权利、维护生态和保护环境的作用。山东大学满洪杰教授撰写的《关于公序良俗原则的中国法报告》一文，在阐明公序良俗原则在中国法中的存在原因和法体系中的地位之后，论述了违反公序良俗原则的构成要件和表现类型，并对其法律后果进行限定，有助于法官对于当事人意思自治的保障。

与焦点笔谈不同，法官论坛旨在为身在裁判一线的法官提供发表见解的平台，鼓励法官对实践问题进行理论研析，以促进理论和实务的交融和互进。在本栏目中，最高人民法院的邱鹏法官在《论裁定驳回执行申请的法律适用——兼论类推适用在民事诉讼法领域展开的必要性与可能性》一文中，从法学方法的角度分析了实践中的裁定驳回执行申请的法律适用难题，认定其构成法律漏洞，应当采用类推的方法适用《民事诉讼法》的有关规定，最后对法条援引和救济程序等具体法律适用问题进行了说明。在当下，无论是在司法实践，还是法学研究中，案例的作用都日趋凸显，而人民法院的案例工作在背后发挥了基础作用。广东省高级人民法院的梁展欣法官在其《人民法院案例工作的发展演变》一文中，回顾了人民法院案例工作的发展历程，并以此对人民法院在新时代的案例工作提出了具体建议，立足高远却又不乏可操作性。

做学问应具有问题意识，写文章要从具体问题出发，切忌高头讲章式的空谈，这已成为学术共识，法学专论栏目的各篇文章无不体现了这种研究路径。贵州省高级人民法院杨锐法官撰写的《物权区分原则视域下未经审批的矿业权转让合同之效力研究》一文，以贵州法院24个矿业权转让阴阳合同案例为素材，评析了未经审批的矿业权转让合同效力争议，以区分原则为视角证成了矿业权转让阴阳合同的法律效力，有理有据，以小见大。在供给侧结构性改革背景下，清退“僵尸企业”对促进国民经济转型升级具有重要意义，江苏省苏州市相城区人民法院林静宜法官助理在《清算义务人连带清偿责任之辨析》一文中对法人清算义务人的连带责任进行了辨析。该文立基于司法实践，逐一论述了法人清算义务人的连带清偿责任的法理基础、主体范围、构成要件及证明责任分配等问题，并提出完善清算义务人制度切实可行的建议，对建立一个健康、有序的法人退出机制具有重要的借鉴价值。

他山之石可以攻玉，我国对比较法的研究借鉴是一以贯之的，在一定程度上可以说，民法学发展历程就是一部域外法的继受史。本辑的域外传真栏目刊载了四川大学法学院范继增研究员的作品《菊与刀：欧洲人权法院适用“推定同等”司法原则演变——以阿旺提斯案为基点的考察》。该文以阿旺提斯案的判决为出发点，回顾了欧洲人权法院适用“推定平等”

原则的历史演变，从比较法视角探讨司法原则的方法和逻辑，进而得出“推定同等”原则的新趋势，资料详实，说理充分，丰富完善了国内对“推定平等”原则的研究。

笔端至此，意味着《判解研究》又陪读者走过了一个春秋。身处讯息万变的互联网时代，区块链、人工智能、后现代、大数据等新事物应接不暇，而“唯有变化是不变的”这句俗语已经不敷使用，既有的概念体系正在遭遇解构，过往的技术理念时时可能被颠覆，就连许多人本身都已陷入被“替代”的恐慌当中，许多事物都好像在高歌猛进，却又常常“无疾而终”，令人费解。与其心随物转，倒不如闹中取静，在 2019 年，《判解研究》将继续执中守恒，陪伴读者聆听司法实践和理论研究中的涓滴溪流，见证法治进步中的每一个脚印。

——征稿启事——

《判解研究》系教育部人文社会科学重点研究基地——中国人民大学民商事法律科学研究中心主办、《判解研究》编辑部编辑、人民法院出版社出版的，面向海内外公开发行的全国性法律专业连续性出版物。本刊秉持“加强判解研究，推进司法改革”的宗旨，以裁判实践以及相关法律、司法解释的研究为基本关注，设有法学专论、司法解释之窗、法官论坛、判例评析、公报案例评析、焦点笔谈、调查与研究、海外判例选介等多个栏目，力图多视角、全方位地追踪和展示中国的判例、司法解释及相关研究之全貌，总结司法经验，探求法治精神，积极推动国家法制建设与法学研究的发展。

本丛书恪守求实、严谨、公正的办刊理念，弘扬兼容并蓄的学术传统，诚邀法学理论及实务工作者惠赐佳作。来稿要求：

1. 来稿应属未以任何形式公开发表过的作品。本丛书不接受一稿多投，因此类行为给本丛书造成不良影响和损失的，将予以严肃追究。

2. 本丛书对来稿的篇幅原则上不作限定，但对于全文低于八千字或超过二万字（含注释部分文字）的稿件，适用更为谨慎的编审程序。

3. 来稿应遵守本丛书注释体例，注释以必要和合理为原则，不使用伪注；标点符号、数字的使用应遵守国家有关规定。

4. 案件评析的稿件应包含案情概要、裁判要旨以及学理评析三部分，且前两部分所占篇幅应限制在全文的五分之一以内；所评须为真实案例，并附注裁判文书字号。

5. 本丛书用稿实行匿名评审制度，请作者将姓名、出生年月、性别、工作单位、职称、学位、职务、通讯地址、联系电话、电子邮箱等个人信息，单独放在首页，稿件正文不要体现上述信息。

6. 本丛书不退来稿，稿件采用后，编辑部会及时与作者联系；稿件寄出后两个月未收到用稿通知，作者可另作处理。

7. 凡本丛书所发表的文章，自发表之日起一年内，由本刊享有专有版权和使用权，任何转载、摘登、翻译或集结出版等事宜，均须事先得到本刊编辑部的书面许可。

8. 来稿请寄：北京市海淀区中关村大街59号中国人民大学明德法学楼1015室《判解研究》编辑部（100872）；或发送邮箱：panjieyanjiu@163.com。

《判解研究》编辑部

附：《判解研究》注释体例

1. 文中注释一律采用脚注，每页独立注码，样式为：①②③等；

2. 非直接引用原文时，注释前加"参见"；引用非原始资料时，请注明"转引自"。

3. 请规范数字用法，其中非直接引用法条的序号用阿拉伯数字(包括正文)。

4. 注释及参考文献范例：

（1）著作类：

①《马克思恩格斯选集》(第4卷上册)，人民出版社1972年版，第24页。

②佟柔：《中国民法》，法律出版社1990年版，第67页。

（2）论文类：

①苏永钦：《私法自治中的国家强制》，载《中外法学》2001年第1期。

（3）文集类：

①龚祥瑞：《比较宪法学的研究方法》，载《比较宪法研究论文集》（第一集），南京大学出版社1993年版。

（4）译作类：

①［古希腊］亚里士多德：《政治学》，吴寿彭译，商务印书馆1983年版，第54页。

（5）报纸类：

①张志铭：《现代化与中国律师制度的发展》，载《光明日报》2003年9月23日。

（6）古籍类：

①［清］沈家本：《沈寄簃先生遗书》甲编，第43卷。

（7）辞书类：

①《新英汉法律词典》，法律出版社1998年版，第24页。

（8）网络资料类：

①郑成思：《"入世"、知识产权保护与民商法的现代化》，载中国法学网 http：//www.iolaw.org.cn/showNews.asp？id=243，访问时间：2007年4月29日。

（9）英文类：

①L. Fuller，The Morality of Law，revised edition，New Haven：Yale University Press，1969，p. 143.

②See Roscoe Pound，The Spirit of the Common Law，New Brunswick：Transaction Publishers，1999，pp. 179 ~ 180.

③Joseph Raz，"Legal Principles and The Limits of Law"，81 Yale Law Journal（1972），p. 839.

④H. L. A. Hart，"Jhering's Heaven of Concepts and Modern Analytical Jurisprudence"，in Essays in Jurisprudence and Philosophy，London：Oxford University Press，1983，pp. 269 ~ 270.